重要単語チェック！ 1年

使い方

❶ ミシン目にそってカードを切り離し，穴にリングなどを通そう。

❷ 表面の英語と絵を見て単語の意味を考え，裏面を見て確認しよう。

❸ 裏面の日本語を見て英語を言う練習をし，表面を見て確認しよう。

 JN100793

② a.m.	③ act	④ activity
⑤ actor	⑥ after	⑦ again
⑧ against	⑨ age	⑩ album
⑪ along	⑫ also	⑬ another
⑭ anyone	⑮ anyway	⑯ area
⑰ art	⑱ ask	⑲ away
⑳ back	㉑ bad	㉒ band

音声を聞きながら発音の練習をしよう。

音声アプリの「重要単語チェック」から
音声を聞いて，聞きとり，発音の練習をすることができます。
アプリの使い方は，表紙裏をご覧ください。

1
副 少し

4
名 活動

3
動 行動する

2
副 午前

7
副 もう一度，再び

6
前 ～のあとに［で］

5
名 （女性を含む）俳優

10
名 アルバム

9
名 年齢

8
前 ～に対抗して，反対して

13
形 ほかの，別の，ちがった

12
副 ～もまた，そのうえ

11
前 ～に沿って

16
名 区域，場所，地域

15
副 とにかく

14
代 ［疑問文・否定文で］だれか，だれも（～ない）

19
副 はなれて

18
動 たずねる，質問する

17
名 芸術，美術

22
名 バンド，楽団

21
形 悪い，よくない，ひどい

20
副 戻って，返して

㉓ beach 	㉔ bean	㉕ beautiful
㉖ become	㉗ before	㉘ behind
㉙ bench	㉚ blind	㉛ borrow
㉜ bottle	㉝ break	㉞ bring
㉟ brother	㊱ brush	㊲ build
㊳ busy	㊴ but	㊵ bye
㊶ candy	㊷ care	㊸ careful
㊹ children	㊺ choose	㊻ climb

㉓
(名) 浜辺

㉔
(名) 豆

㉕
(形) 美しい

㉖
(動) ～になる

㉗
(前) ～の前に［の］

㉘
(前) ～の後ろに

㉙
(名) ベンチ

㉚
(形) 目の不自由な

㉛
(動) ～を借りる

㉜
(名) びん，ボトル

㉝
(名) 休憩

㉞
(動) ～を持ってくる

㉟
(名) 兄弟

㊱
(動) ～をみがく

㊲
(動) ～を建てる

㊳
(形) 忙しい

㊴
(接) しかし，けれども

㊵
(間) さよなら，バイバイ

㊶
(名) キャンディー，砂糖菓子

㊷
(名) 世話

㊸
(形) 注意深い

㊹
(名) 子供たち

㊺
(動) ～を選ぶ

㊻
(動) ～に［を］のぼる

47 coach 	48 cold	49 collect
50 color	51 come	52 comic
53 concert	54 cool	55 count
56 cousin	57 crowded	58 dad
59 dancing	60 date	61 dear
62 decorate	63 dollar	64 door
65 drop	66 drum	67 during
68 each	69 early	70 easily 1+1=

49 動 ～を集める	48 形 冷たい，寒い	47 名 コーチ
52 名 マンガ	51 動 来る	50 名 色
55 動 数を数える	54 形 かっこいい	53 名 演奏会，コンサート
58 名 お父さん	57 形 こみ合った，満員の	56 名 いとこ
61 形 親愛なる～（様）	60 名 日，日付	59 名 おどり，ダンス
64 名 ドア，戸	63 名 ドル	62 動 ～を飾る
67 前 ～の間ずっと～の間に	66 名 たいこ	65 動 ～を落とす
70 副 簡単に，楽に，すぐに	69 副 早く	68 形 それぞれの，各自の

教科書ぴったりトレーニング　英語1年　光村図書版　付録　③裏

71 end	72 enjoy	73 every
74 excited	75 famous	76 fan
77 favorite	78 feel	79 festival
80 fever	81 foot	82 foreign
83 forever	84 forget	85 free
86 front	87 fruit	88 full
89 funny	90 future	91 give
92 globally	93 grandfather	94 grandmother

every cat

Hello!

NIPPON!

㉗ 毎〜，〜ごとに	㉘ 〜を楽しむ	㉙ 終わり，最後
㉖ ファン	㉕ 有名な	㉔ わくわくした
㉙ 祭り，催し物	㉘ 〜と感じる，気持ちがする	㉗ お気に入りの
㉚ 外国の	㉛ 足	㉘ 熱
㉝ ひまな	㉔ 〜を忘れる	㉝ 永久に，永遠に
㉘ いっぱいの，満腹の	㉗ 果物	㉖ 前，正面
㉑ 〜を与える，渡す	㉚ 未来の，将来の	㉙ おかしな
㉔ 祖母	㉓ 祖父	㉒ 世界的に

教科書ぴったりトレーニング　英語1年　光村図書版　付録　④裏

⑤ guess 	⑥ hair	⑦ half
⑧ hall	⑨ hand	⑩ happen
⑪ headache	⑫ help	⑬ here
⑭ history	⑮ homework	⑯ hope
⑰ hotel	⑱ hour	⑲ hungry
⑳ ice	㉑ idea	㉒ important
㉓ information	㉔ interested	㉕ join
㉖ junior	㉗ kitchen	㉘ language

⑨⑦ 图 半分，2分の1	⑨⑥ 图 髪	⑨⑤ 動 ～を推測する
⑩⓪ 動 起こる，生じる	⑨⑨ 图 手	⑨⑧ 图 会館，ホール
⑩③ 副 ここに［で，へ］	⑩② 動 ～を手伝う，助ける	⑩① 图 頭痛
⑩⑥ 動 ～を望む，～だとよいと思う	⑩⑤ 图 宿題	⑩④ 图 歴史
⑩⑨ 形 空腹の	⑩⑧ 图 1時間	⑩⑦ 图 ホテル，旅館
⑪② 形 重要な，大切な	⑪① 图 考え，アイディア	⑪⓪ 图 氷
⑪⑤ 動 ～に加わる，参加する	⑪④ 形 興味を持っている	⑪③ 图 情報
⑪⑧ 图 言語，言葉	⑪⑦ 图 台所	⑪⑥ 形 年下の，下級の

教科書ぴったりトレーニング 英語1年 光村図書版 付録 ⑤裏

⑲ last	⑳ late	㉑ later
⑫ light	㉓ line	㉔ listen
㉕ local	㉖ lonely	㉗ lose
㉘ lot(s)	㉙ main	㉚ man
㉛ market	㉜ maybe	㉝ mean
㉞ memory	㉟ midnight	㊱ mine
㊲ minute	㊳ miss	㊴ mix
㊵ mom	㊶ moment	㊷ money

⑫ 副もっと遅く，あとで	⑫ 形おくれた，遅刻した	⑪ 形この前の，昨〜，先〜
⑫ 動聞く，耳を傾ける	⑫ 名列	⑫ 名明かり，電灯
⑫ 動負ける	⑫ 形ひとりぼっちの，さびしい	⑫ 形地元の
⑬ 名男性	⑫ 形主な	⑫ 名たくさん
⑬ 動〜を意味する	⑬ 副たぶん，もしかすると	⑬ 名市場
⑬ 代私のもの	⑬ 名夜の12時，真夜中	⑬ 名思い出
⑬ 名混合	⑬ 動…がいないのをさびしく思う	⑬ 名分
⑭ 名金，通貨	⑭ 名瞬間，ちょっとの間	⑭ 名お母さん

143 month

144 movie

145 museum

146 musical

147 nature

148 near

149 need

150 nervous

151 next

152 night

153 noon

154 nothing

155 now

156 o'clock

157 of course

158 often

159 only

160 open

161 or

162 original

163 other

164 outside

165 over

166 p.m.

(145) 名 博物館, 美術館	(144) 名 映画	(143) 名 月
(148) 前 ～の近くに	(147) 名 自然	(146) 名 ミュージカル
(151) 形 次の, 今度の, となりの	(150) 形 緊張して	(149) 動 ～を必要とする
(154) 代 何も～ない	(153) 名 正午, 真昼	(152) 名 夜
(157) 名 もちろん	(156) 副 ～時	(155) 副 今
(160) 動 (…を) 開く, あく, あける	(159) 副 ただ～だけ	(158) 副 しばしば, よく
(163) 代 別の人 [もの], ほかの人 [もの]	(162) 形 独創的な, 独自の	(161) 接 …かまたは～
(166) 副 午後	(165) 副 向こうへ, あちらへ	(164) 副 外で

教科書ぴったりトレーニング 英語1年 光村図書版 付録 ⑦裏

167 Pardon me?	168 parent	169 part
170 party	171 pass	172 perform
173 people	174 performance	175 period
176 photo	177 pick	178 picnic
179 piece	180 plan	181 pleasure
182 poor	183 popular	184 poster
185 prepare	186 present	187 probably
188 problem	189 put	190 question

⑯ 名 役，役目	⑯ 名 親	⑯ 動 もう一度おっしゃってください。
⑰ 動 演じる，演奏する	⑰ 動 ～を通り過ぎる	⑰ 名 パーティー
⑰ 名 (授業の)時間，時限	⑰ 名 演技，演奏，公演	⑰ 名 人々
⑰ 名 ピクニック，遠足	⑰ 動 ～をつむ	⑰ 名 写真
⑱ 名 楽しみ，喜び	⑱ 動 ～を計画する	⑰ 名 作品
⑱ 名 ポスター，広告	⑱ 形 人気のある	⑱ 形 貧しい，かわいそうな
⑱ 副 たぶん	⑱ 名 プレゼント	⑱ 動 ～の準備をする，備える
⑲ 名 質問	⑲ 動 ～を置く	⑱ 名 問題

169 名 役，役目
168 名 親
167 動 もう一度おっしゃってください。

172 動 演じる，演奏する
171 動 ～を通り過ぎる
170 名 パーティー

175 名 (授業の)時間，時限
174 名 演技，演奏，公演
173 名 人々

178 名 ピクニック，遠足
177 動 ～をつむ
176 名 写真

181 名 楽しみ，喜び
180 動 ～を計画する
179 名 作品

184 名 ポスター，広告
183 形 人気のある
182 形 貧しい，かわいそうな

187 副 たぶん
186 名 プレゼント
185 動 ～の準備をする，備える

190 名 質問
189 動 ～を置く
188 名 問題

191 quickly	192 quiet	193 relax
194 relay	195 remember	196 rest
197 rich	198 right 13+8=㉑	199 role
200 round	201 runner	202 say Hello!
203 season	204 sell	205 server
206 set	207 ship	208 shoe
209 show	210 shower	211 shy
212 sister	213 smile	214 snow

⑱ くつろぐ	㉒ 静かな	⑲ 速く，すぐに，急いで
㉖ 休み，休息	㉕ 思い出す	㉔ リレー競技
㉙ 役，役割	㉘ 正しい，正確な	㉗ 金持ちの，裕福な
㉜ （…を）言う	㉛ 走者	㉚ 丸い，球形の
㉟ ウェイター　給仕	㉞ ～を売る	㉝ 季節
㊳ くつ	㊲ 船	㊱ ～を準備する
㊶ 内気な，恥ずかしがりの	㊵ シャワー	㊴ ショー
㊹ 雪が降る	㊸ ほほえむ，微笑する	㊷ 姉妹

㉕ some 	㉖ someday	㉗ something
㉘ song	㉙ soon	㉚ sound
㉑ special	㉒ spend	㉓ stadium
㉔ stage	㉕ stay	㉖ steak
㉗ still	㉘ stomachache	㉙ street
㉚ student	㉛ subway	㉜ suddenly
㉝ sunrise	㉞ sure	㉟ surprise
㊱ symbol	㊲ tell	㊳ temple

㊆ 217 何か，あるもの

㊙ 216 いつか

㊙ 215 いくつかの

㊙ 220 ～に聞こえる，思える

㊙ 219 すぐに，まもなく

㊎ 218 歌

㊎ 223 スタジアム，球技場

㊙ 222 ～を過ごす

㊙ 221 特別の

㊎ 226 ステーキ

㊙ 225 滞在する，泊まる

㊎ 224 舞台，ステージ

㊎ 229 通り，街路

㊎ 228 胃痛，腹痛

㊙ 227 まだ，今でも

㊙ 232 突然，急に

㊎ 231 地下鉄

㊎ 230 学生，生徒

㊎ 235 驚くべきこと，驚き

㊙ 234 もちろん，いいとも

㊎ 233 日の出

㊎ 238 寺

㊙ 237 …に（～を）話す，教える

㊎ 236 シンボル，象徴，記号

教科書ぴったりトレーニング 英語1年 光村図書版 付録 ⑩裏

⑳ theater 	⑳ then	⑳ there
⑳ thing	⑳ think	⑳ thirsty
⑳ thousand	⑳ ticket	⑳ tired
⑳ toast	⑳ today	⑳ together
⑳ tommorow	⑳ toothache	⑳ touch
⑳ towel	⑳ traditional	⑳ trash
⑳ travel	⑳ trip	⑳ under
⑳ understand	⑳ useful	⑳ vacation

㉔① 圖 そこに [で・へ]	㉔⓪ 圖 そのとき	㉓⑨ 图 劇場, 映画館
㉔④ 形 のどのかわいた	㉔③ 動 考える, 思う	㉔② 图 もの, こと
㉔⑦ 形 疲れた	㉔⑥ 图 切符, チケット	㉔⑤ 图 形 1000 (の)
㉕⓪ 圖 いっしょに	㉔⑨ 图 今日, 現在	㉔⑧ 图 トースト
㉕③ 動 ～にふれる	㉕② 图 歯痛	㉕① 图 圖 明日 (は)
㉕⑥ 图 ごみ	㉕⑤ 形 伝統的な	㉕④ 图 タオル
㉕⑨ 圇 ～の下に	㉕⑧ 图 旅行	㉕⑦ 動 旅行する
㉖② 图 休暇	㉖① 形 役に立つ	㉖⓪ 動 理解する, わかる

教科書ぴったりトレーニング　英語1年　光村図書版　付録　⑪裏

263 vegetable

264 video

265 village

266 voice

267 volunteer

268 wait

269 waste

270 weather

271 week

272 weekday

273 weekend

274 which

275 win

276 wish

277 without

278 woman

279 word

280 work

281 worry

282 write

283 wrong

284 yesterday

285 yogurt

286 yourself

265	264	263
名 村	名 映像，動画	名 野菜

268	267	266
動 待つ	名 ボランティア	名 声

271	270	269
名 週	名 天気	動 〜をむだにする

274	273	272
代 どちら, どれ, どちらの人 [もの]	名 週末	名 平日

277	276	275
前 〜なしに	名 祈り	動 〜に勝つ

280	279	278
動 働く	名 歌詞	名 女性

283	282	281
形 ぐあいが悪い	動 (…を) 書く	動 心配する，悩む

286	285	284
代 あなた自身を [に]	名 ヨーグルト	名 副 昨日 (は)

教科書ぴったりトレーニング 英語1年 光村図書版 付録 ⑫裏

目次

成績アップのための 学習メソッド

ぴたトレ1

要点チェック

教科書の基礎内容についての理解を深め, 基礎学力を定着させます。

- 教科書で扱われている文法事項の解説をしています。
- 新出単語を和訳・英訳ともに掲載しています。
- 重要文をもとにした基礎的な問題を解きます。

問題を解くペース

英語は問題を解く時間が足りなくなりやすい教科。普段の学習から解く時間を常に意識しよう!

「ナルホド!」で
文法を復習

最初に取り組むときは
必ず読もう!

Words & Phrases

単語や熟語のチェック
をしよう。
ここに載っている単語
は必ず押さえよう!

注目!

⚠ ミスに注意

テストによく出る!

テストで狙われやすい,
ミスしやすい箇所が
一目でわかるよ!

学習メソッド

STEP0 学校の授業を受ける

STEP1 ぴたトレ1を解く
ナルホド!も読んで, 基礎をおさらいしよう。

STEP2 解答解説で丸付け
間違えた問題にはチェックをつけて,
何度もやり直そう。

STEP3 別冊mini bookで確認
単語や基本文を
繰り返し読んで覚えよう。

時間のないときは「ナルホド」
を読んでから,「注目!」「ミスに
注意!」「テストによく出る!」を
確認しよう!これだけで最低
限のポイントが抑えられるよ!

STEP4 得点UPポイントを確認
「注目!」「ミスに注意!」「テストによく出る!」を確認してから,
ぴたトレ2に進もう。

リー子

より実践的な内容に取り組みます。
また，専用アプリを使ってスピーキングの練習をします。

- 教科書の文章を読み，内容をしっかり把握します。
- スピーキング問題を解いて，答え合わせをし，文章と解答を音声アプリに吹き込みます。
  （アプリは「おんトレ」で検索し，インストールしてご利用ください。ご利用に必要なコードはカバーの折り返しにあります）

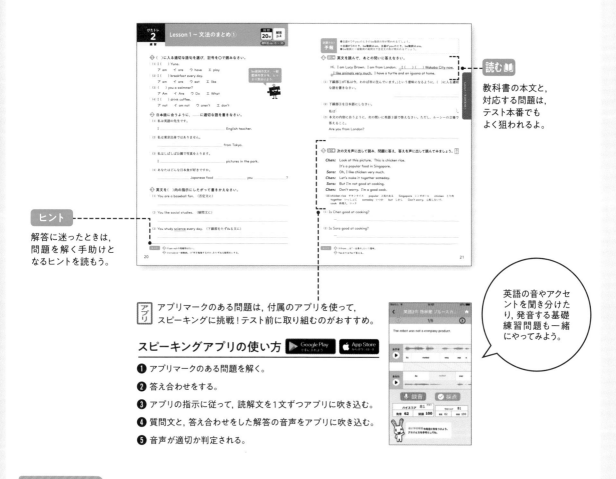

ヒント

解答に迷ったときは，
問題を解く手助けと
なるヒントを読もう。

読む 📖

教科書の本文と，
対応する問題は，
テスト本番でも
よく狙われるよ。

英語の音やアクセ
ントを聞き分けた
り，発音する基礎
練習問題も一緒
にやってみよう。

アプリ　アプリマークのある問題は，付属のアプリを使って，
スピーキングに挑戦！テスト前に取り組むのがおすすめ。

スピーキングアプリの使い方　▶ Google Play　 App Store

❶ アプリマークのある問題を解く。

❷ 答え合わせをする。

❸ アプリの指示に従って，読解文を1文ずつアプリに吹き込む。

❹ 質問文と，答え合わせをした解答の音声をアプリに吹き込む。

❺ 音声が適切か判定される。

学習メソッド

STEP1 ぴたトレ2を解く

STEP2 解答・解説を見て答え合わせをする

STEP3 アプリを使って，スピーキング問題を解く

わからない単語や
知らない単語が
あるときはお手本
を聞いてまねして
みよう！

ター坊

成績アップのための 学習メソッド

テストで出題されやすい文法事項, 教科書の内容をさらに深める
オリジナルの読解問題を掲載しています。

- 学習した文法や単語の入ったオリジナルの文章を載せています。
  初めて読む文章に対応することで, テスト本番に強くなります。

- 「よく出る」「差がつく」「点UP」で, 重要問題が一目でわかります。

発音問題もチェック!

発音・アクセント
問題も掲載!
何度も声に出し
て読んで発音を
意識しよう。

オリジナル長文に挑戦!

ぴたトレ1や2で学習
した文法を基にした
長文が出題されるよ。
初めて見る文章にも
強くなろう。

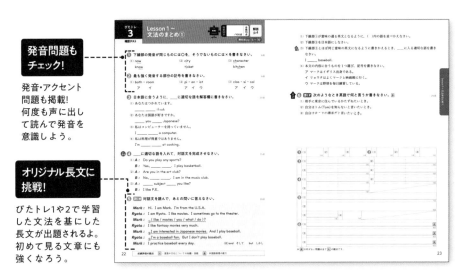

4技能マークに注目!

4技能に対応!
このマークがついている
問題は要チェック!

※「聞く」問題は,巻末のリスニングに掲載しています。

繰り返し練習しよう!

ポイントとなる問題は繰り
返し練習して, テストでも
解けるようにしよう!

学習メソッド

STEP1 ぴたトレ3を解く

テスト本番3日前になったら時間を計って解いてみよう。

STEP2 解答解説を読む

英作文には採点ポイントが示されているよ。
できなかった部分をもう一度見直そう。

STEP3 定期テスト予想問題を解く

巻末にあるテスト対策問題を解いて最後のおさらいをしよう。

STEP4 出題傾向を読んで, 苦手な箇所をおさらいしよう

定期テスト予想問題の解答解説には出題傾向が載っているよ。
テストでねらわれやすい箇所をもう一度チェックしよう。

ぴたトレ3には
「観点別評価」
も示されるよ!
これなら内申点
も意識できるね!

ピー助

定期テスト 予想問題　定期テスト直前に解くことを意識した, 全5回の実力テスト問題です。

● 長文問題を解くことを通して, 解答にかかる時間のペースを意識しましょう。

観点別評価

本書では,

「言語や文化についての知識・技能」

「外国語表現の能力」

の2つの観点を取り上げ, 成績に結び付くようにしています。

リスニング　文法ごとにその学年で扱われやすいリスニング問題を掲載しています。どこでも聞けるアプリに対応!

● リスニング問題はくりかえし聞いて, 耳に慣れるようにしておきましょう。

※一部標準的な問題を出題している箇所があります(教科書非準拠)。

※リスニングには「ポケットリスニング」のアプリが必要です。
(使い方は表紙の裏をご確認ください。)

英作文　やや難易度の高い英作文や, 表やグラフなどを見て必要な情報を英文で説明する問題を掲載しています。

● 学年末や, 入試前の対策にぴったりです。

● 難しいと感じる場合は, 解答解説の 英作力 UP⤴ を読んでから挑戦してみましょう。

[ぴたトレが支持される**3**つの理由!!]

1
35年以上続く 超ロングセラー商品

昭和59年の発刊以降, 教科書改訂にあわせて教材の質を高め, 多くの中学生に使用されてきた実績があります。

2
教科書会社が制作する 唯一の教科書準拠問題集

教科書会社の編集部が問題集を作成しているので, 授業の進度にあわせた予習・復習にもぴったり対応しています。

3
日常学習~定期テスト 対策まで完全サポート

部活などで忙しくても効率的に取り組むことで, テストの点数はもちろん, 成績・内申点アップも期待できます。

5

Let's Be Friends! ①

教科書の
重要ポイント 〔言葉で人とつながろう〕4つの「たいせつ」 教科書 pp.6〜7

Hi, everyone! How are you? 〔やあ，みなさん！ お元気ですか。〕

— I'm Makoto. 〔私はマコトです。〕

4 Keys to Communication：4つの「たいせつ」をいつも心がけて，お互いに気持ちのよい
関係をつくろう。

1 Smile 〔笑顔で〕　　　　　　　2 Eye Contact 〔目と目を合わせて〕

3 Clear Voice 〔はっきりとした声で〕　4 Response 〔相手の言葉に反応しながら〕

自分の名前を伝え，お互いの気持ちや状態をたずね合いましょう。

A Me, too. （同じなら）〔私もそうです。〕

B I see. （わかったら）〔わかりました。〕

C Thank you. （感謝を伝えて）〔ありがとう（ございます）。〕

D Pardon? （聞き取れなかったら）〔もう一度言ってください。〕

文の1文字めは大文字
にしよう。

ナルホド！

Words & Phrases 次の英語は日本語に，日本語は英語にしなさい。

□(1) good （　　　　　　　　　）　□(5) 幸せな _____

□(2) sleepy （　　　　　　　　　）　□(6) 疲れた _____

□(3) fine （　　　　　　　　　）　　□(7) 悲しい _____

□(4) great （　　　　　　　　　）　□(8) 空腹の _____

1 次の会話の下線部の＿＿内に，日本語に合う英単語を入れなさい。

Jane :　Hi, everyone! I'm Jane. How are you?

Nana :　(1) I'm _____.　（私は元気です。） Thank you.

Ryota :　I'm sleepy.

Toshi :　(2) Me, _____.　（私も同じです。）

Nana :　(3) _____?　（もう一度言ってください。）

Toshi :　Me, too.

Nana :　(4) I _____.　（わかりました。）

Let's Be Friends! ②

教科書の重要ポイント　〔好きなものでつながろう〕好きな色について　教科書 pp.8 ～ 9

What color do you like? 〔あなたは何色が好きですか。〕

— **I like <u>red</u>.** 〔私は赤い色が好きです。〕

— **That's nice.** (いいねと感じたら)〔いいですね。〕

好きなものの色を，
英語で言ってみよう。

▼ 好きなものや色について考えましょう。

▶My Favorites 〔好きなもの〕

Food 〔食べ物〕 _____

Season 〔季節〕 _____

Sport 〔スポーツ〕 _____

Subject 〔科目〕 _____

red	white	green
blue	orange	purple
black	pink	brown	yellow

I like _____.

ナルホド！

Words & Phrases　次の英語は日本語に，日本語は英語にしなさい。

□(1) season （　　　　　　　　）

□(2) food （　　　　　　　　）

□(3) subject （　　　　　　　　）

□(4) sport （　　　　　　　　）

□(5) 青(い) _____

□(6) 白(い) _____

□(7) 黒(い) _____

□(8) 黄色(の) _____

7

Let's Be Friends! ③

教科書の重要ポイント 〔世界のどこかへ行ってみよう〕行ってみたい国 　教科書 pp.10 ～ 11

Where do you want to go? 〔あなたはどこへ行きたいですか。〕

— **I want to go to France.** 〔私はフランスへ行きたいです。〕

— **Why?** (なぜかなと思ったら)〔なぜですか。〕

自分が行ってみたい国はどこか考えてみましょう。

Brazil	China	Italy	France
India	Australia	the U.S.	Egypt

I want to go to ＿＿＿＿＿＿＿＿＿＿＿.

国名は必ず1文字目を大文字にしよう。

| ナルホド! |

Words & Phrases　次の英語は日本語に，日本語は英語にしなさい。

□(1) where （　　　　　　　　　　）　　□(3) 行く　＿＿＿＿＿＿＿＿＿＿

□(2) want （　　　　　　　　　　）　　□(4) なぜ，どうして ＿＿＿＿＿＿＿

1 次の会話の＿＿内に，日本語に合う英単語を入れなさい。

Jane : Where do you want to go?

Nana : (1) I want to go to ＿＿＿＿＿＿＿＿.　（私はイタリアに行きたいです。）

Ryota : (2) I want to go to ＿＿＿＿＿＿＿＿.　（私はエジプトに行きたいです。）

Jane : (3) ＿＿＿＿＿＿＿＿?　（なぜですか。）

Let's Be Friends! ④

教科書の 重要ポイント	0 ～ 100の数字を表す英語	教科書 pp.12 ～ 13

① 0 ～ 20までの数

0	zero								
1	one	2	two	3	three	4	four	5	five
6	six	7	seven	8	eight	9	nine	10	ten
11	eleven	12	twelve	13	thirteen	14	fourteen	15	fifteen
16	sixteen	17	seventeen	18	eighteen	19	nineteen	20	twenty

② 21 ～ 29までの表し方

21 <u>twenty-one</u>　←10の位の数字と1の位の数字をハイフン(-)でつなぐ
　　10の位　1の位

22	twenty-two	23	twenty-three	24	twenty-four	25	twenty-five
26	twenty-six	27	twenty-seven	28	twenty-eight	29	twenty-nine

③ 30 ～ 90までの10きざみの数と100の表し方

30	thirty	40	forty	50	fifty	60	sixty
70	seventy	80	eighty	90	ninety	100	one hundred

ナルホド!

Words & Phrases　次の数字を英語にしなさい。

□(1) 13 _____

□(2) 50 _____

□(3) 28 _____

□(4) 100 _____

---

1 例にならい，それぞれの数字を英語で答えなさい。

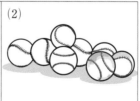

例 **three**　□(1) _____　□(2) _____

教科書の
重要ポイント 　**日付・月を表す英語**　　　教科書 pp.14 ～ 15

When is your birthday? 〔あなたの誕生日はいつですか。〕

— **My birthday?** （聞き返して）〔私の誕生日ですか。〕

数字のつづりとは
違うものもあるか
ら気をつけよう。

— **My birthday is July fourth.** 〔誕生日は7月4日です。〕

〈4以降は fourth, fifth のように最後に th をつける。〉

▼ **Dates**〔日付〕

① 1日～20日の表し方

1日 first	2日 second	3日 third	4日 fourth
5日 fifth	6日 sixth	7日 seventh	8日 eighth
9日 ninth	10日 tenth	11日 eleventh	12日 twelfth
13日 thirteenth	14日 fourteenth	15日 fifteenth	16日 sixteenth
17日 seventeenth	18日 eighteenth	19日 nineteenth	20日 twentieth

y を ie に変え th を付ける

② 21日～29日まで，30日，31日の表し方

21日　<u>twenty-first</u>　←10の位の数字と1の位の数字をハイフン (-) でつなぐ
　　　　10の位　1の位

22日 twenty-second	23日 twenty-third	24日 twenty-fourth
25日 twenty-fifth	26日 twenty-sixth	27日 twenty-seventh
28日 twenty- eighth	29日 twenty-ninth	
30日 thirtieth	31日 thirty-first	

▼ **Months**〔月〕

月の名前は，必ず一文字目を大文字にする。

1月 January	2月 February	3月 March	4月 April
5月 May	6月 June	7月 July	8月 August
9月 September	10月 October	11月 November	12月 December

ナルホド！

Words & Phrases 　次の日本語を英語にしなさい。

☐(1) 4月 _____

☐(3) 25日 _____

☐(2) 11月 _____

☐(4) 31日 _____

Let's Be Friends! ⑥⑦

| 教科書の重要ポイント | アルファベットの大文字・小文字，つづり | 教科書 pp.16～19 |

▼ 大文字　A B C D E F G H I J K L M N O P Q R S T U V W X Y Z

▼ 小文字　a b c d e f g h i j k l m n o p q r s t u v w x y z

英語には，aを「エイ」と読むアルファベット読みと，
「ア」と読むフォニックス読みがある。
このフォニックス読みを知っておくと，
初めて見た単語でも発音がわかるようになる。

ナルホド！

Words & Phrases　次の英語は日本語に，日本語は英語にしなさい。

□(1) pencil (　　　　　　　　　)　　□(4) ノート _____

□(2) yacht (　　　　　　　　　)　　□(5) 牛乳 _____

□(3) rabbit (　　　　　　　　　)　　□(6) 箱 _____

1 次の絵を見て，単語を声に出して読みながら最初の文字を英語で答えなさい。

(1)	(2)	(3)	(4)

□(1) _____pple　　□(2) _____gg　　□(3) _____at　　□(4) _____og

(5)	(6)	(7)	(8)

□(5) _____emon　　□(6) _____at　　□(7) _____ctopus　　□(8) _____olleyball

Let's Be Friends!

❶ ( )内から適切なものを選び，記号を〇で囲みなさい。

☐(1) I ( ) brown.

ア like　イ play　ウ swim　エ run

☐(2) I want to ( ) to Italy.

ア play　イ call　ウ like　エ go

☐(3) My birthday is July ( ).

ア four　イ thirty　ウ fourth　エ thirteen

❷ 日本語に合うように，＿＿に入る適切な語を書きなさい。

文の最初は必ず大文字からはじめよう。

☐(1) お元気ですか。

＿＿＿＿＿＿＿＿＿＿ ＿＿＿＿＿＿＿＿＿＿ you?

☐(2) ありがとうございます。

＿＿＿＿＿＿＿＿＿＿ ＿＿＿＿＿＿＿＿＿＿.

❸ 日本語に合うように，( )内の語を並べかえなさい。

☐(1) あなたはどこへ行きたいですか。

(want / do / to / where / you / go)?

＿＿＿＿＿＿＿＿＿＿＿＿＿＿＿＿＿＿＿＿＿＿＿?

☐(2) あなたの誕生日はいつですか。

(your / is / birthday / when)?

＿＿＿＿＿＿＿＿＿＿＿＿＿＿＿＿＿＿＿＿＿＿＿?

☐(3) 私の誕生日は1月21日です。

(is / birthday / twenty / my / – / January / first).

＿＿＿＿＿＿＿＿＿＿＿＿＿＿＿＿＿＿＿＿＿＿＿.

☐(4) 私の誕生日は11月3日です。

(third / birthday / is / my / November).

＿＿＿＿＿＿＿＿＿＿＿＿＿＿＿＿＿＿＿＿＿＿＿.

ヒント ❶(3)日付を表すときは，4以降の数字には最後にthをつける。
❸(3)21などの数字は10の位の数と1の位の数をハイフンでつなぐ。

12

4 書く✍ 次の日本語を英語に書きかえなさい。

☐(1) 私は白色が好きです。（3語）

_____

_____

☐(2) お元気ですか。（3語）

_____

_____

☐(3) 私の誕生日は5月8日です。（5語）

_____

_____

5 読む📖 次の文を読み，問題に答えなさい。

Jimmy : Hi, Nana. I'm Jimmy.

Nana : Hi, Jimmy. When is your birthday?

Jimmy : My birthday is October first. When is your birthday?

Nana : My birthday is February twenty-second.

Jimmy : What color do you like?

Nana : I like pink and white.

Jimmy : That's nice. I like white, too.

Nana : I see.

☐(1) 本文の内容について，次の問いに日本語で答えなさい。

Jimmyの誕生日はいつですか。

(   )

☐(2) 本文の内容について，適切なものを選び，記号を○で囲みなさい。

What color do you like?に対する，Nanaの答え。

ア I like red.

イ I like pink and white.

ウ I like white.

☐(3) 本文中で，Jimmyは何色が好きだと言っていますか。日本語で答えなさい。

(   )

ヒント **4** (3)「8」はeightだが，「8日」と日付を表すときはつづりに気をつける。

ぴたトレ
1
要点チェック

Unit 1 Here We Go! (Part 1)

時間 **15**分

解答 p.2

〈新出語・熟語 別冊p.6〉

教科書の重要ポイント 自分の名前や出身地などの言い方　教科書 pp.30～31

I'm Eri. 〔私はエリです。〕
I amの短縮形

I'm a student there. 〔私はそこの学生です。〕

I'm from Japan. 〔私は日本の出身です。〕
〜の出身

▼ 自分のことをいうときは，主語にIを使う。amは「be動詞」とよばれ，Iの後ろにつける。
　I am(I'm)の後ろに，名前や職業，出身などを表す語句が続く。

▼ 初対面の人へのあいさつ
　Nice to meet you. 〔はじめまして。〕

I'mの「'」はアポストロフィといって，短縮形などに使うよ。

▼ 年齢をいうときの表現
　I'm 13 years old. 〔私は13歳です。〕

▼ 道に迷ったときの表現
　I'm lost. 〔私は道に迷いました。〕

▼ なんと呼んでほしいか伝えるとき
　I'm Emiko. Call me Emi. 〔私はエミコです。エミと呼んでね。〕

ナルホド!

Words & Phrases 次の英語は日本語に，日本語は英語にしなさい。

□(1) student （　　　　　　　　） □(5) 道に迷った ＿＿＿＿＿＿＿

□(2) Thanks. （　　　　　　　　） □(6) そこに，そこで ＿＿＿＿＿＿＿

□(3) meet （　　　　　　　　） □(7) 〜をよぶ ＿＿＿＿＿＿＿

□(4) Ms. （　　　　　　　　） □(8) 〜出身(の) ＿＿＿＿＿＿＿

1 次の会話の＿＿内に，日本語に合う英単語を入れなさい。

Jane : I'm Jane. (1) Nice ＿＿＿＿＿＿＿ ＿＿＿＿＿＿＿ you. （はじめまして。）

Nana : I'm Nanako. (2) ＿＿＿＿＿＿＿ me Nana. （ナナと呼んでください。）

Jane : I see.

ぴたトレ
1
要点チェック

Unit 1 Here We Go! (Part 2)

時間 **15**分

解答 p.2

〈新出語・熟語 別冊p.6〉

Unit 1

教科書の
重要ポイント **自分の好きなものやすることなどを表現する** 教科書 pp.32 ～ 33

I like spring. 〔私は春が好きです。〕

I don't like spring. 〔私は春が好きではありません。〕

▼ like 〔好きなもの(こと)〕

like や meet, call などは，心の動きや体の動きなどを表す動詞の仲間で，「一般動詞」と
よばれる。「～ない」と否定するときは，動詞の前に <u>don't</u> を置く。

do not の短縮形

I like summer. 〔私は夏が好きです。〕

I don't like summer so much. 〔私はそれほど夏が好きではありません。〕

▼ 相手の意見を聞く表現

How about you? 〔あなたはどうですか。〕

▼ 好きではない理由を聞く表現

Why not? 〔どうしてですか。〕

「Why not?」は，否定の
言葉を受けて，その理
由を聞き返すときに使
うよ。

ナルホド!

Words & Phrases 次の英語は日本語に，日本語は英語にしなさい。

□(1) fall （　　　　　　　　　） □(6) 見る ＿＿＿＿＿＿＿＿＿＿

□(2) about （　　　　　　　　　） □(7) 非常に，とても ＿＿＿＿＿＿＿＿＿＿

□(3) beautiful （　　　　　　　　） □(8) 春 ＿＿＿＿＿＿＿＿＿＿

□(4) so （　　　　　　　　　） □(9) 夏 ＿＿＿＿＿＿＿＿＿＿

□(5) play （　　　　　　　　　） □(10) 冬 ＿＿＿＿＿＿＿＿＿＿

1 次の会話の＿＿＿＿内に，日本語に合う英単語を入れなさい。

Ryota : I like winter. (1) ＿＿＿＿＿＿＿＿ ＿＿＿＿＿＿＿ you?

（あなたはどうですか。）

Toshi : (2) I don't like winter ＿＿＿＿＿＿＿＿ ＿＿＿＿＿＿＿＿. But I like fall.

（私はそれほど冬が好きではありません。）

Jane : I like fall, too.

ぴたトレ
1
要点チェック

Unit 1 Here We Go! (Part 3)

時間 **15**分

解答 p.2

〈新出語・熟語 別冊p.6〉

教科書の重要ポイント **自分のできることや，できないことを表現する** 教科書 pp.34～35

I play the drums.〔私はドラムを演奏します。〕

I can play the drums.〔私はドラムを演奏できます。〕

I can't play the drums.〔私はドラムを演奏できません。〕
cannotの短縮形

▼ canとcan't

canは，動詞といっしょに使い「～できる」などの意味を加える言葉で，
助動詞とよばれる。「～できない」と否定するときは，can'tを使う。

助動詞は動詞の前に置くよ。

I can swim and play the piano.〔私は泳ぐこととピアノをひくことができます。〕
I can't play the piano, but I can play the flute.
canより少し強めに発音する
〔私はピアノをひくことができませんが，フルートをふくことはできます。〕

ナルホド！

Words & Phrases **次の英語は日本語に，日本語は英語にしなさい。**

☐(1) fast （　　　　　　　）　　☐(5) 踊る _____

☐(2) well （　　　　　　　）　　☐(6) 走る _____

☐(3) cool （　　　　　　　）　　☐(7) 野球 _____

☐(4) basketball（　　　　　　　）　☐(8) 泳ぐ _____

1 **日本語に合うように，_____に適切な語を書きなさい。**

☐(1) 私は神奈川出身です。私は夏と冬が好きです。

I'm _____ Kanagawa. I like _____ and winter.

☐(2) 私は速く走ることができませんが，野球をすることができます。

I _____ run _____, _____ I can play

baseball.

☐(3) 私はフルートを演奏できませんが，ピアノを演奏できます。

I _____ play the _____, but I can _____

the piano.

16

ぴたトレ
1
要点チェック

Daily Life 1

時間 **15**分

解答 p.3

〈新出語・熟語 別冊p.6〉

Daily Life 1

教科書の
重要ポイント
国際郵便の書き方
教科書 p.37

▼ 日本から海外に郵便物を送る場合の，宛名や住所の書き方

差出人の名前は，日本語式に「姓・名」，英語式に「名・姓」で，
順番はどちらでもよい。

差出人の住所は，「建物名・部屋番号」→「番地・町名」→
「市区町村名」→「都道府県名」の順に，コンマ(,)で区切って書く。

差出人の住所の書き方 は，「市町村名」
「都道府県名」はハイフン(-)でつなぐよ。

{差出人}

From (ご依頼主)	
Name	Tanaka Emi
Address	1-12-5 Honcho, Okada-shi, Chiba-ken,
Postal code (郵便番号)	357-0638　Japan

{宛先}

To (お届け先)	
Name	Mr. John Rios
Address	87 West 68th St., New York, NY
(郵便番号)Postal code	10001
(国名)Country	U.S.A

右の宛先に届くように，送り状の太枠内を記入しなさい。

From (ご依頼主)	
Name	
Address	
Postal code (郵便番号)	Japan

To (お届け先)	
Name	
Address	
(郵便番号)Postal code	
(国名)Country	

[宛先]
Name　Mr. David Smith
Address　101 South
　　54th St.,
　　Washington,
　　WA
郵便番号　98041
国名　U.S.A.

ナルホド！

Words & Phrases　次の英語は日本語に，日本語は英語にしなさい。

☐(1) postal code（　　　　　　　）

☐(2) address　　（　　　　　　　）

☐(3) country　　（　　　　　　　）

☐(4) telephone（　　　　　　　）

☐(5) 名前　＿＿＿＿＿＿＿＿＿＿

☐(6) ～へ　＿＿＿＿＿＿＿＿＿＿

1 ( )内から適切なものを選び，記号を〇で囲みなさい。

☐(1) I ( ) spring so much.

  ア want   イ don't like   ウ am   エ look

☐(2) I can ( ) piano.

  ア play   イ like   ウ play the   エ like the

☐(3) I like music ( ) sports.

  ア and   イ from   ウ but   エ to

2 日本語に合うように，＿＿に入る適切な語を書きなさい。

☐(1) 私はそこの学生です。

  I'm ＿＿＿＿＿＿＿＿＿＿ ＿＿＿＿＿＿＿＿＿＿ there.

☐(2) 私はドラムを演奏できません。

  I ＿＿＿＿＿＿＿＿ ＿＿＿＿＿＿＿＿ ＿＿＿＿＿＿＿＿ drums.

☐(3) 私はバスケットボールをすることができませんが，上手に泳ぐことができます。

  I ＿＿＿＿＿＿＿＿ play ＿＿＿＿＿＿＿＿, but I can ＿＿＿＿＿＿＿＿

  ＿＿＿＿＿＿＿＿.

3 日本語に合うように，( )内の語を並べかえなさい。

☐(1) ぼくをケンとよんでください。(me / call / Ken).

  ＿＿＿＿＿＿＿＿＿＿＿＿＿＿＿＿＿＿＿＿＿＿＿＿＿＿＿＿＿.

☐(2) 私は東京の出身です。(Tokyo / from / I'm).

  ＿＿＿＿＿＿＿＿＿＿＿＿＿＿＿＿＿＿＿＿＿＿＿＿＿＿＿＿＿.

☐(3) はじめまして。(to / you / meet / nice).

  ＿＿＿＿＿＿＿＿＿＿＿＿＿＿＿＿＿＿＿＿＿＿＿＿＿＿＿＿＿.

☐(4) 私は12歳です。(old / I'm / years / 12).

  ＿＿＿＿＿＿＿＿＿＿＿＿＿＿＿＿＿＿＿＿＿＿＿＿＿＿＿＿＿.

ヒント **2** (3)「上手に」という副詞の位置に注意しよう。

●「私は〜です」というbe動詞，「〜が好きです」などの一般動詞の使い分けと，「〜ができます」などの助動詞の使い方が問われるでしょう。
⇒動作を表すのか，状態を表しているのかで区別しましょう。助動詞の後は動詞がきます。

4 書く✏ **次の指示にしたがい，あなた自身を自己紹介する英文を書きなさい。**

☐(1) 自分の名前を紹介するときの表現。

_____

_____

☐(2) 自分の年齢をいうときの表現。

_____

_____

☐(3) 自分の出身をいうときの表現。

_____

_____

☐(4) 自分の好きな色をいうときの表現。

_____

_____

☐(5) 自分ができるスポーツや楽器をいうときの表現。

_____

_____

5 読む📖 **次の英文を読んで，あとの問いに答えなさい。**

Anika : Hi, I'm Anika. Nice to meet you.

Ken : Hi, Anika. Nice to meet you, too. I'm Ken.

Anika : I'm from India. I can make curry.

Ken : India? That's nice! I like curry, but I can't make curry.

I can play baseball well.

Anika : Cool!

(注)Nice to meet you, too. こちらこそはじめまして。   make 〜を作る   curry カレー

☐(1) アニカの出身はどこか，日本語で答えなさい。

(   )

☐(2) ケンができることは何か，日本語で答えなさい。

(   )

ヒント **4** (2)「私は〜歳です。」は「I'm 〜 years old.」となる。
   4 (5)「〜を演奏できます」という場合には，楽器の前にtheをつける。

Unit 1 ～ Daily Life 1

❶ 下線部の発音が同じものには○を，そうでないものには×を，解答欄に書きなさい。　　　　　　　　6点

(1) f<u>a</u>ll　　　　　　　　　(2) b<u>a</u>seball　　　　　　　(3) l<u>oo</u>k

　　 c<u>a</u>n　　　　　　　　　　　pl<u>a</u>ce　　　　　　　　　 c<u>oo</u>l

❷ 最も強く発音する部分の記号を解答欄に書きなさい。　　　　　　　　　　　　　　　　　　　　6点

(1) bas - ket - ball　　　　　(2) beau - ti - ful　　　　　(3) mu - si - cian

　　 ア　 イ　 ウ　　　　　　　　 ア　 イ　 ウ　　　　　　　 ア　 イ　 ウ

❸ 日本語に合うように，＿＿＿に入る適切な語を書きなさい。　　　　　　　　　　　　　　　　20点

(1) 私はそこの学生です。

　　 ＿＿＿＿ ＿＿＿＿ ＿＿＿＿ there.

(2) 私はメグです。はじめまして。

　　 I'm Megu.　＿＿＿＿ ＿＿＿＿ ＿＿＿＿ you.

(3) 私はスポーツと音楽が好きです。

　　 I ＿＿＿＿ ＿＿＿＿ and ＿＿＿＿.

(4) 私は野球をすることと泳ぐことができます。

　　 I ＿＿＿＿ ＿＿＿＿ baseball and ＿＿＿＿.

❹ （　）内の指示にしたがって，英文を書きかえなさい。　　　　　　　　　　　　　　　　　15点

(1) I play the piano.　（「私はピアノを演奏することができる」という意味の文に）

(2) You like summer.　（「あなたは冬が好きではない」という意味の文に）

(3) I like baseball.　（「私は野球をすることができない」という意味の文に）

❺ 次の会話文を読んで，あとの問いに答えなさい。　　　　　　　　　　　　　　　　　　　　29点

　　Mary :　I'm lost.

　　　Emi :　I'm a new student here.

　　Mary :　Thanks.　I'm Mary.

　　　Emi :　I'm Emi.　①(meet / Nice / you / to).

　Junichi :　I'm Junichi.　②(　　　) (　　　) (　　　).

　　Mary :　I'm 12 years old.　I like summer.

　　　Emi :　I (　③　) like summer, but I like fall.

　　成績評価の観点　　知…言語や文化についての知識・技能　　表…外国語表現の能力

Junichi :   I can swim and play the trumpet.

Mary :   Cool.

Emi :   I (④) play the trumpet, but I can play the drums.

Mary :   Cool. ⑤I (　) (　) (　) (　).

⑴ 下線部①の( )内の語を正しく並べかえなさい。

⑵ 下線部②が「私をジュン(Jun)と呼んでください。」という意味になるように, ( )に適切な語を入れて, 文を完成させなさい。

⑶ (③)に入る最も適切なものを1つ選び, 記号を書きなさい。

　ア do　　イ can't　　ウ don't

⑷ 下線部④の( )に適切な語を入れて「私はトランペットを演奏できません。」という意味になるように文を完成させなさい。

⑸ 下線部⑤が「私はフルートを演奏できます。」という意味になるように, ( )に適切な語を入れて, 文を完成させなさい。

❻ 書く✎ **次のようなとき英語で何と言うか, ( )内の語数で書きなさい。** 表　　24点

⑴「私は速く走ることができません。」というとき。(4語)

⑵「私は神奈川出身です。」と自己紹介するとき。(3語)

⑶ 否定の言葉を受けてその理由を聞くとき。(2語)

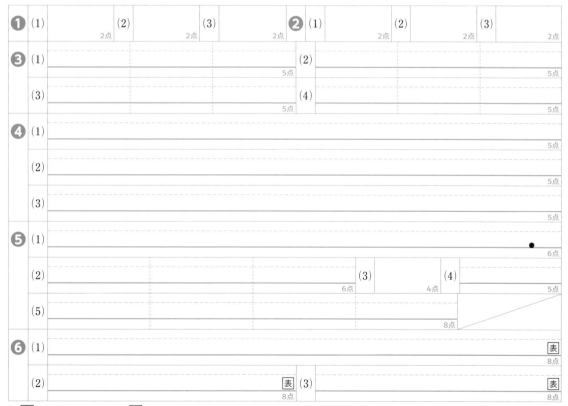

▶ 表 の印がない問題は全て 知 の観点です。

21

Unit 2 Club Activities (Part 1)

教科書の重要ポイント　**相手の状態や出身地をたずねる表現**　教科書 pp.38〜41

I am a new student. 〔私は新入生です。〕

You are a new student. 〔あなたは新入生です。〕

Are you a new student? 〔あなたは新入生ですか。〕

— **Yes, I am. / No, I'm not.** 〔はい，そうです。／いいえ，ちがいます。〕

質問するときはbe動詞の次に主語がくるんだね。

areはbe動詞の仲間で，youやweなどといっしょに使われる。

疑問文にするときは，areを主語の前に置く。

答えるときは，yesやnoを使う。

Are you a baseball fan? 〔あなたは野球ファンですか。〕

— **Yes, I am. / No, I'm not.** 〔はい，そうです。／いいえ，ちがいます。〕
　　　　　　　　I amの短縮形

主語によって使うbe動詞が違うので注意する。

主語	be動詞
I「私は[が]」	am
you「あなた(たち)は[が]」	are
we「私たちは[が]」	are

ナルホド！

Words & Phrases　次の英語は日本語に，日本語は英語にしなさい。

☐(1) club 　(　　　　　　　　)　　☐(6) 新しい 　＿＿＿＿＿＿＿

☐(2) activity 　(　　　　　　　　)　　☐(7) 美術，芸術 　＿＿＿＿＿＿＿

☐(3) come 　(　　　　　　　　)　　☐(8) チーム 　＿＿＿＿＿＿＿

☐(4) athlete 　(　　　　　　　　)　　☐(9) 科学 　＿＿＿＿＿＿＿

☐(5) brass band 　(　　　　　　　　)　　☐(10) 演劇 　＿＿＿＿＿＿＿

1 日本語に合うように，（ ）内から適切なものを選び，記号を○で囲みなさい。

□(1) あなたはカナダ出身ですか。

（ ア Can　イ Are　ウ Am ）you from Canada?

□(2) ここが美術クラブです。

Here's the（ ア drama　イ team　ウ art ）club.

□(3) 私は運動選手です。

I am an（ ア soccer　イ athlete　ウ student ）.

2 日本語に合うように，＿＿＿に適切な語を書きなさい。

□(1) 私は新入生です。

I ＿＿＿＿＿＿ a ＿＿＿＿＿＿ student.

□(2) お入りなさい。

＿＿＿＿＿＿ ＿＿＿＿＿＿.

□(3) ここが演劇クラブです。

＿＿＿＿＿＿ ＿＿＿＿＿＿ ＿＿＿＿＿＿ club.

□(4) あなたは本の虫ですか。

＿＿＿＿＿＿ you ＿＿＿＿＿＿ bookworm?

3 日本語に合うように，（ ）内の語句を並べかえなさい。

□(1) あなたはオーストラリア出身ですか。

(you / Australia / from / are)?

＿＿＿＿＿＿＿＿＿＿＿＿＿＿＿＿＿
＿＿＿＿＿＿＿＿＿＿＿＿＿＿＿＿＿?

□(2) あなたはバスケットボールのファンですか。

(you / fan / basketball / are / a)?

＿＿＿＿＿＿＿＿＿＿＿＿＿＿＿＿＿
＿＿＿＿＿＿＿＿＿＿＿＿＿＿＿＿＿?

□(3) いいえ，私はちがいます。

(not / , / no / I'm).

＿＿＿＿＿＿＿＿＿＿＿＿＿＿＿＿＿
＿＿＿＿＿＿＿＿＿＿＿＿＿＿＿＿＿.

テストによく出る!

動詞の形

1(1)Iやyouなどの主語に気をつけ，どのbe動詞にするか選ぶ。

注目!

Here'sの意味

2(3)「ここが〜です。」と表現するときは，Here'sと短縮形を使うよ。

⚠ミスに注意

名詞の前のa/an

3(2)数えられるものの前にaやanをつける。aとanは「1つの」という意味。

Unit 2 Club Activities (Part 2)

教科書の重要ポイント **相手のすることや好きなことなどをたずねる表現** 教科書 pp.42〜43

I play the trumpet. 〔私はトランペットを演奏します。〕

Do you play an instrument? 〔あなたは楽器を演奏しますか。〕

— Yes, I do. / No, I don't.

〔はい，私は演奏します。／いいえ，私は演奏しません。〕

be動詞ではじまる質問にはbe動詞を使って答えるけれど，Doではじまる質問にはdoを使って答えよう。

playやlikeなどの一般動詞を使った文を疑問文にするときは，
doを主語の前に置く。
答えるときは，yesやnoを使う。

Do you like baseball? 〔あなたは野球が好きですか。〕
— Yes, I do. 〔はい，好きです。〕
— No, I don't. I like soccer. 〔いいえ，好きではありません。私はサッカーが好きです。〕
  do notの短縮形

▼ 曜日の言い方
曜日は必ず一文字目を大文字からはじめる。

月曜日	Monday	火曜日	Tuesday	水曜日	Wednesday
木曜日	Thursday	金曜日	Friday	土曜日	Saturday
日曜日	Sunday				

ナルホド！

Words & Phrases 次の英語は日本語に，日本語は英語にしなさい。

□(1) Wednesday （   ）　　□(5) 月曜日　＿＿＿＿＿＿＿

□(2) practice （   ）　　□(6) 少し，多少　＿＿＿＿＿＿＿

□(3) instrument （   ）　　□(7) 日曜日　＿＿＿＿＿＿＿

□(4) Thursday （   ）　　□(8) 普通は　＿＿＿＿＿＿＿

1 日本語に合うように，（　）内から適切なものを選び，記号を○で囲みなさい。

テストによく出る!

☐(1) あなたはギターを演奏しますか。

（ ア　Can　イ　Are　ウ　Do ）you play the guitar?

☐(2) 私はドラムを少し演奏します。

I play the drums (ア　so　イ　a little　ウ　much)．

☐(3) 私はピアノを演奏します。

I play (ア　a　イ　on　ウ　the) piano.

楽器の前のaやthe
ピアノ，フルートなどの前にはtheをつけるが，楽器全体を表すinstrumentの前にanをつける。

2 日本語に合うように，＿＿＿に適切な語を書きなさい。

注目!

☐(1) 私はいつもピアノを演奏します。

I ＿＿＿＿＿＿ play ＿＿＿＿＿＿ piano.

☐(2) 私たちはときどき卓球をします。

We ＿＿＿＿＿＿ play ＿＿＿＿＿＿ ＿＿＿＿＿＿．

☐(3) 私たちはいつもは木曜日に練習をします。

We usually ＿＿＿＿＿＿ on ＿＿＿＿＿＿．

☐(4) 私は決してトランペットを演奏しません。

I ＿＿＿＿＿＿ ＿＿＿＿＿＿ the trumpet.

位置
2(1)「いつも」「ときどき」「たいてい」などの言葉は，一般動詞の前にくる。

3 日本語に合うように，（　）内の語句を並べかえなさい。

⚠ミスに注意

☐(1) あなたはサッカーが好きですか。

(like / you / soccer / do)?

＿＿＿＿＿＿＿＿＿＿＿＿＿＿＿＿＿＿＿？

☐(2) 私はときどきバスケットボールの練習をします。

(sometimes / practice / basketball / I)．

＿＿＿＿＿＿＿＿＿＿＿＿＿＿＿＿＿＿＿．

☐(3) 私たちはたいてい月曜日と水曜日に練習します。

(Wednesdays / usually / we / Mondays / practice / and / on)．

＿＿＿＿＿＿＿＿＿＿＿＿＿＿＿＿＿＿＿．

onの位置
onは曜日の前につける。2つ以上曜日があるときはon ... and ～というようにする。

Unit 2

ぴたトレ
1
要点チェック

Unit 2 Club Activities (Part 3)

時間 **15**分
解答 p.5

〈新出語・熟語 別冊p.7〉

教科書の重要ポイント **相手にできるかどうかをたずねる表現** 教科書 pp.44〜45

I can read it. 〔私はそれを読むことができます。〕

Can you read it? 〔あなたはそれを読むことができますか。〕

― **Yes, I can. / No, I can't.** 〔はい，私はできます。／いいえ，私はできません。〕

助動詞のcanを使った文を疑問文にするときは，canを主語の前に置く。
答えるときは，yesやnoではじめ，canを使って答える。

Can you write "apple" in kanji? 〔あなたは漢字で「リンゴ」が書けますか。〕
― **Yes, I can. / No, I can't.** 〔はい，私は書けます。／いいえ，私は書けません。〕
            cannotの短縮形

▼ ものについて何であるかたずねるときの表現
What's(What is) this? 〔これは何ですか。〕
― **It's(It is) a unicycle.** 〔それは一輪車です。〕

ナルホド！

Words & Phrases **次の英語は日本語に，日本語は英語にしなさい。**

☐(1) repeat (   )

☐(2) draw (   )

☐(3) cow (   )

☐(4) write (   )

☐(5) ride (   )

☐(6) コーヒー _____

☐(7) 〜を言う _____

☐(8) 〜を読む _____

☐(9) 〜を飲む _____

☐(10) 〜を食べる _____

1 日本語に合うように，（　）内から適切なものを選び，記号を〇で囲みなさい。

☐(1) あなたはこれを読むことができますか。

（ ア Do　イ Are　ウ Can ）you read this?

☐(2) いいえ，できません。

No, I（ ア don't　イ can't　ウ am not ）.

☐(3) 私はコーヒーを飲むことができます。

I（ ア am　イ can　ウ do ）drink coffee.

2 日本語に合うように，＿＿＿に適切な語を書きなさい。

☐(1) 私の後について言ってください。

Repeat ＿＿＿＿＿＿＿＿ ＿＿＿＿＿＿＿.

☐(2) それは何ですか。

＿＿＿＿＿＿＿ ＿＿＿＿＿＿＿it?

☐(3) それはお祭りです。

＿＿＿＿＿＿＿ ＿＿＿＿＿＿＿ a festival.

☐(4) あなたは牛を描くことができますか。

＿＿＿＿＿＿ you ＿＿＿＿＿＿ a cow?

3 日本語に合うように，（　）内の語句を並べかえなさい。

☐(1) 早口言葉とは何ですか。

(is / tongue twister / a / what)?

＿＿＿＿＿＿＿＿＿＿＿＿＿＿＿＿＿＿?

☐(2) 私は一輪車に乗ることができます。

(unicycle / can / a / I / ride).

＿＿＿＿＿＿＿＿＿＿＿＿＿＿＿＿＿.

☐(3) あなたは英語で「タコ」を言うことができますか。

(English / you / "tako" / say / can / in)?

＿＿＿＿＿＿＿＿＿＿＿＿＿＿＿＿?

注目!
draw, writeの区別
2(4)「絵を描く」ときはdrawを使い，「文字[文章]を書く」ときはwriteを使う。

⚠ミスに注意
canの位置
3(2)(3)疑問文なのか，肯定文なのかでcanの位置に注意！

テストによく出る!
in＋言語
3(3)in＋言語で「その言語で」という意味。例：in kanji「漢字で」，in Japanese「日本語で」

1 正しいものを4つの選択肢の中から選びなさい。

□(1) (　　) you a new student?

　　ア Am　　イ Do　　ウ Are　　エ Can

□(2) I (　　) an instrument.

　　ア come　　イ play　　ウ do　　エ can

□(3) (　　) you write it?

　　ア Are　　イ What　　ウ Am　　エ Can

> 相手のすることや, 状態を聞く表現を思い出そう。

2 日本語に合うように, ＿＿に入る適切な語を書きなさい。

□(1) あなたは卓球ファンですか。

＿＿＿＿＿＿＿＿＿＿ you ＿＿＿＿＿＿＿＿ table tennis ＿＿＿＿＿＿＿＿＿＿?

□(2) 私はときどき楽器を演奏します。

I ＿＿＿＿＿＿＿＿ ＿＿＿＿＿＿＿＿＿ ＿＿＿＿＿＿＿＿ instrument.

□(3) あなたはそれを読むことができますか。

＿＿＿＿＿＿＿＿＿＿ you ＿＿＿＿＿＿＿＿＿ ＿＿＿＿＿＿＿＿?

3 書く✍ (　)内の指示に従って, 英文を書きかえなさい。

□(1) You write "noodle" in kanji.　(「あなたは(下線部が)できますか」という疑問文に)

＿＿＿＿＿＿＿＿＿＿＿＿＿＿＿＿＿＿＿＿＿＿＿＿＿＿＿＿＿

□(2) I usually practice on Sundays.　(下線部を「火曜日と金曜日」にという文に)

＿＿＿＿＿＿＿＿＿＿＿＿＿＿＿＿＿＿＿＿＿＿＿＿＿＿＿＿＿

□(3) You are a baseball fan.　(「あなたは野球のファンですか。」という疑問文に)

＿＿＿＿＿＿＿＿＿＿＿＿＿＿＿＿＿＿＿＿＿＿＿＿＿＿＿＿＿

ヒント　**1**(1)「〜する」という動作を表す言葉があればDoを, なければbe動詞を使って疑問文にする。
　　　　2(2)「ときどき」の位置に注意して答える。

4 日本語に合うように，＿＿＿に入る適切な語を書きなさい。

☐(1) ここが演劇クラブです。

＿＿＿＿＿＿＿ ＿＿＿＿＿＿＿ ＿＿＿＿＿＿＿ club.

☐(2) あなたはドラムを演奏することができますか。

＿＿＿＿＿＿＿ you ＿＿＿＿＿＿＿ ＿＿＿＿＿＿＿ drums?

☐(3) 私は早口言葉を言うことができます。

＿＿＿＿＿＿＿ ＿＿＿＿＿＿＿ ＿＿＿＿＿＿＿ a tongue twister.

☐(4) 私たちはたいてい火曜日と土曜日に練習します。

We ＿＿＿＿＿＿＿ ＿＿＿＿＿＿＿ on Tuesday and Saturday.

5 書く✏ 次の日本語を英語にしなさい。

☐(1) あなたは新入生ですか。（5語）

＿＿＿＿＿＿＿＿＿＿＿＿＿＿＿＿＿＿＿＿＿＿＿＿＿

☐(2) 私の後について言ってください。（3語）

＿＿＿＿＿＿＿＿＿＿＿＿＿＿＿＿＿＿＿＿＿＿＿＿＿

☐(3) 私はときどき楽器を練習します。（5語）

＿＿＿＿＿＿＿＿＿＿＿＿＿＿＿＿＿＿＿＿＿＿＿＿＿

☐(4) あなたはバスケットボールのファンですか。（5語）

＿＿＿＿＿＿＿＿＿＿＿＿＿＿＿＿＿＿＿＿＿＿＿＿＿

☐(5) 私たちはいつも卓球をしています。（5語）

＿＿＿＿＿＿＿＿＿＿＿＿＿＿＿＿＿＿＿＿＿＿＿＿＿

ヒント　**4** (1)「ここが」は短縮形を使いましょう。

　　　　5 (3)「楽器」はinstrument。instrumentの前はaかanのどちらになるのか注意する。

❶ 下線部の発音が同じものには〇を，そうでないものには×を，解答欄に書きなさい。 6点

(1) <u>a</u>rt dr<u>a</u>ma

(2) c<u>o</u>me s<u>o</u>metimes

(3) pr<u>a</u>ctice <u>a</u>lways

❷ 最も強く発音する部分の記号を解答欄に書きなさい。 6点

(1) Sa - tur - day ア　イ　ウ

(2) re - peat ア　イ

(3) Wed - nes - day ア　イ　ウ

❸ 日本語に合うように，＿＿に入る適切な語を書きなさい。 16点

(1) あなたたちは新入生ですか。

＿＿＿ ＿＿＿ ＿＿＿ students?

(2) 私はフルートを少し演奏します。

I ＿＿＿ ＿＿＿ flute ＿＿＿ little.

(3) あなたはコーヒーを飲むことができますか。

＿＿＿ you ＿＿＿ ＿＿＿?

(4) いいえ，私はできません。

＿＿＿, ＿＿＿ ＿＿＿.

❹ （　）内の指示にしたがって，英文を書きかえなさい。 20点

(1) Do you play the drums? （Yesで答える）

(2) I can play the piano. （疑問文にする）

(3) I'm from Osaka. （疑問文にして，Noで答える）

❺ 読む 次の会話文を読んで，あとの問いに答えなさい。 28点

Mary : Here's the basketball team.

Teacher : ①(new / are / students / you)? Come in.

Emi : Thank you.

Teacher : ②(　　)(　　)(　　) basketball?

Mary : Yes, I do. I play basketball a (　③　).

Teacher : We usually ④(　)(　)(　), (　), (　) Saturdays.

Emi : Can you practice on Saturday, Mary?

Mary : ⑤No, I (　　).

成績評価の観点　知…言語や文化についての知識・技能　表…外国語表現の能力

(1) 下線部①の（ ）内の語を正しく並べかえなさい。

(2) 下線部②が「あなたはバスケットボールをしますか。」という意味になるように，（ ）に適切な語を入れて，文を完成させなさい。

(3) （ ③ ）に入る最も適切なものを1つ選び，記号を書きなさい。
ア much　　イ little　　ウ so

(4) 下線部④の（ ）に適切な語を入れて「私たちはたいてい火曜日，木曜日と土曜日に練習をします。」という意味になるように文を完成させなさい。

差がつく (5) 下線部⑤が「いいえ，私はできません。」という意味になるように，（ ）に適切な語を入れて，文を完成させなさい。

点UP ❻ 書く✏ 次のようなとき英語で何と言うか，（ ）内の指示にしたがって書きなさい。
表 24点

(1) 相手が一輪車に乗れるかどうかたずねるとき。（a unicycleを使って）

(2) 「私の後について言ってください。」と相手の行動をうながすとき。（meを使って）

(3) 相手に入るよう，うながすとき。（inを使って）

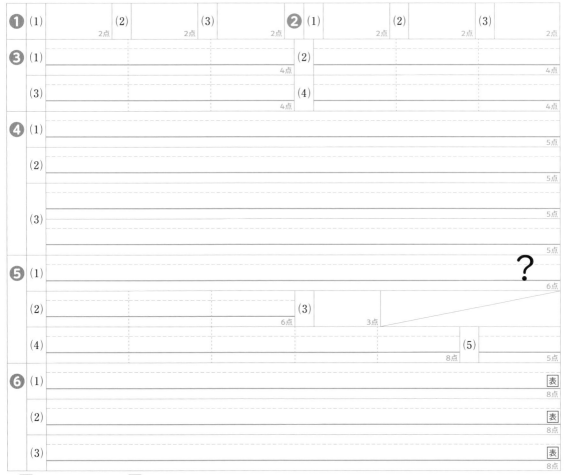

▶ 表 の印がない問題は全て 知 の観点です。

ぴたトレ
1
要点チェック

Unit 3
Enjoy the Summer (Part 1)

時間 **15分**

解答 p.7

〈新出語・熟語 別冊p.8〉

教科書の
重要ポイント ┃ 「どんなこと」なのかをたずねる文 ┃ 教科書 pp.48〜51

Do you visit your grandparents? 〔あなたは祖父母を訪ねますか。〕

— **Yes, I do. / No, I don't.** 〔はい，訪ねます。／いいえ，訪ねません。〕

What do you do during the summer vacation? 〔あなたは夏休みの間，何をしますか。〕

— **I usually visit my grandparents.** 〔私はたいてい私の祖父母を訪ねます。〕

whatは，物事についてたずねるときに使う言葉で，「何」という意味である。
「疑問詞」と呼ばれる。
答え方はyesやnoではなく，聞かれたことの内容を具体的に答える。

> Whatを文の初めにおいて疑問文にしよう。

「疑問詞」を使った疑問文は，最後を下げて発音する。
I like dogs. What do you like? ↘ 〔私は犬が好きです。あなたは何が好きですか。〕
— **I like cats.** 〔私はネコが好きです。〕

＼ナルホド!／

Words & Phrases ┃ 次の英語は日本語に，日本語は英語にしなさい。

☐(1) fishing （　　　　　　　）

☐(2) firework （　　　　　　　）

☐(3) movie （　　　　　　　）

☐(4) vacation （　　　　　　　）

☐(5) guitar （　　　　　　　）

☐(6) 公園 ＿＿＿＿＿＿＿＿

☐(7) 祖父 ＿＿＿＿＿＿＿＿

☐(8) 週末 ＿＿＿＿＿＿＿＿

☐(9) 宿題 ＿＿＿＿＿＿＿＿

☐(10) とどまる ＿＿＿＿＿＿＿＿

1 日本語に合うように，＿＿に入る適切な語を書きなさい。

☐(1) あなたは毎週土曜日，何をしますか。

＿＿＿＿＿＿＿＿ do you ＿＿＿＿＿＿＿ on Saturdays?

☐(2) 私はたいてい家で宿題をします。

I ＿＿＿＿＿＿＿ do my ＿＿＿＿＿＿＿ at home.

2 日本語に合うように，（　）内から適切なものを選び，記号を○で囲みなさい。

☐(1) あなたは今年の夏，何をしますか。

What do you （ ア want　イ do　ウ can ） in this summer?

☐(2) 私はたいてい祖母を訪ねます。

I usually （ ア visit　イ go　ウ stay ） my grandmother.

3 日本語に合うように，＿＿に入る適切な語を書きなさい。

☐(1) エミ，あなたは何が欲しいですか。

＿＿＿＿＿＿ ＿＿＿＿＿＿ you ＿＿＿＿＿＿, Emi?

☐(2) 私はネコが欲しいです。

I ＿＿＿＿＿＿ a ＿＿＿＿＿＿.

☐(3) 私は毎週日曜日に友達と公園に行きます。

I go ＿＿＿＿＿＿ the ＿＿＿＿＿＿ with my friend

＿＿＿＿＿＿ Sunday.

4 日本語に合うように，（　）内の語句を並べかえなさい。

☐(1) あなたは毎週末，何をしますか。

(do / on / what / weekends / do / you)?

＿＿＿＿＿＿＿＿＿＿＿＿＿＿＿＿＿＿＿＿＿＿?

☐(2) 私は家族と一緒に花火を見ます。

(fireworks / I / family / with / see / my).

＿＿＿＿＿＿＿＿＿＿＿＿＿＿＿＿＿＿＿＿＿.

☐(3) 私はときどき私の父と将棋をします。

(sometimes / with / I / play / my father / *shogi*)

＿＿＿＿＿＿＿＿＿＿＿＿＿＿＿＿＿＿＿＿＿.

⚠ミスに注意

語順

2(1)Whatの次は，doまたはbe動詞＋主語…の語順になる。

テストによく出る！

everyの使い方

3(3)everyは名詞の前につけて，every weekend「毎週末」，every Monday「毎週月曜日」のように表すことができる。

注目！

see, watchの違い

4(2)「see」は自分の視界に自然に入ってくるもの，watchは動いているものを注意してみるときに使う。fireworksはseeとwatchのどちらを使って表してもよい。

ぴたトレ
1
要点チェック

Unit 3
Enjoy the Summer (Part 2)

時 間
15分

解答
p.7

〈新出語・熟語 別冊p.8〉

教科書の重要ポイント **好きな活動を言ったり，たずねたりする文** 教科書 pp.52 ～ 53

I like music. 〔私は音楽が好きです。〕

I like dancing. 〔私は踊ることが好きです。〕

Do you like dancing? 〔あなたは踊ることが好きですか。〕

動詞の -ing形

動詞の語尾を-ingの形にすると，「～すること」という名詞と同じような働きで使うことができる。基本的には，play→playingのように，動詞の後ろにingをつけるだけでよい。

▼ 注意① -eで終わる動詞

dance → dancing write → writing 最後のeをとってingをつける。

※seeはそのままingを語尾につけ，seeingとなる。

▼ 注意② 短母音＋子音字の動詞

swim → swimming run → running hit → hitting 最後の1文字を重ねて

sit → sitting win → winning zip → zipping ingをつける。

呼びかけの後は少し上げて発音する。

Do you like dancing, Nick? ♪

〔あなたは踊ることが好きですか，ニック。〕

ナルホド！

Words & Phrases **それぞれの動詞を「～すること」の形に変えて書きなさい。**

☐(1) use _____

☐(2) walk _____

☐(3) stay _____

☐(4) run _____

☐(5) study _____

☐(6) swim _____

☐(7) come _____

☐(8) enjoy _____

1 日本語に合うように，（ ）内から適切なものを選び，記号を〇で囲みなさい。

テストによく出る！

語順

1(3)「～すること」は名詞と同じ働きになるので，文頭において主語にすることもできる。

- □(1) 私は公園で走ることが好きです。

  I like (ア run イ running ウ do) in the park.

- □(2) あなたはコンピュータを使うことが好きですか。

  Do you like (ア using イ use ウ do) a computer?

- □(3) バドミントンをすることは楽しいです。

  (ア Do イ Play ウ Playing) badminton is fun.

2 日本語に合うように，＿＿＿に入る適切な語を書きなさい。

注目！

代名詞

2(1)「これ」→this,「それ」→it,「あれ」→thatを使う。自分から見てthisは近いもの，thatは離れているもの，itは一度話題に出たものを言いかえるときなどに使う。

- □(1) あれは何ですか。―リンゴです。

  What's ＿＿＿＿＿＿＿＿? — It's an ＿＿＿＿＿＿＿＿.

- □(2) あなたはピアノを演奏することが好きですか。

  ＿＿＿＿＿＿＿ you ＿＿＿＿＿＿＿ ＿＿＿＿＿＿＿ the piano?

- □(3) 私は泳ぐことが好きです。

  ＿＿＿＿＿＿＿ ＿＿＿＿＿＿＿ ＿＿＿＿＿＿＿.

3 日本語に合うように，（ ）内の語句を並べかえなさい。

⚠ミスに注意

語順

3(2)疑問文で使うdoと，「すること」という意味のdoingを入れる場所に注意！

- □(1) エミ，あなたは写真を撮ることが好きですか。

  (taking / you / do / pictures / like), Emi?

  ＿＿＿＿＿＿＿＿＿＿＿＿＿＿＿＿＿＿＿, Emi?

- □(2) あなたは何をすることが好きですか。

  (you / do / what / like / doing)?

  ＿＿＿＿＿＿＿＿＿＿＿＿＿＿＿＿＿?

- □(3) あなたは登山をすることが好きですか。

  (mountains / you / do / climbing / like)?

  ＿＿＿＿＿＿＿＿＿＿＿＿＿＿＿＿＿?

Unit 3

ぴたトレ 1
要点チェック

Unit 3
Enjoy the Summer (Part 3)

時間 **15分**　解答 p.7

〈新出語・熟語 別冊p.8〉

教科書の重要ポイント 　したいことを言ったり，たずねたりする文　教科書 pp.54〜55

I want that blue balloon. 〔私はあの青いゴム風船が欲しいです。〕

I want to get that blue one. 〔私はあの青いものを手に入れたいです。〕

Do you want to try it? 〔あなたはそれを試してみたいですか。〕

---

want to ＋動詞の原形

wantの後ろに動詞を続けるときは，動詞の前にtoを置く。

〈to＋動詞の原形〉で，「〜すること」という名詞と同じような働きで使うことができる。

日本語に訳すときには，want＋to＋動詞の原形で「〜したい」と訳せばよい。

「〜が欲しい」と表すときは，toはつけずに名詞をおく。

I want this white | cake |. 〔私はこの白いケーキがほしいです。〕

oneは前に出た名詞を言いかえている。

「動詞の原形」とは，動詞が何も変化していない元の形のことだよ。

I want to eat this brown | one |. 〔私はこの茶色いもの（＝ケーキ）を食べたいです。〕

「〜したい」と表すときは，want to＋動詞の原形。

Do you want to go to the zoo? 〔あなたは動物園に行きたいですか。〕

ナルホド！

Words & Phrases 　次の英語は日本語に，日本語は英語にしなさい。

☐(1) skiing 　(　　　　　　　　　)

☐(2) museum 　(　　　　　　　　　)

☐(3) swimming 　(　　　　　　　　　)

☐(4) aquarium 　(　　　　　　　　　)

☐(5) 彼(女)らは, それらは 　_____

☐(6) 〜を得る, 手に入れる 　_____

☐(7) 重い 　_____

☐(8) ペンギン 　_____

1 日本語に合うように，（　）内から適切なものを選び，記号を〇で囲みなさい。

□(1) あなたはスキーをしに行きたいですか。—はい，行きたいです。

Do you want (ア go　イ to go　ウ do) skiing?

— Yes, I (ア am　イ doing　ウ do).

□(2) あなたは何がしたいですか。

What do you (ア want　イ want to　ウ get) do?

□(3) 私は美術館を訪問したいです。

I want (ア to visit　イ visit　ウ go) a museum.

テストによく出る!

「～しに行く」の表現

1(1) go＋-ingで「～しに行く」という意味。
go swimming「泳ぎに行く」，go camping「キャンプしに行く」

2 日本語に合うように，＿＿＿に入る適切な語を書きなさい。

□(1) あなたはそれを手に入れたいですか。

＿＿＿＿＿＿ you ＿＿＿＿＿＿ to ＿＿＿＿＿＿ it?

□(2) 私は夏休みの間に水族館に行きたいです。

I ＿＿＿＿＿＿ to go ＿＿＿＿＿＿ an aquarium

＿＿＿＿＿＿ the summer ＿＿＿＿＿＿.

□(3) あなたは家で何がしたいですか。—私はテレビを見たいです。

＿＿＿＿＿＿ do you ＿＿＿＿＿＿ to ＿＿＿＿＿＿ at

home?

— I ＿＿＿＿＿＿ to ＿＿＿＿＿＿ TV.

⚠ミスに注意

前置詞

2(2)「～へ行く」というときは「go to＋場所」の「to」を忘れないように注意！

3 日本語に合うように，（　）内の語句を並べかえなさい。

□(1) あれらは何ですか。—それらはバッグです。

(those / are / what)? — (are / bags / they).

＿＿＿＿＿＿＿＿＿＿? — ＿＿＿＿＿＿＿＿＿＿.

□(2) あなたはサッカーをしたいですか。—はい，もちろんです。

Do you (to / soccer / want / play)?

— (of / course / , / Yes).

Do you ＿＿＿＿＿＿＿＿＿＿＿＿＿＿?

— ＿＿＿＿＿＿＿＿＿＿＿＿＿＿.

Unit 3

ぴたトレ
1
要点チェック

**Unit 3
Goal ~ Active Grammar 1**

時間 **15分**

解答 p.8

〈新出語・熟語 別冊p.8〉

教科書の
重要ポイント **自分と相手のことを伝える言い方** 教科書 pp.56 ~ 59

① am, are〈be動詞〉 イコール（＝）の働きをする

▼ 肯定文 「私は~です」「あなたは~です」

I am[I'm] a student. 〔私は学生です。〕

You are[You're] a student. 〔あなたは学生です。〕

▼ 疑問文 「~ですか？」

Are you a student? 〔あなたは学生ですか。〕

— Yes, I am. / No, I am[I'm] not. 〔はい, そうです。／いいえ, ちがいます。〕

▼ 否定文 「~ではありません」

I am[I'm] not a student. 〔私は学生ではありません。〕

> I am → I'm,
> do not → don't,
> cannot → can't
> などの短縮形を
> 覚えるのが大事
> だよ。

② 一般動詞〈be動詞以外の動詞〉 動作を表す

▼ 肯定文 「私は~します」「あなたは~します」

I play the piano. 〔私はピアノを演奏します。〕

▼ 疑問文 「~しますか？」

Do you play the piano? 〔あなたはピアノを演奏しますか。〕

— Yes, I do. / No, I do not[don't]. 〔はい, 演奏します。／いいえ, 演奏しません。〕

▼ 否定文 「私は~しません」「あなたは~しません」

I do not[don't] play the piano. 〔私はピアノを演奏しません。〕

③ can〈助動詞〉 canの後ろの動詞はいつでも原形にする

▼ 肯定文 「私は~できます」「あなたは~できます」

I can play the piano. 〔私はピアノを演奏できます。〕

▼ 疑問文 「あなたは~できますか」

Can you play the piano? 〔あなたはピアノを演奏できますか。〕

— Yes, I can. / No, I cannot[can't]. 〔はい, できます。／いいえ, できません。〕

▼ 否定文 「~できません」

I cannot[can't] play the piano. 〔私はピアノを演奏できません。〕

ナルホド!

1 日本語に合うように，（　）内から適切なものを選び，記号を〇で囲みなさい。

☐(1) 私は新入生です。あなたも新入生ですか。

I am a new student.

（ ア Are　イ Do　ウ Can) you a new student, too?

☐(2) 私は水曜日にギターを演奏します。

I (ア make　イ write　ウ play) the guitar on Wednesdays.

☐(3) あなたは踊ることが好きですか。

（ ア Are　イ Do　ウ Can) you like dancing?

2 日本語に合うように，＿＿に入る適切な語を書きなさい。

☐(1) あなたは恥ずかしがりですか。

＿＿＿＿＿＿ you ＿＿＿＿＿＿?

☐(2) あなたはいつもは，コーヒーを飲みますか。

＿＿＿＿＿＿ you usually ＿＿＿＿＿＿ coffee?

☐(3) 私はたこ焼きを作ることができません。

I ＿＿＿＿＿＿ ＿＿＿＿＿＿ *takoyaki*.

3 日本語に合うように，（　）内の語句を並べかえなさい。

☐(1) あなたは本を読むことが好きですか。

(reading / books / do / like / you)?

＿＿＿＿＿＿＿＿＿＿＿＿＿＿＿＿＿＿?

☐(2) 私は日曜日にサッカーをしません。

I (soccer / on / don't / play) Sundays.

I ＿＿＿＿＿＿＿＿＿＿＿＿＿＿ Sundays.

☐(3) あなたはドラムを演奏することができますか。

(play / can / drums / the / you)?

＿＿＿＿＿＿＿＿＿＿＿＿＿＿＿＿＿＿?

テストによく出る!

be動詞と一般動詞

1 (1)(3)後ろに一般動詞があるかどうかで疑問文にbe動詞を使うか，Doを使うか判断する。

注目!

動詞のing形

1 (3)動詞の語尾を-ingの形にすると，「～すること」の意味になる。

⚠ ミスに注意

短縮形

2 (3)短縮形にするかどうかは，語数で判断する。

Unit 3 ～ Active Grammar 1

You Can Do It! 1

教科書の重要ポイント　**自己紹介で共通点・相違点を見つけよう**　教科書 pp.60～61

▼ 自分の好きなものを伝える表現

　I like playing basketball. 〔私はバスケットボールをすることが好きです。〕

　My favorite sport is basketball. 〔私のいちばん好きなスポーツはバスケットボールです。〕

▼ 「世界中の」という表現

　I want to travel all over the world. 〔私は世界中を旅したいです。〕

▼ 「～を聞く」という表現

　I listen to music at home. 〔私は家で音楽を聞きます。〕

▼ 自分が得意なものを伝える表現

　I'm good at playing the piano. 〔私はピアノを演奏することが得意です。〕
　be動詞＋good at「～が得意である」

▼ ペットを飼っていることを伝える表現

　I have a cat and two dogs. 〔私は1匹のネコと2匹の犬を飼っています。〕

▼ 「～と話をする，話しかける」という表現

　I like talking to people. 〔私は人と話をすることが好きです。〕

▼ 自分が将来なりたいものを伝える表現

　I want to be a shogi player in the future. 〔私は将来，棋士になりたいです。〕
　be動詞の原形「～になる」　　　　「将来」

> am, is, areの全てのbe動詞の原形はbeだよ。今までに習った「～である」の意味の他に，このように「～になる」という意味もあるんだね。

\ナルホド!/

Words & Phrases　次の英語は日本語に，日本語は英語にしなさい。

□(1) travel （　　　　　　　　　）

□(2) animal （　　　　　　　　　）

□(3) hobby （　　　　　　　　　）

□(4) favorite （　　　　　　　　　）

□(5) 人々 _____

□(6) ～を歌う _____

□(7) 未来，将来 _____

□(8) しゃべる，話をする _____

1 日本語に合うように，（　）内から適切なものを選び，記号を〇で囲みなさい。

☐(1) 私は動物が好きです。私はネコを飼っています。

I like animals. I（ ア like　イ see　ウ have ）a cat.

☐(2) あなたは毎週末何をしたいですか。

What do you want（ ア do　イ to do　ウ doing ）on weekends?

☐(3) 私は美術館を訪ねることが好きです。

I（ ア like visiting　イ visit　ウ like ）museums.

⚠ ミスに注意

weekend

1(2)「毎週末」を表すときにonをつけ忘れないよう注意，「毎週末」はevery weekendで表すこともできる。

2 日本語に合うように，＿＿に入る適切な語を書きなさい。

☐(1) 私は世界中に友達を作りたいです。

I want to make friends all ＿＿＿＿＿ ＿＿＿＿＿

＿＿＿＿＿.

☐(2) あなたはサッカーをすることが好きですか。

—いいえ，好きではありません。私は空手をすることが好きです。

Do you ＿＿＿＿＿ ＿＿＿＿＿ soccer?

— No, I ＿＿＿＿＿. I ＿＿＿＿＿ doing karate.

☐(3) 私のいちばん好きな楽器はフルートです。

＿＿＿＿＿ ＿＿＿＿＿ instrument is flute.

注目!

スポーツを「する」の
doとplay

2(2)ボールを使うスポーツはplay，ボールを使わないスポーツはdoを使って表す。

3 日本語に合うように，（　）内の語句を並べかえなさい。

☐(1) 私は音楽を聞くことが好きです。

(to / I / listening / like / music).

＿＿＿＿＿＿＿＿＿＿＿＿＿.

☐(2) 私はあまり話しませんが，歌うことは得意です。

I don't talk so much, but (singing / I'm / at / good).

I don't talk so much, but ＿＿＿＿＿＿＿＿.

☐(3) あなたは将来何になりたいですか。

(you / what / be / do / to / want) in the future?

＿＿＿＿＿＿＿＿ in the future?

テストによく出る!

want toを使う表現

3(3)「〜したい」はwant to＋一般動詞の原形，「〜になりたい」はwant to beで表す。

You Can Do It!1

① 正しいものを 4 つの選択肢の中から選びなさい。

「〜したい」の表現は
小学校の復習だね。

☐(1) What do you (　　) the spring vacation?

　　ア doing at　　イ do during　　ウ do on　　エ play

☐(2) I (　　) in the park on Sundays.

　　ア running　　イ run usually　　ウ usually run　　エ go

☐(3) I want (　　) that yellow one.

　　ア get　　イ do　　ウ getting　　エ to get

② 日本語に合うように，＿＿＿＿に入る適切な語を書きなさい。

☐(1) 私は夏休みの間にたいてい祖父を訪ねます。

I ＿＿＿＿＿＿＿＿ ＿＿＿＿＿＿＿＿ ＿＿＿＿＿＿＿＿ grandfather during

the summer vacation.

☐(2) エミ，毎年夏，あなたは何をしますか。私は登山をします。

＿＿＿＿＿＿＿＿ ＿＿＿＿＿＿＿＿ ＿＿＿＿＿＿＿＿

＿＿＿＿＿＿＿＿ every summer, Emi?

— I ＿＿＿＿＿＿＿＿ mountains.

☐(3) 私のいちばん好きなスポーツはテニスです。

My ＿＿＿＿＿＿＿＿ ＿＿＿＿＿＿＿＿ ＿＿＿＿＿＿＿＿ tennis.

③ 書く✍ (　　)内の指示にしたがって，英文を書きかえなさい。

☐(1) I <u>do my homework</u> on Sundays. （下線部を問う疑問文に）

☐(2) What do you do during the summer vacation?

　　（「たいてい釣りをしに行きます」と答える文に）

☐(3) I have <u>three</u> pets. （下線部を問う疑問文に）

ヒント　**②**(2)「何を…?」で始まる疑問文には，具体的に答えます。
　　　　③(2)副詞の「たいてい」の位置に気をつけましょう。

42

●「〜をする」「〜がしたい」「〜が好きです」などの一般動詞と，「私は〜です」「あなたは〜です」
のbe動詞の使い分けが問われるでしょう。
⇒動作を表すのか，状態を表しているのかで区別しましょう。「〜が得意です」はbe動詞を使います。

4 読む 次の会話文を読んで，あとの問いに答えなさい。

Eri : I want to climb mountains during the summer vacation.

Jun : Sounds good. I like going camping. ①(   ) do you (   ) (   )?

Eri : ②(鳥を観察するのが好きです). I like taking pictures, too.
Do you like animals?

Jun : Yes, I do. I have two pets. ③I usually walk my dog on Sundays.

☐(1) 下線部①が「そこで何をしますか。」という意味になるように，（　）に入る適切な語を書きなさい。

①_____, _____ _____

☐(2) 下線部②の（　）内の日本語を英語にしなさい。

②_____.

☐(3) 下線部③の英文の日本語訳を完成させなさい。

私は(   )ます。

5 話す 次の文を声に出して読み，問題に答え，答えを声に出して読みなさい。 アプリ

Chen : Look at this picture. This is chicken rice. It's a popular food in Singapore.

Sora : Oh, I like chicken very much.

Chen : Let's make it together someday.

Sora : But I'm not good at cooking.

Chen : Don't worry. I'm a good cook.

(注)chicken　とり肉　　rice　米　　popular　人気のある　　Singapore　シンガポール
together　一緒に　　someday　いつか　　Don't worry.　心配しないで。　　cook　料理人

☐(1) What is chicken rice?

— _____

☐(2) Is Sora good at cooking?　（主語をhe（彼は）に変えて答える）

— _____

☐(3) Is Chen good at cooking?　（主語をheに変えて答える）

— _____

ぴたトレ
3

確認テスト

Unit 3
～ You Can Do It! 1

時間 30分　／100点
合格 70点
解答 p.9

教科書 pp.48～61

❶ 下線部の発音が同じものには〇を，そうでないものには×を，解答欄に書きなさい。　6点

(1) S<u>a</u>turday　　　　(2) d<u>a</u>nce　　　　(3) c<u>a</u>mping
pr<u>a</u>ctice　　　　　　t<u>a</u>ke　　　　　　w<u>a</u>lk

❷ 最も強く発音する部分の記号を解答欄に書きなさい。　6点

(1) grand - mo - ther　　　(2) va - ca - tion　　　(3) li - brar - y
　ア　イ　ウ　　　　　　　　ア　イ　ウ　　　　　　　ア　イ　ウ

❸ 日本語に合うように，____に入る適切な語を書きなさい。　20点

(1) 私は毎年，元町の夏祭りにも行きます。

I _____ _____ _____ the Motomachi Summer Festival every year.

(2) 私はときどき私の父と将棋をします。

I _____ _____ *shogi* _____ _____ father.

(3) あなたは日曜日に，バドミントンをすることが好きですか。

_____ you _____ _____ badminton on Sunday?

(4) あれらは何ですか。—それらはリンゴです。

_____ _____ those? — _____ _____ apples.

❹ 各組の文がほぼ同じ意味になるように，____に適切な語を入れなさい。　15点

よく出る (1)　{ I can play the trumpet well.
　　　　　　 I'm _____ _____ playing the trumpet.

(2)　{ I like listening to music. I like dancing, too.
　　　 I like listening to music. I _____ _____ dancing.

(3)　{ I like baseball very much.
　　　 _____ _____ sport is baseball.

❺ 読む 次の会話文を読んで，あとの問いに答えなさい。　29点

Emi :　Hi, nice to meet you. I'm Emi, and I'm a new student. Are you a new student?

Mary :　Yes, I am. I'm Mary. Nice to meet you, too. What do you like?
　　　　 Do you play the piano?

Emi :　No, I don't. But I play the trumpet every day.

Mary :　Sounds good. Can you dance, too?

Emi :　Of course. ①I like (dance) so much. What do you do during the summer
　　　　 vacation?

Mary :　②(swimming / usually / go / I). What do you do this summer?

Emi : I (③) the Motomachi Summer Festival every year. Do you like *Bon-odori*?

Mary : What's that?

Emi : It's a summer festival dance. Do you want to go there?

Mary : ④I want ( ) ( ) to the Motomachi Summer Festival, ( ).

Emi : Do you go there with me?

Mary : Of course. I want to enjoy this summer. ⑤I ( ) ( ) ( ) with you there.

(1) 下線部①の( )内の語を正しい形に変化させて，文を完成させなさい。

(2) 下線部②の( )内の語を正しく並べかえなさい。

(3) (③)に入る最も適切なものを１つ選び，記号を書きなさい。

　　　ア go　　イ go to　　ウ want

(4) 下線部④の( )に適切な語を入れて，文を完成させなさい。

差がつく (5) 下線部⑤が「私はそこであなたと一緒に踊りたいです。」という意味になるように，( )に適切な語を入れて，文を完成させなさい。

点UP ❻ 書く 次のようなとき英語で何と言うか，( )内の語数で書きなさい。表 　24点

(1) 人の話を聞いて楽しそうだと言うとき。(２語)

(2) スキーが好きだと言うとき。(３語)

(3) 相手が言ったことに対して，本当なのか聞くとき。(１語)

▶ 表 の印がない問題は全て 知 の観点です。

Unit 4 Our New Friend (Part 1)

教科書の重要ポイント 　自分と相手以外の人について言う文〈he / she と is〉 教科書 pp.62〜65

This is **Ms. Brown.** She's **an English teacher.**
〔こちらはブラウンさんです。彼女は英語の教師です。〕

That's **Mr. Hoshino.** He's **our P.E. teacher.**
〔あちらは星野先生です。彼は私たちの体育の教師です。〕

▼ he / she と is
　既に話題に出ている人について言うときは，男性にはheを，女性にはsheを主語に使う。
　isはbe動詞の仲間で，heやshe, it, this, thatなどといっしょに使い，「〜です」という
　意味になる。

　This is **Ms. Brown.** She's **an English teacher.**
　　　　　女性の姓名の前　　　　　　　　　　　　　　　〔こちらはブラウン先生です。彼女は英語の教師です。〕

　That's **Mr. Hoshino.** He's **our P.E. teacher.**
　　　　　男性の姓名の前　　　　　　　　　　　　　　　〔あちらは星野先生です。彼は私たちの体育の教師です。〕

発音に注意！
Ms. [z]
最後の音は濁るよ。

▼ 短縮形
　that is ⇒ that's,　he is ⇒ he's,　she is ⇒ she's

ナルホド！

Words & Phrases 　次の英語は日本語に，日本語は英語にしなさい。

☐(1) wait 　（　　　　　　　　　）　　☐(5) 人気のある 　_____

☐(2) interesting （　　　　　　　　）　　☐(6) 親切な 　_____

☐(3) strong 　（　　　　　　　　）　　☐(7) 授業 　_____

☐(4) funny 　（　　　　　　　　）　　☐(8) 教師，先生 　_____

1 日本語に合うように，____に入る適切な語を書きなさい。

☐(1) 彼はこの学校の音楽の教師です。

　　_____ a music _____ in this school.

☐(2) 彼女は厳しいですが，彼女の授業はとても面白いです。

　　She's _____, but her _____ is very fun.

2 例にならって，図に合う英文を完成しなさい。

例 **That's Ms. Wood. She's our Japanese teacher.**

(1) Mr. Takahashi   (2) Ms. Yoshida

英語の先生

理科の先生

☐(1) _____

☐(2) _____

3 日本語に合うように，（ ）内から適切なものを選び，記号を〇で囲みなさい。

☐(1) あちらは田中先生です。彼は私たちの体育の教師です。

That's Mr. Tanaka. He (ア do イ is ウ be) our P.E. teacher.

☐(2) こちらはグリーン先生です。彼女は私たちの英語の教師です。

(ア It イ That ウ This) is Ms. Green. She is our English teacher.

☐(3) 彼の授業は面白い。それで彼は人気があります。

His class is interesting. (ア So イ But ウ Do) he's popular.

4 日本語に合うように，＿＿に入る適切な語を書きなさい。

☐(1) 待ちきれないな。

I _____ _____.

☐(2) 彼は私たちの理科の教師です。

_____ our _____ teacher.

☐(3) 彼女の授業は面白いです。

_____ _____ _____ interesting.

☐(4) あちらが鈴木先生です。彼は国語の教師です。

_____ Mr. Suzuki. He's a Japanese _____.

☐(5) こちらが吉田先生です。彼女の授業は楽しいです。

_____ _____ Ms. Yoshida. _____

_____ is fun.

テストによく出る!

主語の形

Mr. / Ms.で男性か女性かによって，He / Sheが続くよ。

注目!

be動詞は is

Mr. / Ms. が主語の場合のbe動詞はisで，He's / She'sと短縮形を使うよ。

Unit 4

⚠ミスに注意

funnyは人を笑わせるような「面白い」，interestingは興味がそそられるような「面白い」を表すときに使う。

Unit 4 Our New Friend (Part 2)

教科書の重要ポイント 「誰」なのかをたずねる〈who〉　教科書 pp.66〜67

That's Kota. 〔あちらはコウタです。〕

Who's that? 〔あちらは誰ですか。〕

— **He's a new student.** 〔彼は新入生です。〕

▼ who
who は，人についてたずねるときに使う言葉で，疑問詞の仲間である。
質問によって答え方が変わる。
Who is Miki? 〔ミキとは誰ですか〕
　　　性別がわかる
— She's my friend. 〔彼女は私の友達です。〕
Who is your favorite singer? 〔あなたのいちばん好きな歌手は誰ですか。〕
　　　性別がわからない
— It's Eminem. 〔エミネムです。〕

▼ 付加疑問文
「〜ですよね」と相手に同意を求めたり，
確認したりする際の表現。
質問の仕方や，答え方に注意する。
例：He is strict, isn't he? 〔彼は厳しいですよね。〕

「〜ではないですよね」と聞かれたときは，特に答え方に注意！「好きではない」と否定するから，No, I don't. というように答えるんだね。

　　　— Yes, he is. / No, he's[he is] not. 〔はい，厳しいです。／いいえ，厳しくありません。〕
You don't like *natto*, do you? 〔あなたは納豆が好きではないですよね。〕

　　　— Yes, I do. / No, I don't[do not].
〔いいえ，好きです。／はい，好きではありません。〕

ナルホド！

Words & Phrases 　次の英語は日本語に，日本語は英語にしなさい。

□(1) player （　　　　　　　）　　□(4) 〜しよう _____

□(2) singer （　　　　　　　）　　□(5) 俳優 _____

□(3) writer （　　　　　　　）　　□(6) (人)にたずねる _____

1 日本語に合うように，（　）内から適切なものを選び，記号を〇で囲みなさい。

□(1) 彼女はもしかしたら歌手かもしれません。

（ ア Can　イ Maybe　ウ do) she is a singer.

□(2) あなたは彼女に会いたいですか。

Do you want to (ア meet　イ go　ウ do) her?

□(3) こちらは誰ですか。

（ ア It's　イ What's　ウ Who's) this?

□(4) 彼は上手な俳優ですよね。

He's a good actor, (ア is　イ isn't　ウ am) he?

2 日本語に合うように，＿＿＿に入る適切な語を書きなさい。

□(1) あちらは誰ですか。—彼は作家です。

＿＿＿＿＿＿＿ that? — ＿＿＿＿＿＿＿ a ＿＿＿＿＿＿＿.

□(2) 彼女はもしかしたら新入生かもしれません。

＿＿＿＿＿＿＿ she's a ＿＿＿＿＿＿＿ ＿＿＿＿＿＿＿.

□(3) 彼は上手なサッカー選手ですよね。

He's a good ＿＿＿＿＿＿＿ ＿＿＿＿＿＿＿, ＿＿＿＿＿＿＿ he?

□(4) ミキにたずねよう。

＿＿＿＿＿＿＿ ＿＿＿＿＿＿＿ Miki.

3 日本語に合うように，（　）内の語句を並べかえなさい。

□(1) あなたのいちばん好きな俳優は誰ですか。

(actor / is / favorite / your / who)?

＿＿＿＿＿＿＿＿＿＿＿＿＿＿＿＿＿＿＿＿＿？

□(2) あなたは彼に会いたいですか。

(you / do / to / meet / want) him?

＿＿＿＿＿＿＿＿＿＿＿＿＿＿＿＿＿ him?

□(3) 彼女は上手な卓球選手ですよね。

She's (table tennis / a / player / isn't / good / she / ,)?

She's ＿＿＿＿＿＿＿＿＿＿＿＿＿＿＿＿＿？

注目!

「～する人」

1(1)sing「歌う」→ singer「歌手＝歌う人」のように，動詞の後ろにerをつけると「～する人」の意味になる語がある。

⚠ミスに注意

1(4)He'sはHe isの短縮形なので，付加疑問文にするにはどのbe動詞になるか考えよう。

テストによく出る!

動詞の形

2(4)「～しよう」は相手に，自分と一緒に何かをするように誘う表現，動詞は原形を使う。

Unit 4

49

Unit 4 Our New Friend (Part 3)

教科書の重要ポイント　**自分と相手以外の人についてたずねる〈Is he / she ...?〉**　教科書 pp.68〜69

He's a classmate. 〔彼は同級生です。〕

Is he your friend? 〔彼はあなたの友達ですか。〕

— Yes, he is. / No, he isn't. 〔はい，そうです。／いいえ，違います。〕

He's not in the brass band. 〔彼は吹奏楽部に入っていません。〕

▼ Is he / she ...?

He / She is ...などの文を疑問文にするときは，isを主語の前に置く。

答えるときは，yesやnoを使う。否定文にするときは，isの後ろにnotを置く。

Is she your teacher? 〔彼女はあなたの先生ですか。〕
疑問文にするときはisを主語の前に置く

— Yes, she is. / No, she isn't[is not]. 〔はい，そうです。／いいえ，違います。〕
she「彼女」について聞かれているので，sheを使って答える

She isn't my teacher. 〔彼女は私の先生ではありません。〕
is notの短縮形

> 短縮形は2通りあるんだね。

▼ he is not, she is notの短縮形

he is not → he's not, he isn't

she is not → she's not, she isn't

〈ナルホド！〉

Words & Phrases　次の英語は日本語に，日本語は英語にしなさい。

☐(1) brother （　　　　　　　）　　☐(5) 同級生 _____

☐(2) neighbor （　　　　　　　）　　☐(6) 試合，勝負 _____

☐(3) sister （　　　　　　　）　　☐(7) 頭のよい _____

☐(4) brave （　　　　　　　）　　☐(8) チームメイト _____

1 日本語に合うように，（　）内から適切なものを選び，記号を○で囲みなさい。

☐(1) 彼女はあなたの同級生ですか。―はい，そうです。

（ ア Are　イ Do　ウ Is) she your classmate?

― Yes, she (ア am　イ is　ウ do).

☐(2) 彼はサッカー選手ではありません。

He's (ア no　イ not　ウ don't) a soccer player.

☐(3) 彼女はあなたの隣人ですか。―いいえ，違います。

（ ア Am　イ Is　ウ Can) she your neighbor?

― No, she (ア not　イ is　ウ isn't).

2 日本語に合うように，＿＿＿に入る適切な語を書きなさい。

☐(1) 彼はあなたの兄弟ですか。

＿＿＿＿＿＿＿ he ＿＿＿＿＿＿＿ ＿＿＿＿＿＿＿?

☐(2) いいえ，彼は違います。彼は私たちの英語の教師です。

No, he ＿＿＿＿＿＿＿. He ＿＿＿＿＿＿＿ ＿＿＿＿＿＿＿

English teacher.

☐(3) 彼女は吹奏楽部に入っていますか。

＿＿＿＿＿＿＿ she ＿＿＿＿＿＿＿ ＿＿＿＿＿＿＿ brass

band?

⚠ミスに注意

2(2)空所に応じて，he is not / he's not / he isn't を使い分ける。

3 日本語に合うように，（　）内の語句を並べかえなさい。

☐(1) マキはあなたの姉妹ですか。―はい，そうです。

(sister / is / Maki / your)? ― (is / , / she / yes).

＿＿＿＿＿＿＿＿＿＿＿? ― ＿＿＿＿＿＿＿＿＿＿＿.

☐(2) 彼はあなたの体育の先生ですか。―いいえ，違います。

(teacher / your / is / he / P.E.)?

― (he / isn't / , / no).

＿＿＿＿＿＿＿＿＿＿＿＿＿＿＿＿?

― ＿＿＿＿＿＿＿＿＿＿＿＿＿＿＿＿.

☐(3) 彼は私たちの英語の教師です。

(teacher / English / is / he / our).

＿＿＿＿＿＿＿＿＿＿＿＿＿＿＿＿.

注目!

「our」の使い方

3(3)ourは「私たちの」という意味で，名詞の前におく。ourの前にはanやtheはつけない。

Unit 4 Our New Friend (Goal)

教科書の重要ポイント	人について聞いたり，説明したりする表現(復習) 教科書 pp.70〜71

▼ 誰なのかをたずねる表現

Who's that? 〔あちらは誰ですか。〕

— He's Jacob. He's from America. 〔彼はジェイコブです。彼はアメリカ出身です。〕

▼ できることを伝える表現

She can play the piano very well. 〔彼女はピアノをとても上手にひくことができます。〕

▼ 得意なことを伝える表現

I am good at English. 〔私は英語が得意です。〕

be good atの後ろには名詞や動詞の -ing 形をおこう。

▼ 相手に同意を求めたり，確認したりする表現

She is kind, isn't she? 〔彼女は親切ですよね。〕

— Yes, she is. / No, she's not. 〔はい，親切です。／いいえ，親切ではありません。〕

▼ 職業を表す言葉

actor 〔俳優〕, astronaut 〔宇宙飛行士〕, athlete 〔運動選手〕, player 〔選手〕, singer 〔歌手〕, teacher 〔教師〕, writer 〔作家〕 など

▼ 自分との関係を表す言葉

brother 〔兄弟〕, classmate 〔同級生〕, friend 〔友達〕, grandparents 〔祖父母〕, neighbor 〔隣人〕, sister 〔姉妹〕 など

▼ 性格や様子を表す言葉

brave 〔勇敢な〕, cool 〔かっこいい〕, friendly 〔友好的な〕, funny 〔おもしろい〕, kind 〔親切な〕, popular 〔人気のある〕, smart 〔頭のよい〕, strict 〔厳しい〕, strong 〔強い〕 など

1 日本語に合うように，( )内から適切なものを選び，記号を◯で囲みなさい。

□(1) あちらは誰ですか。—彼はサトシです。

(ア What's イ Who's ウ How) that?

— (ア She's イ I's ウ He's) Satoshi.

□(2) 彼女はあなたの姉妹ですか。—いいえ，違います。

(ア Am イ Is ウ Can) she your sister?

— No, she (ア are イ is ウ isn't).

□(3) 彼は野球選手ではありません。

He's (ア no イ not ウ don't) a baseball player.

テストによく出る!

he[she] is notの
短縮形

1(2)(3)he[she] is not
は短縮形が2通りある
ので使い分けする。

2 日本語に合うように，＿＿＿に入る適切な語を書きなさい。

□(1) こちらは誰ですか。―彼は斉藤さんです。

＿＿＿＿＿＿＿＿＿ this? ― ＿＿＿＿＿＿＿＿＿ Mr. Saito.

□(2) 彼は私たちの体育の教師です。

He's ＿＿＿＿＿＿＿ ＿＿＿＿＿＿＿ ＿＿＿＿＿＿＿.

□(3) 彼女はあなたの隣人ですか。―いいえ，違います。

＿＿＿＿＿＿＿ she ＿＿＿＿＿＿＿ ＿＿＿＿＿＿＿?

― No, she ＿＿＿＿＿＿＿.

⚠ミスに注意

2 (3)「いいえ，ちがいます」は語数で判断して短縮形を使う。

3 次のメモの内容に合うように，＿＿＿に入る適切な語を書きなさい。

| 名前：たくま(Takuma) |
| 関係：同級生 |
| 得意なこと：歌うこと |
| 性格：親切，人気がある |
| その他：いちばん好きな教科は英語 |

注目!

mateの意味

3 (1)「同級生」の単語に含まれるmateは「仲間」という意味がある。roommate「同居人」，playmate「遊び仲間」という言葉もある。

□(1) This is Takuma, and he's my ＿＿＿＿＿＿＿.

□(2) He ＿＿＿＿＿＿＿ ＿＿＿＿＿＿＿ ＿＿＿＿＿＿＿ singing.

□(3) He is ＿＿＿＿＿＿＿ and ＿＿＿＿＿＿＿.

□(4) His ＿＿＿＿＿＿＿ ＿＿＿＿＿＿＿ is English.

4 日本語に合うように，（　）内の語句を並べかえなさい。

□(1) 彼は，勇敢で親切です。

He is (and / kind / brave).

He is ＿＿＿＿＿＿＿＿＿＿＿＿＿＿＿＿＿＿＿＿＿＿＿.

□(2) 彼はあなたの隣人ですか。―いいえ，違います。

彼は私の兄弟です。

(neighbor / your / is / he)?

― (he / isn't / , / no). He is my brother.

＿＿＿＿＿＿＿＿＿＿＿＿＿＿＿＿＿＿＿＿＿＿＿?

― ＿＿＿＿＿＿＿＿＿＿＿＿＿＿＿＿. He is my brother.

Unit 4

Unit 4

❶ 正しいものを4つの選択肢の中から選びなさい。

☐(1) This is Ms. Yamada. (　　) a Japanese teacher.

ア He's　　イ You're　　ウ She's　　エ She

☐(2) Her class is fun. (　　) she's popular.

ア Is　　イ But　　ウ So　　エ Can

☐(3) (　　) he your friend?

ア Are　　イ Do　　ウ Is　　エ Can

> (1)最初の文のMr. / Ms.
> かを確かめて, he / she
> を選ぼう。

❷ 日本語に合うように, ＿＿＿に入る適切な語を書きなさい。

☐(1) 彼はあなたの隣人ですか。

＿＿＿＿＿＿＿＿ he ＿＿＿＿＿＿＿＿ ＿＿＿＿＿＿＿＿?

☐(2) いいえ, 違います。彼は私の兄弟です。

＿＿＿＿＿＿＿＿, he ＿＿＿＿＿＿＿＿.

He ＿＿＿＿＿＿＿＿ ＿＿＿＿＿＿＿＿ ＿＿＿＿＿＿＿＿.

☐(3) 彼女はもしかしたら俳優かもしれません。

＿＿＿＿＿＿＿＿ she is an actor.

☐(4) 彼は私達の国語の先生ですか。

＿＿＿＿＿＿＿＿ ＿＿＿＿＿＿＿＿ our Japanese teacher?

❸ 書く✏ (　)内の指示にしたがって, 英文を書きかえなさい。

☐(1) That's Junichiro. （下線部を問う疑問文に）

_____

☐(2) She's a classmate. （下線部を問う疑問文に）

_____

☐(3) She's a good singer. （相手に同意を求める文に）

_____

☐(4) You are a student. （相手に同意を求める文に）

_____

ヒント　❷(3)「もしかしたら」というときの決まり文句があります。
　　　　❸(3)相手に同意を求めるときは, 同じbe動詞の否定形を使います。

4 読む📖 **次の会話文を読んで，あとの問いに答えなさい。**

Hajin :　Hello.　I'm Hajin.　I'm from Korea.

Kota :　Hi, nice to meet you.　Call me Kota.

　　　　That's Mr. Hoshino.

　　　　①(　　) our (　　) (　　).

　　　　He's strict, but his class is fun.　②(　　) (　　) (　　).

Hajin :　I see.

Kota :　That's Ms. Brown.　She's our English teacher.

　　　　Her class is interesting.

Hajin :　③(　　) (　　) (　　).

□(1) 下線部①が「彼は私たちの体育の教師です。」という意味になるように，( )に入る適切な語
　　を書きなさい。　　　①＿＿＿＿＿＿＿ ＿＿＿＿＿＿＿ ＿＿＿＿＿＿＿.

□(2) 下線部②が「それで彼は人気があります。」という意味になるように，( )に入る適切な語を
　　書きなさい。　　　②＿＿＿＿＿＿＿ ＿＿＿＿＿＿＿ ＿＿＿＿＿＿＿.

□(3) 下線部③が「待ちきれないな。」という意味になるように，( )に入る適切な語を書きなさい。
　　　　　　　　　　③＿＿＿＿＿＿＿ ＿＿＿＿＿＿＿ ＿＿＿＿＿＿＿.

5 話す🗣 **次の文を声に出して読み，( )内の指示にしたがって問題に答えなさい。**
答えも声に出して読んでみましょう。 アプリ

絵：三輪みわ(アソビディア)

Emily :　This is a strange picture of a penguin.

Sora :　I see two animals in the picture.　Look at the picture upside down.

Emily :　Oh, now I see a cow.　Do you see two people's faces, too?

Sora :　No, I don't.

(注)strange　不思議な　　upside down　逆さまに　　face　顔

□(1) What animal do you see?　（どちらかの動物を答える）

　　—＿＿＿＿＿＿＿＿＿＿＿＿＿＿＿＿＿＿＿＿＿＿＿＿

□(2) Do you see two people's faces?　（自分の意見を答える）

　　—＿＿＿＿＿＿＿＿＿＿＿＿＿＿＿＿＿＿＿＿＿＿＿＿

❶ 下線部の発音が同じものには〇を，そうでないものには×を，解答欄に書きなさい。 6点

(1) he
　　her

(2) maybe
　　ask

(3) hey
　　neighbor

❷ 最も強く発音する部分の記号を解答欄に書きなさい。 6点

(1) class - mate
　　ア　　イ

(2) in - ter - res - ting
　　ア　イ　ウ　エ

(3) as - tro - naut
　　ア　イ　ウ

❸ 日本語に合うように，＿＿に入る適切な語を書きなさい。 20点

(1) あちらは佐々木さんです。彼は私たちの理科の教師です。

＿＿＿＿ ＿＿＿＿ Sasaki. ＿＿＿＿ our science ＿＿＿＿.

(2) あちらは誰ですか。―彼は私の友達です。　＿＿＿＿ ＿＿＿＿? ― ＿＿＿＿ my ＿＿＿＿.

(3) 彼女はもしかしたらブラスバンドに所属しているかもしれません。

＿＿＿＿ ＿＿＿＿ ＿＿＿＿ the brass band.

(4) 彼は上手な野球選手ですよね。　＿＿＿＿ a good baseball ＿＿＿＿, ＿＿＿＿ he?

❹ 疑問文に対する答えになるように，＿＿に適切な語を入れなさい。 15点

(1) Is he your neighbor?（いいえ，違います。彼は私の兄弟です。）
　　— No, he ＿＿＿＿. ＿＿＿＿ my ＿＿＿＿.

(2) Is she your friend?（はい，そうです。彼女は上手な運動選手です。）
　　— Yes, ＿＿＿＿ ＿＿＿＿. She's a ＿＿＿＿ ＿＿＿＿.

(3) Is she your sister?（いいえ，違います。彼女は私たちの国語の教師です。）
　　— No, she ＿＿＿＿. ＿＿＿＿ ＿＿＿＿ Japanese ＿＿＿＿.

❺ 読む 次の会話文を読んで，あとの問いに答えなさい。 29点

Emi :　Mary, who's that?

Mary :　Maybe she's a new student.

Emi :　That's nice!
　　　　She's a good tennis player, ①(is) she?

Mary :　Yes, she is.

〜廊下を歩いていると〜

Mary :　Oh, (②) that?

Emi :　She's Ms. Lee. ③(teacher / our / she's / English).
　　　　Her class is interesting. (④) she is popular.

成績評価の観点　知…言語や文化についての知識・技能　表…外国語表現の能力

Mary : ⑤ ( ) ( ).

Emi : This is Mr. Suzuki. He is our P.E. teacher.

He's strict, but his class is fun.

Mary : I can't wait.

⑴ 下線部①の( )内の語を正しい形に変化させて，文を完成させなさい。

⑵ 下線部②の( )に適切な語を入れて，文を完成させなさい

⑶ 下線部③の( )内の語を正しく並べかえなさい。

⑷ (④)に入る最も適切なものを１つ選び，記号を書きなさい。

　　ア Is　　イ So　　ウ But

差がつく ⑸ 下線部⑤が「なるほど。」という意味になるように，（ ）に適切な語を入れて，文を完成させなさい。

点UP **❻** 書く **次のようなとき英語で何と言うか，（ ）内の指示にしたがって書きなさい。**

表 24点

⑴ 彼はあなたの同級生ですか，とたずねるとき。（４語で）

⑵ 彼は上手なサッカー選手ですね，と相手に確認するとき。（カンマを除く７語で）

⑶ 彼女は私たちの理科の教師で，彼女の授業は楽しいです。という意味の文に。（カンマを除く９語で）

❶	(1)		(2)		(3)		❷	(1)		(2)		(3)	
		2点		2点		2点			2点		2点		2点

❸	(1)					5点
	(2)					5点
	(3)			(4)		5点
			5点			

❹	(1)		(2)		5点
			5点		
	(3)				
			5点		

❺	(1)		(2)		(3)		.
		5点		5点			7点
	(4)		(5)				
		5点		7点			

❻	(1)		表 8点
	(2)		表 8点
	(3)		表 8点

▶ 表 の印がない問題は全て 知 の観点です。

Unit 5 This Is Our School (Part 1)

教科書の重要ポイント 「どこ」なのかをたずねる〈where〉   教科書 pp.72 ～ 75

Where's the cafeteria? 〔カフェテリアはどこですか。〕

— **On the second floor.** 〔2階です。〕

Where do you have lunch? 〔あなたたちはどこで昼食を食べますか。〕

— **In the classroom.** 〔教室の中です。〕

▼ Where ...?

whereは場所についてたずねるときに使う言葉で, 疑問詞の仲間である。
答えるときは, at, in, onなどの言葉を使い, 場所を答える。

【場所を表す言葉】
at:「～に[で]」〔地点・場所〕　例at the station, at home
in:「～の中で[に]」〔場所〕　例in the room, in the city
on:「～で[に]」〔位置・場所〕　例on the second floor, on the tree
over there「あそこ, あちら」：　例the pool over there
in front of ～「～の前」：　例in front of the school
between A and B「AとBの間」：　例between the science room and the art room

後ろにおく名詞によってat, in, onが使い分けられるんだね。

ナルホド！

Words & Phrases 次の英語は日本語に, 日本語は英語にしなさい。

☐(1) together （　　　　　　　　）

☐(2) floor （　　　　　　　　）

☐(3) behind （　　　　　　　　）

☐(4) cafeteria （　　　　　　　　）

☐(5) 入口, 玄関 ＿＿＿＿＿＿＿＿＿

☐(6) 部屋, ～室 ＿＿＿＿＿＿＿＿＿

☐(7) 教室 ＿＿＿＿＿＿＿＿＿

☐(8) 看護師 ＿＿＿＿＿＿＿＿＿

1 日本語に合うように，（　）内から適切なものを選び，記号を〇で囲みなさい。

☐(1) 音楽室は３階にあります。

The music room is （ ア on　イ in　ウ at ） the third floor.

☐(2) 入口はどこですか。

（ ア Where　イ What　ウ Where's ） the entrance?

☐(3) 私たちはどこで昼食を食べますか。

（ ア Where's　イ Where　ウ What's ） do we have lunch?

注目!

「～階」の表し方
1(1)「～階の」は，the＋序数(first, secondなど)＋floorで表現できる。

2 日本語に合うように，＿＿＿に入る適切な語を書きなさい。

☐(1) あちらにあるのが調理室です。

＿＿＿＿＿＿＿＿ the cooking room ＿＿＿＿＿＿ there.

☐(2) 職員室の隣にあるのが，保健室です。

＿＿＿＿＿＿＿ ＿＿＿＿＿＿＿ the teachers' room,

that's the nurse's office.

☐(3) どこに私たちの教室がありますか。

＿＿＿＿＿＿＿ is ＿＿＿＿＿＿＿ ＿＿＿＿＿＿＿?

☐(4) あなたはどこでサッカーをしますか。

＿＿＿＿＿＿＿ ＿＿＿＿＿＿＿ you play soccer?

テストによく出る!

場所をたずねる
2(3)(4)「～はどこにありますか」はWhere is [Where's] ...?,「どこで～しますか」はWhere do you ...?で表す。

3 日本語に合うように，（　）内の語句を並べかえなさい。

☐(1) 図書室は，美術室と理科室の間にあります。

(the library / the art room / and / the science room / is / between).

＿＿＿＿＿＿＿＿＿＿＿＿＿＿＿＿＿＿＿＿＿＿.

☐(2) プールは体育館の近くにあります。

(pool / near / the / is / gym / the).

＿＿＿＿＿＿＿＿＿＿＿＿＿＿＿＿＿＿＿＿＿＿.

☐(3) 私は今，学校の前にいます。

(now / the school / of / in / I'm / front).

＿＿＿＿＿＿＿＿＿＿＿＿＿＿＿＿＿＿＿＿＿＿.

☐(4) それは２階の，音楽室の隣にあります。

(second / the / on / floor / , / it's / music room / the / to / next).

＿＿＿＿＿＿＿＿＿＿＿＿＿＿＿＿＿＿＿＿＿＿.

⚠ミスに注意

3(1)between A and Bで「AとBの間」という意味。語順に注意!

ぴたトレ
1
要点チェック

Unit 5 This Is Our School (Part 2)

時間 **15分**

解答 p.12

〈新出語・熟語 別冊p.10〉

教科書の重要ポイント 　指示や注意をしたり，誘ったりする文〈命令文〉　教科書 pp.76〜77

Watch your step. 〔足元に気を付けて。〕

Don't use the phone. 〔電話を使わないでください。〕

Let's go to the classroom. 〔教室へ行きましょう。〕

▼ 命令文

　動詞の原形で文を始めると，相手に指示や注意をする言い方（命令文）になる。
　Don'tを使うと禁止する言い方，Let'sを使うと誘う言い方になる。

　指示や注意をする言い方：<u>Watch</u> your step. 〔足元に気を付けて。〕
　　　　　　　　　　　　　　動詞の原形

　禁止する言い方：<u>Don't use</u> the phone. 〔電話を使わないでください。〕
　　　　　　　　　Don't＋動詞の原形

　誘う言い方：<u>Let's go</u> to the classroom. 〔教室へ行きましょう。〕
　　　　　　　Let's＋動詞の原形

命令文は相手に直接言う表現で，主語が明確だね。だから，主語のyouはいらないよ。

ナルホド！

Words & Phrases 　次の英語は日本語に，日本語は英語にしなさい。

☐(1) idea （　　　　　　　　）

☐(2) slipper （　　　　　　　　）

☐(3) step （　　　　　　　　）

☐(4) follow （　　　　　　　　）

☐(5) お母さん，ママ ＿＿＿＿＿＿＿

☐(6) (物を)置く，載せる ＿＿＿＿＿＿＿

☐(7) (衣服・靴などを)脱ぐ ＿＿＿＿＿＿＿

☐(8) 彼(女)らを[に]，それらを[に] ＿＿＿＿＿＿＿

1 日本語に合うように，＿＿に入る適切な語を書きなさい。

☐(1) 図書館に行きましょう。

　　＿＿＿＿＿＿＿＿ go to the library.

☐(2) ここで泳がないでください。

　　＿＿＿＿＿＿＿＿ swim here.

☐(3) あなたの本を出してください。

　　Take ＿＿＿＿＿＿＿＿ your books.

2 日本語に合うように，（　）内から適切なものを選び，記号を○で囲みなさい。

テストによく出る!
命令文の種類
命令文には，動詞の原形のほかに，Don't / Let's ＋動詞の原形もおぼえておこう。

□(1) ほら，あなたの靴ですよ。それらを履きなさい。

Here's your shoes. (ア Take　イ Do　ウ Put) them on.

□(2) 体育館に行きましょう。

(ア Can　イ Let's　ウ Do) go to the gym.

□(3) 帽子を脱いでください。

(ア Take　イ Put　ウ Let's) off your hat.

□(4) ここで写真を撮らないでください。

(ア Don't　イ Can　ウ Let's) take pictures here.

3 日本語に合うように，＿＿＿＿に入る適切な語を書きなさい。

⚠ミスに注意
「足元に気を付ける」とは，「足元をじっと見る」と考えよう。

□(1) 足元に気を付けて。

＿＿＿＿＿＿＿＿＿＿ your ＿＿＿＿＿＿＿＿.

□(2) あれはよい考えです。

That's a ＿＿＿＿＿＿＿＿ ＿＿＿＿＿＿＿＿.

□(3) 一緒に英語を勉強しましょう。

＿＿＿＿＿＿＿＿ ＿＿＿＿＿＿＿＿ ＿＿＿＿＿＿＿＿ together.

□(4) エミ，私の後についてきてください。

Emi, ＿＿＿＿＿＿＿＿ ＿＿＿＿＿＿＿＿.

4 日本語に合うように，（　）内の語句を並べかえなさい。

注目!
take off の使い方
4(2)take off ～「～を脱ぐ」は衣類，靴，指輪，眼鏡など身に着けているものに対して使う。

□(1) 英語で話しましょう。

(in / let's / English / talk).

＿＿＿＿＿＿＿＿＿＿＿＿＿＿＿＿＿＿＿＿＿＿.

□(2) 入口で靴を脱いでください。

(off / shoes / your / take) at the entrance.

＿＿＿＿＿＿＿＿＿＿＿＿＿＿＿＿＿ at the entrance.

□(3) 廊下を走ってはいけません。

(hallway / the / run / don't / in).

＿＿＿＿＿＿＿＿＿＿＿＿＿＿＿＿＿＿＿＿＿＿.

□(4) ここでは電話を使わないでください。

(phone / the / use / here / don't).

＿＿＿＿＿＿＿＿＿＿＿＿＿＿＿＿＿＿＿＿＿＿.

Unit 5

Unit 5 This Is Our School (Part 3)

教科書の重要ポイント 「いつ」なのかをたずねる〈when〉　教科書 pp.78～79

When's the school open day?〔学校公開日はいつですか。〕

— On Saturday, October 29.〔10月29日の土曜日です。〕

When do you have drama club?〔演劇クラブの活動はいつありますか。〕

— After clean-up time.〔掃除時間の後です。〕

▼ when

whenは，時についてたずねるときに使う言葉で，疑問詞の仲間である。

答えるときは，onやafter, inなどの言葉を使い，いつなのかを答える。

When's the school open day?〔学校公開日はいつですか。〕
When isの短縮形

— On Saturday, October 29.〔10月29日の土曜日です。〕
曜日などを表すときに使う前置詞

When do you have drama club?〔演劇クラブの活動はいつありますか。〕
時間などをたずねるときに使う

— After clean-up time.〔掃除時間の後です。〕
～の後に（で），という意味の前置詞

ナルホド!

Words & Phrases　次の英語は日本語に，日本語は英語にしなさい。

☐(1) clean　（　　　　　　）　　☐(5) 時間　＿＿＿＿＿＿＿

☐(2) morning　（　　　　　　）　　☐(6) 日，1日　＿＿＿＿＿＿＿

☐(3) shopping　（　　　　　　）　　☐(7) 夕食　＿＿＿＿＿＿＿

☐(4) afternoon　（　　　　　　）　　☐(8) ～より前に[先に・早く]　＿＿＿＿＿＿＿

1 日本語に合うように，＿＿＿に入る適切な語を書きなさい。

☐(1) あなたはいつ就寝しますか。

＿＿＿＿＿＿＿＿ do you go to bed?

☐(2) 私は毎日，机を拭きます。

I ＿＿＿＿＿＿＿ the desk every day.

2 日本語に合うように，（ ）内から適切なものを選び，記号を○で囲みなさい。

テストによく出る！

前置詞

2(1)(3)before, after, in, on, at などを前置詞という。前置詞は「名詞の前に置く詞」である。

☐(1) 科学クラブの活動はいつありますか。―授業の後です。

（ ア What イ How ウ When ）do you have science club?

― （ ア Before イ After ウ Time ）class.

☐(2) 私は毎日，自分の部屋の掃除をします。

I （ ア make イ put ウ clean ）my room every day.

☐(3) 市のお祭りはいつですか。― 8 月16日の日曜日です。

（ ア When's イ When ウ What ）the city festival?

― （ ア In イ At ウ On ）Sunday, August 16.

3 日本語に合うように，＿＿に入る適切な語を書きなさい。

☐(1) あなたはいつ宿題をしますか。

＿＿＿＿＿＿ do you ＿＿＿＿＿＿ your homework?

☐(2) 私たちは毎日，床を掃きます。

We ＿＿＿＿＿ ＿＿＿＿＿ ＿＿＿＿＿ every day.

☐(3) ここはとてもきちんとしています。私は感心しました。

＿＿＿＿＿ so ＿＿＿＿＿ here.

I'm ＿＿＿＿＿.

4 日本語に合うように，（ ）内の語句を並べかえなさい。

注目！

「When」の答え方

4(1)[When ...?]の疑問文に答えるときは，after / before などを使い，具体的に答える。

☐(1) あなたはいつお風呂に入りますか。夕食前です。

(a / when / you / take / do) bath? ― (dinner / before).

＿＿＿＿＿＿＿＿＿＿＿＿＿＿＿ bath?

― ＿＿＿＿＿＿＿＿＿＿＿＿＿＿＿.

☐(2) あなたはいつ買い物に行きますか。

(shopping / do / go / you / when)?

＿＿＿＿＿＿＿＿＿＿＿＿＿＿＿？

☐(3) 11月28日の日曜日です。

(Sunday / 28 / on / November / ,).

＿＿＿＿＿＿＿＿＿＿＿＿＿＿＿.

⚠ミスに注意

4(3)on は曜日などの前に置く前置詞。置く場所に注意！

☐(4) 美術部の活動はいつありますか。―掃除時間の後です。

(have / art / do / when / club / you)? ― (clean-up / after / time).

＿＿＿＿＿＿＿＿＿＿＿＿＿＿＿？

― ＿＿＿＿＿＿＿＿＿＿＿＿＿＿＿.

Unit 5 This Is Our School (Goal)

教科書の重要ポイント　学校内を紹介しよう　　教科書 pp.80〜81

▼ 具体的に質問をする表現

<u>What</u> is your favorite subject? 〔あなたのいちばん好きな教科は何ですか。〕
何

<u>When</u> do you go to bed? 〔あなたはいつ寝ますか。〕
いつ

<u>Where</u> is it? 〔それはどこですか。〕
どこ

YesやNoではなく, 具体的な答えが聞きたいときにWhatやWhereなどを使って質問しよう。

▼ 禁止の意味を伝える命令文

Do <u>not</u> come to the school by car. 〔車で学校に来ないでください。〕
「〜によって, 〜を使って」と手段を表す

▼ 丁寧に伝える命令文

<u>Please</u> bring your own slippers. 〔どうかあなた自身の部屋履きを持ってきてください。〕
「どうか, どうぞ」とていねいにいう言葉

<u>Please</u> do not eat food and drink here. 〔どうかここでは飲食しないでください。〕

ナルホド!

Words & Phrases　次の英語は日本語に, 日本語は英語にしなさい。

☐(1) note （　　　　　　　　　　）　　☐(5) 自分自身の ＿＿＿＿＿＿＿＿＿

☐(2) schoolyard （　　　　　　　　　）　　☐(6) どうぞ, どうか ＿＿＿＿＿＿＿＿

☐(3) main （　　　　　　　　　　）　　☐(7) 休憩, 小休止 ＿＿＿＿＿＿＿＿＿

☐(4) bring （　　　　　　　　　　）

1 日本語に合うように, （　）内から適切なものを選び, 記号を〇で囲みなさい。

☐(1) あなたが学校内でお気に入りの場所はどこですか。

　　What is your favorite place （ ア at　イ in　ウ on) the school?

☐(2) どうか正門を使用してください。

　　Please (ア go　イ use　ウ put) the main entrance.

テストによく出る!

前置詞の違い

1(1)I'm at school.「私は学校にいます＝授業を受けています」, I'm in the school.「私は学校内にいます」という違いがある。

□(3) 写真を撮らないでください。

（ ア Do　イ Can　ウ Are ）not take pictures.

□(4) あなたはそこで何をしますか。

（ ア Where　イ What　ウ When ）do you do there?

2　日本語に合うように，＿＿＿に入る適切な語を書きなさい。

□(1) あなたはここで何をしますか。

＿＿＿＿＿＿＿ ＿＿＿＿＿＿＿ you ＿＿＿＿＿＿＿ here?

□(2) あなたはいつ体育館へ行きますか。―昼食休憩の間です。

When ＿＿＿＿＿＿＿ you go to ＿＿＿＿＿＿＿ ＿＿＿＿＿＿＿?
＿＿＿＿＿＿＿ the lunch ＿＿＿＿＿＿＿.

□(3) 自動車でここに来ないでください。

＿＿＿＿＿＿＿ not come here ＿＿＿＿＿＿＿ ＿＿＿＿＿＿＿.

□(4) どうか私と一緒に行ってください。

＿＿＿＿＿＿＿ ＿＿＿＿＿＿＿ with me.

⚠ミスに注意

2 (2)「間」を表す
betweenとduringの
違いに注意！
betweenは2つのもの
の「間」，duringは期間
の「間」について使う。

3　日本語に合うように，（　）内の語句を並べかえなさい。

□(1) この町であなたのお気に入りの場所はどこ(何)ですか。

(favorite / what / in / your / is / place) this town?

＿＿＿＿＿＿＿＿＿＿＿＿＿＿＿＿＿＿＿＿ this town?

□(2) 野球部の活動はいつしますか。―放課後です。

(baseball / have / when / you / team / do)?
(school / after).

＿＿＿＿＿＿＿＿＿＿＿＿＿＿＿＿＿＿＿＿?
― ＿＿＿＿＿＿＿＿＿＿＿＿＿＿＿＿＿＿＿.

□(3) どうか教室に行ってください。

(classroom / please / to / the / go).

＿＿＿＿＿＿＿＿＿＿＿＿＿＿＿＿＿＿＿＿.

□(4) あなたは次の日曜日どこに行きたいですか。

(Sunday / do / next / go / where / you / to / want)?

＿＿＿＿＿＿＿＿＿＿＿＿＿＿＿＿＿＿＿＿?

注目！

favorite ～

3 (1)「お気に入りの～，
いちばん好きな～」は，
favorite ～で表現す
る。My favorite ～も
よく使う表現。

Unit 5

Daily Life 2

教科書の重要ポイント　「落とし物」が誰のものかをたずねる〈whose〉　教科書 p.82

Whose pencil case is that? 〔あれは誰の筆箱ですか。〕

— Pencil case?　Where? 〔筆箱ですか。どこにありますか。〕

It's under your desk.　Is it yours? 〔それはあなたの机の下にあります。それはあなたのものですか。〕

▼ whose

whoseは，誰のものかをたずねるときに使う言葉で，疑問詞の仲間である。

答えるときは，yesやno，または具体的に「〜のもの」と答える。

Whose book is this? 〔これは誰の本ですか。〕
誰のもの(本をさす)

Is it yours? 〔それはあなたのものですか。〕
　　　あなたのもの

— No, it's not mine. 〔いいえ，それは私のものではありません。〕
　　　　　　　　私のもの

▼ 「〜のもの」を表す言葉

私のもの	私たちのもの	あなたのもの	彼のもの	彼女のもの	彼らのもの	エミのもの
mine	ours	yours	his	hers	theirs	Emi's

Words & Phrases　次の英語は日本語に，日本語は英語にしなさい。

☐(1) under　（　　　　　　　　）

☐(2) textbook　（　　　　　　　　）

☐(3) ruler　（　　　　　　　　）

☐(4) pencil case　（　　　　　　　　）

☐(5) 机　＿＿＿＿＿＿＿＿＿

☐(6) あなたのもの　＿＿＿＿＿＿＿＿＿

☐(7) 消しゴム　＿＿＿＿＿＿＿＿＿

☐(8) 彼(それ)らの　＿＿＿＿＿＿＿＿＿

1 日本語に合うように，（ ）内から適切なものを選び，記号を〇で囲みなさい。

注目!
位置を表す前置詞
1(3)「〜の下」はunder，「〜の上」はon，「〜の中」はin，「〜のそば」はbyで表す。

□(1) これは誰の定規ですか。―それは私のものです。

（ ア What　イ Whose　ウ When ）ruler is this?

― It's（ ア yours　イ him　ウ mine ）.

□(2) それはあなたのものですか。

Is it（ ア mine　イ yours　ウ you ）?

□(3) それは彼の机の下にあります。

It's（ ア under　イ on　ウ at ）his desk.

2 日本語に合うように，＿＿＿に入る適切な語を書きなさい。

⚠ ミスに注意
2(3)「たずねてはどうですか」は動詞を -ing 形にする。

□(1) あれはあなたの教科書ですか。

―いいえ，私のものではありません。

＿＿＿＿＿＿ ＿＿＿＿＿＿ your textbook?

― No, it's ＿＿＿＿＿＿ ＿＿＿＿＿＿.

□(2) もしかしたら，それはジョン(John)のものかもしれません。

＿＿＿＿＿＿ it's ＿＿＿＿＿＿.

□(3) 彼らにたずねてはどうですか。

＿＿＿＿＿＿ about ＿＿＿＿＿＿ them?

3 日本語に合うように，（ ）内の語句を並べかえなさい。

テストによく出る!
言いかえ表現
3(2)この文はThat is our cat.「あれは私たちのネコです。」と言いかえることができる。

□(1) この消しゴムはあなたのものですか。―はい，私のものです。

(is / eraser / this / yours)?　― (mine / , / yes / it's).

＿＿＿＿＿＿＿＿＿＿＿＿＿＿＿＿＿＿＿＿？

― ＿＿＿＿＿＿＿＿＿＿＿＿＿＿＿＿＿＿＿．

□(2) そのネコは私たちのものです。

(ours / cat / is / that).

＿＿＿＿＿＿＿＿＿＿＿＿＿＿＿＿＿＿．

□(3) あなたの消しゴムはその箱の中にあります。

(in / eraser / the / your / box / is).

＿＿＿＿＿＿＿＿＿＿＿＿＿＿＿＿＿＿．

□(4) そのバッグはテーブルのそばにありますか。

(the / bag / table / is / the / by)?

＿＿＿＿＿＿＿＿＿＿＿＿＿＿＿＿＿＿？

Daily Life 2

Active Grammar 2

| 教科書の重要ポイント | 代名詞（人や物事の代わりをする言葉） | 教科書 p.83 |

That's Ms. Brown. 〔あちらはブラウン先生です。〕

She's our English teacher. 〔彼女は私たちの英語の先生です。〕

Her class is interesting. 〔彼女の授業は面白いです。〕

一度出てきた言葉は代名詞で言いかえよう。

▼ 人称代名詞〈人や物事を表す〉

		～は （主語）	～の （持ち主を表す）	～に，～を （目的語になる）	～のもの （その人のものを表す）
自分	1人	I	my	me	mine
	複数	we	our	us	ours
相手	1人	you	your	you	yours
	複数				
それ以外	1人の男性	he	his	him	his
	1人の女性	she	her	her	hers
	1つの物事	it	its	it	—
	複数の人や物事	they	their	them	theirs

▼ 指示代名詞〈特定の人や物事を指し示す〉

	近くにある	遠くにある
1人の人，1つの物事	this	that
複数の人や物事	these	those

ナルホド！

Words & Phrases 次の英語は日本語に，日本語は英語にしなさい。

☐(1) hers（　　　　　　　　　）　　☐(5) 私たちを[に] _____

☐(2) theirs（　　　　　　　　　）　　☐(6) これら _____

☐(3) its（　　　　　　　　　）　　☐(7) それら，あれら _____

☐(4) him（　　　　　　　　　）　　☐(8) 彼女を[に] _____

1 日本語に合うように，（ ）内から適切なものを選び，記号を○で囲みなさい。

□(1) あちらは鈴木先生です。彼は私たちの体育の教師です。

（ ア This イ That's ウ It's ）Mr. Suzuki.

— He is（ ア we イ us ウ our ）P.E. teacher.

□(2) これは何ですか。—それは私の写真です。

What is（ ア it イ that ウ this ）?

—（ ア Its イ It's ウ The ）my picture.

□(3) あちらは誰ですか。—彼女は新入生です。

Who's（ ア this イ that ウ those ）?

—（ ア Hers イ Her ウ She ）is a new student.

2 日本語に合うように，＿＿＿に入る適切な語を書きなさい。

□(1) それらを日本語で何と呼びますか。

＿＿＿＿＿＿＿ do you call ＿＿＿＿＿＿＿ in Japanese?

□(2) 彼女は親切です。私は彼女が好きです。

＿＿＿＿＿＿＿ is kind. ＿＿＿＿＿＿＿ like ＿＿＿＿＿＿＿.

□(3) それはあなたのかばんですか。

—いいえ，それは私のものではありません。

Is it ＿＿＿＿＿＿＿ bag? — No, it's ＿＿＿＿＿＿＿ ＿＿＿＿＿＿＿.

3 日本語に合うように，（ ）内の語句を並べかえなさい。

□(1) あれらは誰のボールですか。—それらは私たちのものです。

（ are / those / whose / balls ）? —（ ours / are / they ）.

＿＿＿＿＿＿＿＿＿＿＿＿＿＿＿＿＿＿＿＿？

— ＿＿＿＿＿＿＿＿＿＿＿＿＿＿＿＿＿＿＿.

□(2) それらを机の下に置いてください。

（ desk / the / put / under / them ）.

＿＿＿＿＿＿＿＿＿＿＿＿＿＿＿＿＿＿＿.

□(3) 私たちと一緒に行きましょう。

（ us / go / with / let's ）.

＿＿＿＿＿＿＿＿＿＿＿＿＿＿＿＿＿＿＿.

1 正しいものを4つの選択肢の中から選びなさい。

☐(1) (　　) the art room?

　　ア Are　　イ Do　　ウ Is　　エ Where's

☐(2) (　　) the third floor.

　　ア In　　イ On　　ウ By　　エ Between

☐(3) (　　) do you play soccer?

　　ア Where　　イ Can　　ウ Who　　エ Where's

> (2)「〜階に」と表現するときは、「〜の上で」と考えて答えよう。

2 日本語に合うように、＿＿に入る適切な語を書きなさい。

☐(1) ここで泳いではいけません。

　　＿＿＿＿＿＿ ＿＿＿＿＿＿ here.

☐(2) 私たちの教室は2階にあります。

　　Our classroom is ＿＿＿＿＿＿ ＿＿＿＿＿＿ ＿＿＿＿＿＿ floor.

☐(3) 寝ましょう。

　　＿＿＿＿＿＿ ＿＿＿＿＿＿ ＿＿＿＿＿＿ bed.

☐(4) あなたはいつ宿題をしますか。

　　＿＿＿＿＿＿ do ＿＿＿＿＿＿ ＿＿＿＿＿＿ your homework?

3 書く✐ (　)内の指示に従って、英文を書きかえなさい。

☐(1) We play baseball in the schoolyard.　（下線部を問う疑問文に）

＿＿＿＿＿＿＿＿＿＿＿＿＿＿＿＿＿＿＿＿＿＿＿＿＿＿＿＿＿＿＿＿

☐(2) You play the trumpet every day.　（下線部を問う疑問文に）

＿＿＿＿＿＿＿＿＿＿＿＿＿＿＿＿＿＿＿＿＿＿＿＿＿＿＿＿＿＿＿＿

☐(3) I do my homework after dinner.　（下線部を問う疑問文に）

＿＿＿＿＿＿＿＿＿＿＿＿＿＿＿＿＿＿＿＿＿＿＿＿＿＿＿＿＿＿＿＿

☐(4) This is her book.　（下線部を問う疑問文に）

＿＿＿＿＿＿＿＿＿＿＿＿＿＿＿＿＿＿＿＿＿＿＿＿＿＿＿＿＿＿＿＿

ヒント　❸下線部を問う疑問文は、「時間」「場所」などを問う疑問詞を使いましょう。疑問詞の後の並びに気を付けましょう。

4 読む📖 **次の会話文を読んで，あとの問いに答えなさい。**

Tina :　Here's the entrance. ①(　　　) your (　　　).

Ms. Rios :　Do I take off my shoes?

Tina :　Yes, take out your slippers.

②(　　　) (　　　) (　　　).

Ms. Rios :　This is a good idea.

Tina :　Yes.　OK.　Mom, follow me.

③(classroom / go / let's / to / the).

□(1) 下線部①が「足元に気を付けて。」という意味になるように，（　）に入る適切な語を書きなさい。
① _____ your _____ .

□(2) 下線部②が「それらを履いてください。」という意味になるように，（　）に入る適切な語を書きなさい。
② _____ _____ _____ .

□(3) 下線部③が「教室へ行きましょう。」という意味になるように，（　）内の語を正しく並べかえなさい。
③ _____ .

5 話す🔊 **次の文を声に出して読み，問題に答え，答えを声に出して読みなさい。** 📱

Aoi :　Oh, you have a guitar.　Can you play it?

Emily :　Yes, I can.　How about you, Aoi?

Aoi :　I can't play the guitar, but I can play the sax.

Emily :　Great.　Let's play music together.

(注)sax　サックス

□(1) Can Aoi play the guitar?　（Sheで答える）
　—　_____

□(2) Can you play music?　（自分自身について答える）
　—　_____

ぴたトレ
3
確認テスト

Unit 5 ～
Active Grammar 2

時間 30分 ／100点　合格 70点　解答 p.15

教科書 pp.72 ～ 83

❶ 下線部の発音が同じものには〇を，そうでないものには×を，解答欄に書きなさい。
6点

(1) r<u>oo</u>m

　　fl<u>oo</u>r

(2) st<u>e</u>p

　　id<u>ea</u>

(3) l<u>a</u>ter

　　d<u>ay</u>

❷ 最も強く発音する部分の記号を解答欄に書きなさい。
6点

(1) cafe - te - ria
　　 ア　 イ　 ウ

(2) to - ge - ther
　　 ア　 イ　 ウ

(3) after - noon
　　　 ア　　 イ

❸ 日本語に合うように，＿＿に入る適切な語を書きなさい。
20点

(1) 美術室はどこですか。―音楽室の隣にあります。

　　＿＿＿＿ the ＿＿＿＿ room? — It's ＿＿＿＿ ＿＿＿＿ the music room.

(2) 彼らはどこで昼食を食べますか。― 教室の中です。

　　＿＿＿＿ do they ＿＿＿＿ lunch? — ＿＿＿＿ the ＿＿＿＿.

(3) 教室の中では電話を使わないでください。

　　＿＿＿＿ ＿＿＿＿ ＿＿＿＿ ＿＿＿＿ in the classroom.

(4) 一緒にバスケットボールをしましょう。

　　＿＿＿＿ ＿＿＿＿ basketball ＿＿＿＿.

❹ 次の( )内の語を適切な形に直しなさい。ただし，変える必要のないものはそのまま書くこと。
15点

(1) Do (you) like cats?

(2) I like (they).

(3) The bag is (she).

(4) I have a dog. (it) name is Taro.

(5) (You) pen is nice.

❺ 次の会話文を読んで，あとの問いに答えなさい。
29点

Mary : ①That's the schoolyard (　　) (　　) (　　).

　　　②The swimming pool (front / is / the / of / schoolyard / in).

Ms. Wood : I see. Where's your classroom?

Mary : ③It is (　　) the English room (　　) the science room.

Ms. Wood : When do you have art club?

Mary : After clean-up time.

Ms. Wood : What's that?

Mary : We (④) our classroom and hallway every day.

成績評価の観点　知…言語や文化についての知識・技能　表…外国語表現の能力

We sweep the floor and wipe the blackboard.

Ms. Wood : ⑤__( ) ( )__.

(1) 下線部①が「体育館の後ろに校庭があります。」という意味の文になるように（　）内に正しい語を入れて，文を完成させなさい。

(2) 意味が通るように，下線部②の（　）内の語を正しく並べかえなさい。

(3) 下線部③が「イングリッシュルームと理科室の間です。」という意味の文になるように（　）内に正しい語を入れて，文を完成させなさい。

(4) （　④　）に入る最も適切なものを１つ選び，記号を書きなさい。

　　ア study　　イ call　　ウ clean

差がつく (5) 下線部⑤が「感心しました。」という意味になるように，（　）に適切な語を入れて，文を完成させなさい。

点UP ❻ 書く 次のようなとき英語で何と言うか，（　）内の指示にしたがって書きなさい。

表　24点

(1) 相手に，相手の部屋のそうじをするよう言うとき。（３語で）

(2) 体育館に行こう，と相手を誘うとき。（５語で）

(3) 自動車で学校に来ないよう伝えるとき。（６語で）

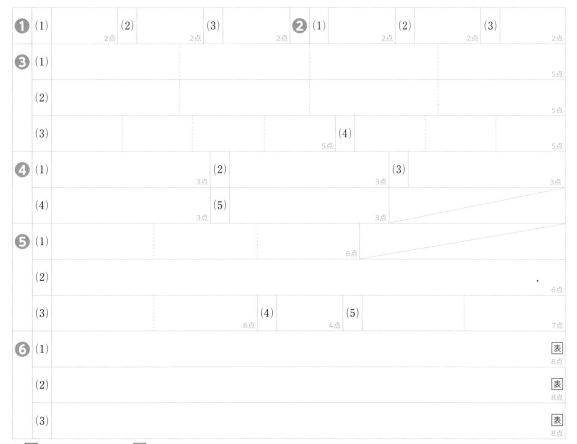

❶ (1) ｜ (2) 2点 ｜ (3) 2点 ｜ 2点　❷ (1) ｜ (2) 2点 ｜ (3) 2点 ｜ 2点

❸ (1) ｜ 5点
(2) ｜ 5点
(3) ｜ (4) 5点 ｜ 5点

❹ (1) ｜ (2) ｜ (3) 3点 3点 3点
(4) ｜ (5) 3点 3点

❺ (1) 6点
(2) 6点
(3) ｜ (4) ｜ (5) 6点 4点 7点

❻ (1) 表 8点
(2) 表 8点
(3) 表 8点

▶ 表 の印がない問題は全て 知 の観点です。

Unit 5 ~ Active Grammar 2

73

ぴたトレ **1**
要点チェック

Unit 6 Cheer Up, Tina (Part 1)

時間 **15分**
解答 p.16

〈新出語・熟語 別冊p.11〉

教科書の重要ポイント　**自分と相手以外の人がすることを言う〈動詞の-(e)s形〉**　教科書 pp.84 ～ 87

I like singing and dancing. 〔私は歌うことと踊ることが好きです。〕

She likes singing and dancing. 〔彼女は歌うことと踊ることが好きです。〕

3人称単数の主語の後ろに一般動詞が続くときは，動詞の語尾に-sや-esが付く。

3人称単数とは，Iとyou以外の1人の人や1つのものについて言う。

○3人称単数の主語 he, she, it, Bob, our teacher, my mother, his brother, my friend, the dogなど	×3人称単数の主語でないもの I, you, we, they, Bob and Tom, my friends, these books など

▼ 動詞の-(e)s形の作り方

　基本的には，play→plays, like→likesのように動詞の語尾にsをつけるだけ。

　下の例外に気を付ける。

　①語尾がs, o, x, sh, chで終わる語

　　watch→watches, go→goes

　②語尾が子音字(a, i, u, e, o以外)＋y

　　study→studies, try→tries

　③不規則変化(haveなど)

　　have→has

yで終わる語は，yの前に注目！playはyの前がaだからplays, studyはyの前がdだからstudiesになるね。

\ナルホド!/

Words & Phrases　次の英語は日本語に，日本語は英語にしなさい。

□(1) quiet　(　　　　　　　　)

□(2) speak　(　　　　　　　　)

□(3) early　(　　　　　　　　)

□(4) cousin　(　　　　　　　　)

□(5) 熱心に，懸命に　＿＿＿＿＿＿

□(6) 非常に，とても　＿＿＿＿＿＿

□(7) 料理をする　＿＿＿＿＿＿

□(8) 親　＿＿＿＿＿＿

1 日本語に合うように，（　）内から適切なものを選び，記号を〇で囲みなさい。

テストによく出る！

名詞の複数形

1 (4) 2つ以上のものについて言う場合，名詞の語尾に-(e)sをつける。つけ方は動詞の-(e)sのルールと同じ。

□(1) 彼は校庭でサッカーをします。

He（ ア play　イ plays　ウ playing ）soccer in the schoolyard.

□(2) エミはとても熱心に英語を勉強します。

Emi（ ア study　イ studys　ウ studies ）English very hard.

□(3) 私たちは毎日，新聞を読んでいます。

We（ ア read　イ reads　ウ reading ）a newspaper every day.

□(4) 彼女は英語の本を読むことが好きです。

She likes（ ア reading　イ reads　ウ read ）English books.

2 日本語に合うように，＿＿＿に入る適切な語を書きなさい。

⚠ミスに注意

2 主語が3人称単数かどうかを見きわめる。sのつけ方にも注意！

□(1) 私の祖父母は上手に英語を話します。

My grandparents ＿＿＿＿＿＿＿＿ English ＿＿＿＿＿＿＿.

□(2) 私の父は車でオフィスに行きます。

My father ＿＿＿＿＿＿＿＿ ＿＿＿＿＿＿＿＿ his office by car.

□(3) 私の姉はたくさんペンを持っています。

My ＿＿＿＿＿＿＿＿ ＿＿＿＿＿＿＿＿ many pens.

□(4) 私たちは田中先生の授業が好きです。

＿＿＿＿＿＿＿＿ ＿＿＿＿＿＿＿＿ Mr. Tanaka's class.

3 日本語に合うように，（　）内の語句を並べかえなさい。

注目！

a lot of ～

3 (3)「たくさんの～」はa lot of ～。この文ではmanyと書きかえることができる。後ろの名詞が数えられるものの場合は複数形にする。

□(1) 私の祖父は毎朝，料理します。

(cooks / grandfather / morning / every / my).

＿＿＿＿＿＿＿＿＿＿＿＿＿＿＿＿＿＿＿＿.

□(2) 彼は毎日，早く起きます。

(early / up / day / every / gets / he).

＿＿＿＿＿＿＿＿＿＿＿＿＿＿＿＿＿＿＿＿.

□(3) 彼女はたくさんの本を読みます。

(books / of / a / reads / she / lot).

＿＿＿＿＿＿＿＿＿＿＿＿＿＿＿＿＿＿＿＿.

□(4) 私のいとこは放課後，野球をします。

(baseball / after / my / school / cousin / plays).

＿＿＿＿＿＿＿＿＿＿＿＿＿＿＿＿＿＿＿＿.

Unit 6

Unit 6 Cheer Up, Tina（Part 2）

教科書の重要ポイント 自分と相手以外の人がすることをたずねる 〔教科書 pp.88～89〕

Do you have a cold? 〔あなたは風邪をひいていますか。〕

She has a cold. 〔彼女は風邪をひいています。〕

Does she have a cold? 〔彼女は風邪をひいていますか。〕

— Yes, she does. / No, she doesn't. 〔はい，ひいています。／いいえ，ひいていません。〕

▼ Does he / she ...?

３人称単数が主語の一般動詞の文をたずねる文にするときは，doではなくdoesを主語の前に置く。

疑問文のとき，動詞の語尾に-sや-esは付かない。

答えるときは，Yes, 主語＋does. / No, 主語＋doesn't.と答える。

She has a cold. 〔彼女は風邪をひいています。〕

Does she have a cold? 〔彼女は風邪をひいていますか。〕
　　　　動詞の原形になる

— Yes, she does. / No, she doesn't. 〔はい，ひいています。／いいえ，ひいていません。〕
　　　　　　　　does notの短縮形

ナルホド！

Words & Phrases 次の英語は日本語に，日本語は英語にしなさい。

☐(1) sorry （　　　　　　　　）　　☐(5) ボール _____

☐(2) almost （　　　　　　　　）　　☐(6) 住む，住んでいる _____

☐(3) cold （　　　　　　　　）　　☐(7) ～のために〔の〕 _____

☐(4) station （　　　　　　　　）　　☐(8) 働く，勤めている _____

1 日本語に合うように，____に入る適切な語を書きなさい。

☐ 彼女はトランペットを演奏しますか。

　—いいえ，演奏しません。しかし，彼女はギターを演奏します。

　_____ she play the trumpet?

　— No, she doesn't. But she _____ the guitar.

2 日本語に合うように, （ ）内から適切なものを選び, 記号を〇で囲みなさい。

☐(1) もう少しで冬休みです。

It's (ア little イ about ウ almost) winter vacation.

☐(2) サトルはどこにいますか。彼は寝ています。

Where's Satoru? — He's (ア in イ on ウ at) bed.

☐(3) 彼はフランスに住んでいますか。

Does he (ア live イ lives ウ living) in France?

3 日本語に合うように, ＿＿＿に入る適切な語を書きなさい。

☐(1) よろしい。

＿＿＿＿＿＿＿ ＿＿＿＿＿＿＿.

☐(2) 彼女はいつ寝ますか。

＿＿＿＿＿＿ ＿＿＿＿＿＿ she ＿＿＿＿＿ to bed?

☐(3) エミはピアノを演奏しますか。—いいえ，演奏しません。

＿＿＿＿＿ Emi ＿＿＿＿＿＿ the piano?

— ＿＿＿＿＿, she ＿＿＿＿＿.

☐(4) ジョンはどこで働いていますか。—彼は病院で働いています。

Where ＿＿＿＿＿ John ＿＿＿＿＿?

— He ＿＿＿＿＿ ＿＿＿＿＿ the hospital.

⚠ミスに注意

3(4)疑問文では動詞を原形にし，肯定文では動詞の語尾に-(e)sを付けることに注意！

4 日本語に合うように, （ ）内の語句を並べかえなさい。

☐(1) ニーナは風邪をひいていますか。

(a / cold / have / Nina / does)?

＿＿＿＿＿＿＿＿＿＿＿＿＿＿＿＿＿＿＿＿＿?

☐(2) 彼は毎日サッカーをしますか。

(every / soccer / he / does / play / day)?

＿＿＿＿＿＿＿＿＿＿＿＿＿＿＿＿＿＿＿＿＿?

☐(3) 彼女は誕生日に何が欲しいですか。

(want / does / for / what / birthday / she / her)?

＿＿＿＿＿＿＿＿＿＿＿＿＿＿＿＿＿＿＿＿＿?

☐(4) メアリーは水曜日と金曜日にレストランで働いています。

(at / a / Wednesdays / Mary / works / and / Fridays / restaurant / on).

＿＿＿＿＿＿＿＿＿＿＿＿＿＿＿＿＿＿＿＿＿.

テストによく出る!

haveの変化に注意

4(1)「風邪をひく」はhave a coldで，肯定文では主語によって動詞の語尾が変化する。

Unit 6

教科書の重要ポイント　**自分と相手以外の人がしないことを言う**　教科書 pp.90～91

I don't go to school. 〔私は学校に行きません。〕

She goes to school. 〔彼女は学校に行きます。〕

She doesn't go to school. 〔彼女は学校に行きません。〕

▼ He / She doesn't ...

3人称単数が主語の一般動詞の文を否定文にするときは，don'tではなく，doesn'tを使う。
否定文のときは，動詞の語尾に-sや-esは付かない。

I go to school. 〔私は学校に行きます。〕

I don't go to school. 〔私は学校に行きません。〕
原形

She goes to school. 〔彼女は学校に行きます。〕
動詞に-(e)sがつく

She doesn't go to school. 〔彼女は学校に行きません。〕
原形

主語が何であっても，否定文のときは動詞を原形にしよう。

＼ナルホド！／

Words & Phrases　次の英語は日本語に，日本語は英語にしなさい。

□(1) either（　　　　　　　　　）　　□(5) 眠る，睡眠をとる　＿＿＿＿＿＿＿

□(2) need（　　　　　　　　　）　　□(6) もちろん，そのとおり　＿＿＿＿＿＿＿

□(3) some（　　　　　　　　　）　　□(7) ～を洗う　＿＿＿＿＿＿＿

□(4) dish（　　　　　　　　　）　　□(8) 食卓，テーブル　＿＿＿＿＿＿＿

1 日本語に合うように，＿＿に入る適切な語を書きなさい。

□ 彼は毎日，学校に行きますか。―いいえ，行きません。

＿＿＿＿＿＿＿＿ he go to school every day? — No, he ＿＿＿＿＿＿＿.

2 日本語に合うように，（ ）内から適切なものを選び，記号を○で囲みなさい。

☐(1) 私も楽器を演奏することができません。

I can't play instruments, (ア too　イ either　ウ also).

☐(2) 彼女はたくさんは食べません。

She (ア doesn't eat　イ don't eat　ウ don't have) a lot.

☐(3) 心配しないで，アンディ。

(ア Doesn't　イ Don't　ウ Please) worry, Andy.

テストによく出る！

too と either

2(1) either は too の否定の形である。例：I like cats, <u>too</u>.「私もネコが好きです」→I don't like cats, <u>either</u>.「私もネコが好きではありません」

3 日本語に合うように，＿＿＿に入る適切な語を書きなさい。

☐(1) アキは毎日お皿を洗います。

Aki ＿＿＿＿＿＿ ＿＿＿＿＿＿ ＿＿＿＿＿＿ every day.

☐(2) 私の弟はごみ出しをしません。

My brother ＿＿＿＿＿＿ ＿＿＿＿＿＿ ＿＿＿＿＿＿ the garbage.

☐(3) 私は少しだけ悲しいです。

I'm ＿＿＿＿＿＿ ＿＿＿＿＿＿ ＿＿＿＿＿＿ sad.

☐(4) ジェーン，どうか食卓の準備をしてください。

Please ＿＿＿＿＿＿ the table, Jane.

⚠ミスに注意

3(1)「洗う」は wash。語尾が sh で終わっているのに注目して，-(e)s をつけよう。

4 日本語に合うように，（ ）内の語句を並べかえなさい。

☐(1) ベンはよく眠っていますか。

(a / Ben / sleep / does / lot)?

＿＿＿＿＿＿＿＿＿＿＿＿＿＿＿＿＿＿＿＿＿＿＿＿＿＿？

☐(2) 夕食の前にテーブルの上を片づけなさい。

(table / dinner / the / before / clear).

＿＿＿＿＿＿＿＿＿＿＿＿＿＿＿＿＿＿＿＿＿＿＿＿＿＿．

☐(3) あなたは11時前に寝ますか。

(go / bed / before / you / eleven / do / to)?

＿＿＿＿＿＿＿＿＿＿＿＿＿＿＿＿＿＿＿＿＿＿＿＿＿＿？

☐(4) ケイトは家でテレビゲームをしません。

(video games / home / Kate / play / doesn't / at).

＿＿＿＿＿＿＿＿＿＿＿＿＿＿＿＿＿＿＿＿＿＿＿＿＿＿．

注目！

「寝る」の表現

4(1)「眠る」という状態を表すときは sleep,「(寝るために)寝室に向かう」というときは go to bed だね。

Unit 6

Unit 6 Cheer Up, Tina (Goal)

教科書の重要ポイント **身近にいる人を紹介する表現（復習）** 教科書 pp.92～93

▼ 名前や自分との関係を伝える表現

This is <u>my friend</u>, <u>Amy</u>. 〔こちらは私の友達のエイミーです。〕
　　　　　自分との関係　名前

▼ 住んでいる場所を伝える表現

She <u>lives in</u> Asahi-machi. 〔彼女は朝日町に住んでいます。〕
　　～に住んでいる

▼ 出身地を伝える表現

She <u>comes from</u> <u>the U.S.</u> 〔彼女はアメリカ合衆国出身です。〕
　　～出身(国名など)の　国名, 地名

▼ 「授業を受ける」という表現

I want to <u>take English classes</u> every day. 〔私は毎日英語の授業を受けたいです。〕
　　　　　take a class:授業を受ける

▼ 「諦める」という表現

She doesn't <u>give up</u> easily. 〔彼女は容易には諦めません。〕
　　　　　　　諦める

▼ 「とても」と強調する表現

I | like | her very much. 〔私は彼女がとても好きです。〕
　　　　　「好き」(動詞)を強調している

I study English very | hard |. 〔私は英語をとても熱心に勉強します。〕
　　　　　　　　　「熱心に」(副詞)を強調している

> 同じ「とても」という意味でも, veryとvery muchは置く場所が違うね。また, 動詞や形容詞など, 何について強調するのかで使い分けよう。

ナルホド!

Words & Phrases 次の英語は日本語に, 日本語は英語にしなさい。

☐(1) same (　　　　　　　　)　　☐(5) 中学校 ＿＿＿＿＿＿＿

☐(2) give (　　　　　　　　)　　☐(6) 容易に ＿＿＿＿＿＿＿

☐(3) high (　　　　　　　　)　　☐(7) 新聞 ＿＿＿＿＿＿＿

☐(4) cheer (　　　　　　　　)　　☐(8) 叔父, 伯父 ＿＿＿＿＿＿＿

1 日本語に合うように，（　）内から適切なものを選び，記号を〇で囲みなさい。

☐(1) こちらは私の友人です。彼の名前はカズキです。

This is my friend. （ ア He　イ Him　ウ His ） name is Kazuki.

☐(2) 彼はいつもほほえんでいます。

He always （ ア smile　イ smiles　ウ smiling ）.

☐(3) 私たちは同じ中学校に通っています。

We （ ア go　イ goes　ウ going ） to the same junior high school.

2 日本語に合うように，＿＿＿に入る適切な語を書きなさい。

☐(1) 彼女はイタリア出身です。

She ＿＿＿＿＿＿＿ ＿＿＿＿＿＿＿ Italy.

☐(2) サトル(Satoru)の友人は誰ですか。

＿＿＿＿＿＿＿ ＿＿＿＿＿＿＿ friend?

☐(3) 彼はどこに住んでいますか。

＿＿＿＿＿＿＿ ＿＿＿＿＿＿＿ he live?

☐(4) アレンは何が好きですか。

What ＿＿＿＿＿＿＿ Allen ＿＿＿＿＿＿＿?

3 日本語に合うように，（　）内の語句を並べかえなさい。

☐(1) あなたはなぜ彼を好きですか。

(like / do / him / you / why)?

＿＿＿＿＿＿＿＿＿＿＿＿＿＿＿＿＿＿＿＿＿＿＿?

☐(2) 私はそのかばんがとても欲しいです。

(much / I / bag / very / want / the).

＿＿＿＿＿＿＿＿＿＿＿＿＿＿＿＿＿＿＿＿＿.

☐(3) サキはいつもは私たちと授業を受けます。

(usually / classes / Saki / us / takes / with).

＿＿＿＿＿＿＿＿＿＿＿＿＿＿＿＿＿＿＿＿＿.

☐(4) 彼は毎日，とても熱心にピアノを演奏しています。

(day / piano / every / plays / hard / he / very / the).

＿＿＿＿＿＿＿＿＿＿＿＿＿＿＿＿＿＿＿＿＿.

テストによく出る!

動詞の形

1(2)alwaysがあっても，主語に応じて動詞の語尾に-(e)sをつけるのは変わらない。

⚠ミスに注意

2(2)(3)(4)Who, Where, Whatなどの使い分けを混同しないように注意しよう。

注目!

whyの使い方

3(1)「なぜ」と理由をたずねるときはwhyを使い，whyの後ろは疑問文の並びにする。相手が言ったことに対してすぐ聞くときはWhy?「なぜですか。」だけでよい。

教科書の重要ポイント | **is / 3人称単数現在形（自分と相手以外のことを伝える言い方）** | 教科書 p.94

▼ is〈3人称単数のときのbe動詞〉

3人称単数は，he, she, it など1人の人や1つのもののことだったね。

肯定文 John **is** from France. 〔ジョンはフランス出身です。〕

疑問文 **Is** he from France? 〔彼はフランス出身ですか。〕

Yes, he **is**. / No, **he is not**. 〔はい，そうです。／いいえ，違います。〕
短縮形はhe's not[he isn't]

否定文 He **is not** from China. 〔彼は中国出身ではありません。〕

▼ 一般動詞〈3人称単数のときの一般動詞〉

肯定文 John **plays** the trumpet. 〔ジョンはトランペットを演奏します。〕
動詞を-(e)s形にする

疑問文 **Does** he **play** the trumpet? 〔彼はトランペットを演奏しますか。〕
原形

Yes, he **does**. / No, he **does not**. 〔はい，演奏します。／いいえ，演奏しません。〕
短縮形はdoesn't

否定文 He **does not play** the trumpet. 〔彼はトランペットを演奏しません。〕
原形

ナルホド！

Words & Phrases 次の動詞を -(e)s形にしなさい。

☐(1) go _____

☐(2) study _____

☐(3) play _____

☐(4) eat _____

☐(5) wash _____

☐(6) have _____

1 日本語に合うように，（ ）内から適切なものを選び，記号を〇で囲みなさい。

☐(1) メアリーはエジプト出身ですか。—いいえ，違います。
（ ア Does イ What ウ Is ）Mary from Egypt?
— No, she（ ア doesn't イ don't ウ isn't ）.

⚠ミスに注意

1(1)主語や，後ろに一般動詞があるかどうかを確認してから選ぶ。

□(2) ジョンは毎日サッカーをします。

John（ ア play　イ playing　ウ plays ）soccer every day.

□(3) 彼女はピアノを練習しますか。—はい，練習します。

（ ア Does　イ Is　ウ Do ）she practice the piano?

— Yes, she（ ア doesn't　イ does　ウ isn't ）.

2 日本語に合うように，＿＿＿に入る適切な語を書きなさい。

□(1) 彼は風邪をひいていますか。

—いいえ，ひいていません。

＿＿＿＿＿＿＿＿＿ he ＿＿＿＿＿＿＿＿＿ a ＿＿＿＿＿＿＿＿＿?

No, he ＿＿＿＿＿＿＿＿＿.

□(2) 彼女は毎日，家で勉強をしますか。

—はい。彼女は毎日熱心に英語を勉強します。

＿＿＿＿＿＿＿＿＿ she ＿＿＿＿＿＿＿＿＿ ＿＿＿＿＿＿＿＿＿

＿＿＿＿＿＿＿＿＿ every day?

— Yes.　She ＿＿＿＿＿＿＿＿＿ ＿＿＿＿＿＿＿＿＿ ＿＿＿＿＿＿＿＿＿

every day.

□(3) 彼は私の同級生ではありません。

He ＿＿＿＿＿＿＿＿＿ not ＿＿＿＿＿＿＿＿＿ ＿＿＿＿＿＿＿＿＿.

3 日本語に合うように，（　）内の語句を並べかえなさい。

□(1) 彼は10時前に寝ます。

（ to / he / ten / goes / bed / before ）.

＿＿＿＿＿＿＿＿＿＿＿＿＿＿＿＿＿＿＿＿＿＿＿＿＿＿＿＿＿.

□(2) 彼女は毎日皿洗いをします。

（ the / day / dishes / she / washes / every ）.

＿＿＿＿＿＿＿＿＿＿＿＿＿＿＿＿＿＿＿＿＿＿＿＿＿＿＿＿＿.

□(3) ジャックは日本語を話しません。

（ not / Jack / speak / does / Japanese ）.

＿＿＿＿＿＿＿＿＿＿＿＿＿＿＿＿＿＿＿＿＿＿＿＿＿＿＿＿＿.

□(4) あなたのお父さんは動物病院で働いていますか。

（ an / father / at / does / animal / work / hospital / your ）?

＿＿＿＿＿＿＿＿＿＿＿＿＿＿＿＿＿＿＿＿＿＿＿＿＿＿＿＿＿?

ぴたトレ
1
要点チェック

Daily Life 3

時間
15分

解答
p.17

〈新出語・熟語 別冊p.12〉

教科書の
重要ポイント **外国のカフェでの注文方法** 教科書 p.95

▼ 注文するものを伝える表現

<u>Can I</u>　<u>have</u>　<u>the breakfast special</u>? 〔モーニングセットをいただけますか。〕
「〜してもよいですか」　注文するもの

I'd like an orange juice. 〔私はオレンジジュースが欲しいです[のですが]。〕
「〜が欲しいです[のですが]」

▼ どちらがよいか確認する表現

<u>Which</u> would you like, bacon <u>or</u> sausage? 〔ベーコンとソーセージのどちらがよろしいですか。〕
どちらが　　　　　　　　　　　　あるいは

▼ 他に注文するものがあるか確認する表現

Anything else? 〔他に何かありますか。〕

— **Salad, please.** 〔サラダをお願いします。〕

▼ 金額を確認する表現

How much is that? 〔それはいくらですか。〕

— <u>In total</u> ... 15 dollars. 〔合計で15ドルです。〕
合計で

●●, please.「●●をお願いします」は質問されたときに使おう。最初に注文するときはCan I 〜?やI'd like 〜.を使うよ。

▼ 可算名詞，不可算名詞

可算名詞…1つ，2つと数えられる名詞

apple, dog, student, room, book, friend, sausageなど　→名詞の前にaやanなどをつける

不可算名詞…1つ，2つと数えられない（決まった形がない）名詞

water, juice, coffee, tea, baconなど　→基本的に名詞の前にaやanなどをつけない

可算名詞，不可算名詞の両方の特徴を持つ名詞

cake, pizzaなど　→名詞の前にaやanがつくと1個[枚]の全体のことをいう

ナルホド!

Words & Phrases 次の英語は日本語に，日本語は英語にしなさい。

☐(1) breakfast （　　　　　　　　　）　☐(4) お茶，紅茶 _____

☐(2) dollar （　　　　　　　　　）　☐(5) ジュース _____

☐(3) salad （　　　　　　　　　）　☐(6) 水 _____

1 日本語に合うように，（　）内から適切なものを選び，記号を○で囲みなさい。

☐(1) コーヒーを1ついただけますか。

（ ア What　イ How　ウ Can) I have a coffee?

☐(2) それはいくらですか。

How (ア many　イ much　ウ lot) is that?

☐(3) 合計で15ドルです。

(ア In　イ At　ウ On) total, 15 dollars.

2 日本語に合うように，＿＿＿に入る適切な語を書きなさい。

☐(1) サラダをいただけますか。

＿＿＿＿＿＿＿＿＿ I ＿＿＿＿＿＿＿＿＿ a salad?

☐(2) ほかに何かありますか。―オレンジジュースをお願いします。

＿＿＿＿＿＿＿＿＿ ＿＿＿＿＿＿＿＿＿?

— An orange juice, ＿＿＿＿＿＿＿＿.

☐(3) 私はホットの紅茶が欲しいです。

＿＿＿＿＿＿＿＿＿ ＿＿＿＿＿＿＿＿＿ a hot tea.

3 日本語に合うように，（　）内の語句を並べかえなさい。

☐(1) この靴はいくらですか。

(these / are / much / shoes / how)?

＿＿＿＿＿＿＿＿＿＿＿＿＿＿＿＿＿＿＿＿＿＿＿?

☐(2) オムレツと紅茶を1つずついただけますか。

(an / tea / have / I / and / a / can / omelet)?

＿＿＿＿＿＿＿＿＿＿＿＿＿＿＿＿＿＿＿＿＿?

☐(3) ディナーセットが欲しいのですが。

(special / like / the / dinner / I'd).

＿＿＿＿＿＿＿＿＿＿＿＿＿＿＿＿＿＿＿＿＿.

☐(4) コーヒーと紅茶のどちらがよろしいですか。

(tea / would / which / you / , / coffee / or / like)?

＿＿＿＿＿＿＿＿＿＿＿＿＿＿＿＿＿＿＿＿＿?

注目!

teaの区別

3(2)緑茶と紅茶を区別するときはgreen tea「緑茶」，black tea「紅茶」と表現する。

テストによく出る!

which

3(4)whichは2つ以上あるものの中から「どれ」かをたずねるときに使う。2つのうちからどちらかを聞くときは，コンマ(,)やorを使い，語順に注意する。

Daily Life 3

教科書の
重要ポイント **疑問詞（復習）** 教科書 p.98

▼ what（物事や時間など）：What do you have? — I have an English book.
〔あなたは何を持っているのですか。〕 —〔私は（一冊の）英語の本を持っています。〕

▼ who（人）：Who is she? — She is my sister.
〔彼女は誰ですか。〕 —〔彼女は私の姉[妹]です。〕

▼ whose（持ち主・誰のものか）：Whose pen is this? — It is Hana's.
〔これは誰のペンですか。〕 —〔それはハナのものです。〕

▼ which（選択など）：Which do you like, dogs or cats? — I like dogs.
〔あなたは犬とネコのどちらが好きですか。〕 —〔私は犬が好きです。〕

▼ where（場所）：Where is he? — He is in the classroom.
〔彼はどこにいますか。〕 —〔彼は教室にいます。〕

疑問詞を使った疑問文には，yesやnoではなく具体的に答えよう。

▼ when（時）：When do you study? — I study after dinner.
〔あなたはいつ勉強しますか。〕 —〔私は夕食後に勉強します。〕

▼ why（理由・目的）：Why do you like her? — She is kind.
〔あなたはなぜ彼女が好きなのですか。〕 —〔彼女は親切だからです。〕

▼ how（様子・方法・数・量）：How much is it? — It is twelve dollars.
〔それはいくらですか。〕 —〔それは12ドルです。〕

ナルホド！

1 日本語に合うように，（ ）内から適切なものを選び，記号を○で囲みなさい。

☐(1) こちらは誰ですか。—彼女は鈴木さんです。

（ ア What イ How ウ Who ）is this? — She is Ms. Suzuki.

☐(2) 彼は何色が好きですか。—彼は青が好きです。

（ ア When イ What ウ Why ）color does he like?

— He likes blue.

☐(3) あれは誰の犬ですか。—ジャックのものです。

（ ア Whose イ Which ウ What ）dog is that? — It's Jack's.

☐(4) どうしてダメなのですか。—私はそれが好きではないからです。

（ ア Who イ Why ウ How ）not? — I don't like it.

☐(5) あなたはいつクラブ活動をしますか。—授業後です。

（ ア When イ Which ウ What ）do you have a club activity?

—（ ア Before イ At ウ After ）class.

2 日本語に合うように，＿＿＿に入る適切な語を書きなさい。

☐(1) あなたはどこで宿題をしますか。

＿＿＿＿＿＿＿ do you ＿＿＿＿＿＿＿ your homework?

☐(2) あなたはなぜフランスへ行きたいのですか。

＿＿＿＿＿＿＿ do you ＿＿＿＿＿＿＿ to go to France?

☐(3) お元気ですか。

＿＿＿＿＿＿＿ are ＿＿＿＿＿＿＿ ?

3 日本語に合うように，（　）内の語句を並べかえなさい。

☐(1) あれは誰の本ですか。

(is / book / that / whose)?

＿＿＿＿＿＿＿＿＿＿＿＿＿＿＿＿＿＿＿＿＿＿＿＿？

☐(2) あなたは何匹，犬を飼っていますか。

(many / dogs / you / have / do / how)?

＿＿＿＿＿＿＿＿＿＿＿＿＿＿＿＿＿＿＿＿＿＿＿＿？

☐(3) 朝食に何を食べたいですか。

(breakfast / do / want / what / for / you)?

＿＿＿＿＿＿＿＿＿＿＿＿＿＿＿＿＿＿＿＿＿＿＿＿？

☐(4) あなたはパンケーキとオムレツのどちらがよろしいですか。

(or / like / an omelet / would / which / you / , / pancakes)?

＿＿＿＿＿＿＿＿＿＿＿＿＿＿＿＿＿＿＿＿＿＿＿＿？

4 次の対話文が成り立つように，＿＿＿に入る適切な語を書きなさい。

☐(1) ＿＿＿＿＿＿＿ is your birthday?

— My birthday is November 30th.

☐(2) ＿＿＿＿＿＿＿ ＿＿＿＿＿＿＿ do you get up?

— I get up at six.

☐(3) ＿＿＿＿＿＿＿ ＿＿＿＿＿＿＿ books do you have?

— I have 10 books.

☐(4) ＿＿＿＿＿＿＿ subject do you like, science or English?

— I like science.

注目!

数や量をたずねる
疑問文

3(2)「いくつ」か数を聞くのは How many ＋数えられる名詞の複数形 ～ ?,「どのくらい」か量を聞くのは How much ＋数えられない名詞～?

⚠ミスに注意

3(3)「朝食に何を食べたいですか。」は「朝食に何が欲しいですか。」と考える。

Active Grammar 4

テストによく出る!

対話文

4 疑問詞を使った疑問文には yes や no ではなく，具体的に答えるので，相手の返答を見て何と質問しているのか考える。

① 正しいものを４つの選択肢の中から選びなさい

□(1) He (   ) soccer very hard every day.

ア play　　イ playing　　ウ plays　　エ does

□(2) She has a (   ) of friends in this school.

ア so　　イ lot　　ウ many　　エ very

□(3) (   ) he have a cold?

ア Are　　イ Do　　ウ Does　　エ Can

「たくさんの〜」
はa lot of 〜で
表現するよ。

② 日本語に合うように，＿＿＿に入る適切な語を書きなさい。

□(1) あなたは誕生日に何が欲しいですか。

＿＿＿＿＿＿ ＿＿＿＿＿＿ you ＿＿＿＿＿＿ for your birthday?

□(2) 彼は動物が好きですか。—はい，好きです。

＿＿＿＿＿＿ he ＿＿＿＿＿＿ animals? — Yes, ＿＿＿＿＿＿ ＿＿＿＿＿＿.

□(3) 彼女はギターを演奏しません。

She ＿＿＿＿＿＿ ＿＿＿＿＿＿ the guitar.

□(4) キャサリンはピアノを演奏することと歌うことが好きです。

Catherine ＿＿＿＿＿＿ ＿＿＿＿＿＿ the piano and ＿＿＿＿＿＿.

③ 書く✎ 次の日本語を英文で書きなさい。

□(1) 彼は上手に英語を話します。

＿＿＿＿＿＿＿＿＿＿＿＿＿＿＿＿＿＿＿＿＿＿＿＿＿＿＿＿＿

□(2) あなたは毎日，皿を洗いますか。

＿＿＿＿＿＿＿＿＿＿＿＿＿＿＿＿＿＿＿＿＿＿＿＿＿＿＿＿＿

□(3) 彼女は家で，熱心に数学を勉強します。

＿＿＿＿＿＿＿＿＿＿＿＿＿＿＿＿＿＿＿＿＿＿＿＿＿＿＿＿＿

□(4) これは誰のペンですか。—私のです。

＿＿＿＿＿＿＿＿＿＿＿＿＿＿＿＿＿＿＿＿＿＿＿＿＿＿＿＿＿?

— ＿＿＿＿＿＿＿＿＿＿＿＿＿＿＿＿＿＿＿＿＿＿＿＿＿＿＿＿.

ヒント　**②**(4)「〜すること」は動詞を-ing形にします。
　　　③(1)(3)主語が３人称単数であることに注意しましょう。動詞の-(e)s形の作り方にも注意しましょう。

●主語が3人称単数の場合の，-(e)s形の作り方や疑問文とその答え方，否定文などが問われるでしょう。-(e)s形は一般動詞が規則的に変化するものと，不規則に変化するものがあるので注意が必要でしょう。
⇒動詞のスペルやルールを確認しておきましょう。

4 読む 次の会話文を読んで，あとの問いに答えなさい。

Grandpa : Does she sleep well?

Ms. Rios : Yes, she does. She sleeps a lot.

Mr. Rios : But she ①( ) ( ) to ( ).

Nick : She doesn't play with me, either!

Grandma : ②( ) ( ) ( ) ( )?

Nick : Sure. Kota, Eri, and Hajin. They're nice.

Grandpa : I see. Don't worry, Nick. She's a little bit tired.

Grandma : Yes, ③( ) ( ) ( ) ( ).

(1) 下線部①が「彼女は学校に行っていません。」という意味になるように，（ ）に入る適切な語を書きなさい。

① ＿＿＿＿＿ ＿＿＿＿＿ ＿＿＿＿＿.

(2) 下線部②が「彼女には友人はいますか。」という意味になるように，（ ）に入る適切な語を書きなさい。

② ＿＿＿＿＿ ＿＿＿＿＿ ＿＿＿＿＿ ＿＿＿＿＿?

(3) 下線部③が「彼女にはいくらかの休憩が必要です。」という意味になるように，（ ）に入る適切な語を書きなさい。

③ ＿＿＿＿＿ ＿＿＿＿＿ ＿＿＿＿＿ ＿＿＿＿＿.

5 話す 次の文を声に出して読み，問題に答え，答えを声に出して読んでみましょう。

アプリ

Emily : Does your grandfather grow other fruits?

Sora : No. He doesn't grow other fruits. But he grows rice.

Emily : Do you help your grandfather?

Sora : No, I don't. But I want to grow cherries with him someday.

(注)grow ～を育てる　fruit 果物　rice 米　cherry サクランボ　someday いつか

(1) Does Sora help his grandfather? （heで答える）

— ＿＿＿＿＿

(2) What does Sora's grandfather grow?

— ＿＿＿＿＿

89

ぴたトレ
3
確認テスト

Unit 6 ～
Active Grammar 4

時間 30分 ／100点　合格 70点　解答 p.18

教科書 pp.84 ～ 98

❶ 下線部の発音が同じものには〇を，そうでないものには×を，解答欄に書きなさい。　6点

(1) h<u>a</u>rd　　　　　　　(2) s<u>o</u>rry　　　　　　　(3) <u>ei</u>ther

　　<u>ea</u>rly　　　　　　　　　d<u>oe</u>s　　　　　　　　　s<u>e</u>t

❷ 最も強く発音する部分の記号を解答欄に書きなさい。　6点

(1) news - pa - per　　　(2) res - tau - rant　　　(3) hos - pi - tal

　　ア　　イ　　ウ　　　　　　ア　　イ　　ウ　　　　　　ア　　イ　　ウ

❸ 日本語に合うように，＿＿＿に入る適切な語を書きなさい。　20点

(1) 彼は野球をすることと泳ぐことが好きです。

　　He ＿＿＿＿ ＿＿＿＿ ＿＿＿＿ and swimming.

(2) 彼女は毎日熱心に日本語を勉強します。

　　She ＿＿＿＿ ＿＿＿＿ ＿＿＿＿ every day.

(3) 彼は最近，少し無口です。

　　These ＿＿＿＿, he's a ＿＿＿＿ ＿＿＿＿ quiet.

(4) ベティーは毎日テニスの練習をしますか。

　　＿＿＿＿ Betty ＿＿＿＿ tennis every day?

❹ 次の英文の（　）内の動詞を適切な形に変えて書きなさい。ただし，変える必要のないものはそのまま書くこと。　15点

(1) Tom (be) my good friend.

(2) My father can (play) baseball well.

(3) Miki (like) singing.

(4) Emily always (study) hard.

(5) My brother (wash) the dishes after dinner.

❺ 読む📖 次の会話文を読んで，あとの問いに答えなさい。　29点

Emi :　You have a brother, don't you? Do you have a picture of him?

Mary :　Yes, I do. This is my brother. ①<u>He's very active and brave.</u>

Emi :　Does he study every day?

Mary :　Yes, he does. He studies hard every day.

　　　　②<u>He (　　) (　　) (　　) (　　) friends.</u>

Emi :　What does he do after class?

成績評価の観点　　知…言語や文化についての知識・技能　　表…外国語表現の能力

Mary :　He plays soccer every day.

Emi :　What does he like doing?

Mary :　③He likes (　　　) (　　　) (　　　).

Emi :　Cool! But where's he now?

Mary :　He's in bed.

Emi :　Oh dear.　④(cold / a / he / does / have)?

Mary :　⑤(　　　), (　　　) (　　　).

(1) 下線部①の英文の日本語訳を書きなさい。

(2) 下線部②が「彼にはたくさんの友人がいます。」という意味になるように，（　）に入る適切な語を書きなさい。

(3) 下線部③が「彼は水泳をすることと走ることが好きです。」という意味になるように，（　）に入る適切な語を書きなさい。

(4) 下線部④の（　）内の語を正しく並べかえなさい。

(5) 下線部⑤が「いいえ，ひいていません。」という意味になるように，（　）に適切な語を入れて，文を完成させなさい。

❻ 書く✐ **次の日本語を（　）内の指示にしたがって英語で書きなさい。** 表　　24点

(1) 彼女は上手に英語を話します。（4語で）

(2) 彼はトランペットを演奏しますか。（5語で）

(3) （(2)に答えて）いいえ，しません。しかし，ドラムを演奏します。（2文に分けて8語で）

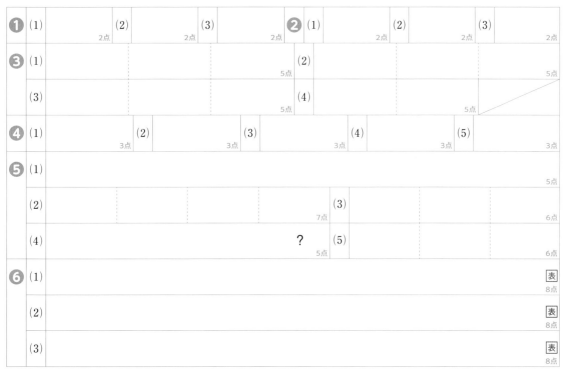

▶ 表 の印がない問題は全て 知 の観点です。

Let's Read 1

教科書の重要ポイント	説明文から情報を読み取る（復習）	教科書 p.99

▼ 相手に指示をする言い方

Look at this picture. 〔この絵を見なさい[見てください]。〕

▼ できることを伝える表現

I can walk. 〔私は歩くことができます。〕

▼ できないことを伝える表現

I cannot[can't] fly. 〔私は飛ぶことができません。〕

▼ しないことを伝える表現

I don't eat carrots. 〔私はニンジンを食べません。〕

ナルホド!

Words & Phrases 次の英語は日本語に，日本語は英語にしなさい。

☐(1) minute （　　　　　　　　　）　　☐(5) 飛ぶ _____

☐(2) around （　　　　　　　　　）　　☐(6) ニンジン _____

☐(3) grass （　　　　　　　　　）　　☐(7) 跳ぶ，跳びはねる _____

☐(4) underwater （　　　　　　　　）　　☐(8) ～を回す，回転させる _____

1 例にならい，それぞれの絵に合う「私は～できます」の文を完成させなさい。

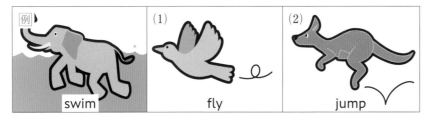

例 swim　　(1) fly　　(2) jump

例 **I can swim.**

☐(1) I _____ _____ .

☐(2) _____ _____ _____ .

You Can Do It! 2

教科書の重要ポイント 　**家族構成を紹介する（復習）** 　教科書 p.100 ～ 101

▼ 人を紹介する表現

The grandmother is Himiko. 〔祖母は卑弥呼です。〕

She lives in Yamataikoku. 〔彼女は邪馬台国に住んでいます。〕

The father is Hoshino Ken. 〔父は星野ケンです。〕

He is a P.E. teacher at Honcho J.H.S. 〔彼は本町中学校の体育教師です。〕
junior high schoolの略

▼ 家族構成を表す単語

grandparents 〔祖父母〕 / grandmother 〔祖母〕 / grandfather 〔祖父〕

parents 〔両親〕 / mother 〔母〕 / father 〔父〕

aunt 〔叔母，伯母〕 / uncle 〔叔父，伯父〕 / cousin 〔いとこ〕

sister 〔姉妹〕 / brother 〔兄弟〕

> 日本語では年齢によって叔母，伯母や兄，弟というように書き方が違うけれど，英語は同じだね。

ナルホド!

Words & Phrases 　次の英語は日本語に，日本語は英語にしなさい。

□(1) 有名な 　＿＿＿＿＿＿＿＿＿＿

1 日本語に合うように，＿＿に入る適切な語を書きなさい。

□(1) 姉は清少納言です。彼女はよい作家です。

The ＿＿＿＿＿＿ is Sei Shonagon.

She is ＿＿＿＿＿ ＿＿＿＿＿ ＿＿＿＿＿.

□(2) 父はジョン万次郎です。彼は英語が得意です。

The ＿＿＿＿＿＿ is John Manjiro.

He ＿＿＿＿＿ ＿＿＿＿＿ ＿＿＿＿＿ English.

□(3) 祖父は千利休です。彼のお茶は素晴らしいです。

The ＿＿＿＿＿＿＿ is Sen no Rikyu.

＿＿＿＿＿ ＿＿＿＿＿ is ＿＿＿＿＿.

> **注目!**
> **aやanの位置**
> **1**(1)aやanは名詞の前におく。「よい作家」というように，前に形容詞がつく場合は形容詞の前におく。

① 正しいものを4つの選択肢の中から選びなさい。

☐(1) I can run, but I cannot swim (   ).

ア good　　イ so　　ウ well　　エ off

☐(2) She is (   ) famous in Japan.

ア of　　イ very much　　ウ much　　エ very

☐(3) Look (   ) that picture on the desk.

ア in　　イ on　　ウ by　　エ at

> 「上手に~できる」は，[can ~ well]で表現しよう。

② 日本語に合うように，＿＿に入る適切な語を書きなさい。

☐(1) 私の兄は中学校の理科の教師です。

My ＿＿＿＿＿＿ is a ＿＿＿＿＿＿ ＿＿＿＿＿＿ at J.H.S.

☐(2) 彼女の叔父さんはどこに住んでいますか。―彼はオーストラリアに住んでいます。

＿＿＿＿＿＿ ＿＿＿＿＿＿ her ＿＿＿＿＿＿ ＿＿＿＿＿＿?

— He ＿＿＿＿＿＿ ＿＿＿＿＿＿ Australia.

☐(3) あなたのお姉さんは熱心に英語を勉強しますか。

＿＿＿＿＿＿ your ＿＿＿＿＿＿ ＿＿＿＿＿＿ English hard?

③ 日本語に合うように，（ ）内の語句を並べかえなさい。

☐(1) 私の伯母は有名な音楽家です。

(musician / aunt / a / my / is / famous).

＿＿＿＿＿＿＿＿＿＿＿＿＿＿＿＿＿＿＿＿＿＿.

☐(2) 私の祖父は毎日米を食べます。

(grandfather / eats / rice / every / day / my).

＿＿＿＿＿＿＿＿＿＿＿＿＿＿＿＿＿＿＿＿＿＿.

☐(3) 私は飛ぶことはできませんが，私は上手に泳ぐことができます。

(cannot / but / , / fly / I / well / swim / can / I).

＿＿＿＿＿＿＿＿＿＿＿＿＿＿＿＿＿＿＿＿＿＿.

☐(4) 私のいとこは中学生です。

(junior / is / a / high / my / cousin / student / school).

＿＿＿＿＿＿＿＿＿＿＿＿＿＿＿＿＿＿＿＿＿＿.

ヒント　**②**(2)「~に(国などの場所)」と答えるときは国名の前にinを使います。
　　　　③(1)職業などを表すときはaを使います。

定期テスト
予報

●一般動詞，助動詞の肯定形・否定形の使い分けが問われるでしょう。
who, what, when などの疑問詞と，その答え方が問われるでしょう。
⇒何を聞くときにどの疑問詞を使うのか，整理しておきましょう。

4 [読む📖] 次の文を読んで，あとの問いに答えなさい。　マルタン「くるりんぱ①だ～れ？」〈フレーベル館刊〉より

I can walk. I can jump. I ①(　　)(　　)(　　).
I cannot fly, but I can stay underwater ②(　　) four (　　) five (　　).
I don't like carrots. I don't eat grass. I like fish. I eat fish every day.
What am I?
Turn this book around.

☐(1) 下線部①が「上手に泳ぐことができる」という意味になるように，(　)に入る適切な語を書きなさい。

①_____ _____ _____

☐(2) 下線部②が「4，5分間」という意味になるように，(　)に入る適切な語を書きなさい。

②_____, _____, _____

☐(3) 「私」ができないことを1つ選び，記号で答えなさい。

　　ア 歩く　　イ 泳ぐ　　ウ 水中に4，5分間いる　　エ 空を飛ぶ

5 [読む📖] 次の会話文を読んで，あとの問いに答えなさい。

Mary : ①(　　) do you (　　) lunch?
Jane : In the cafeteria. ②(　　)(　　) you like, tea or juice?
Mary : I'd like juice.
Jane : ③(　　)(　　) to the cafeteria.

☐(1) 「あなたはどこで昼食をとりますか。」という意味の文になるように，(　)に適切な語を書きなさい。

①_____, _____

☐(2) 「あなたは紅茶とジュース，どちらがほしいですか。」という意味の文になるように，(　)に適切な語を書きなさい。

②_____

☐(3) 「カフェテリアに行きましょう。」という意味の文になるように，(　)に適切な語を書きなさい。

③_____ _____

[ヒント]　4 (2)「～の間」と表現するときは数字の前に for を使います。

Unit 7
New Year Holidays in Japan (Part 1)

教科書の重要ポイント　**過去の出来事を表現する**　教科書 pp.104〜107

I go to school every day. 〔私は毎日学校に行きます。〕

I went to a temple on New Year's Eve. 〔私は大みそかに寺に行きました。〕

I watch TV with my family. 〔私は家族と一緒にテレビを見ます。〕

I watched TV with my family. 〔私は家族と一緒にテレビを見ました。〕

▼ 動詞の過去形

過去の出来事を言うときは，動詞の形を変える。

現在形　I go to school every day. 〔私は毎日学校に行きます。〕

過去形　I went to a temple on New Year's Eve. 〔私は大みそかに寺に行きました。〕
　　　　goの過去形(不規則に変化する)

現在形　I watch TV with my family. 〔私は家族と一緒にテレビを見ます。〕

過去形　I watched TV with my family. 〔私は家族と一緒にテレビを見ました。〕
　　　　規則的に変化する過去形

▼ 動詞の過去形の作り方

たいていの動詞はplay → played, watch → watchedのように語尾に-edをつける。
下の例外に気をつける。

【最後が-eで終わる動詞】
　like → liked, use → usedなど

【子音字＋yで終わる動詞】
　study → studied, try → triedなど

２年生や３年生になると，stop → stopped, plan → plannedのような過去形も出てくるよ。

【不規則に変化する動詞】
　go → went, have → had, write → wrote, buy → boughtなど

ナルホド!

Words & Phrases　次の英語は日本語に，日本語は英語にしなさい。

☐(1) temple （　　　　　　　　　）

☐(2) party （　　　　　　　　　）

☐(3) relax （　　　　　　　　　）

☐(4) 運，幸運，つき _____

☐(5) 休み，休暇 _____

☐(6) writeの過去形 _____

1 日本語に合うように，（　）内から適切なものを選び，記号を○で囲みなさい。

テストによく出る!

-yで終わる動詞

1(2)play → played,
study → studiedのように，yで終わる動詞
は2通りに変化する。
yの1つ前がa, i, u, e,
oかどうかで判断する。

☐(1) 私はこれをお店で買いました。

I（ア buy　イ bought　ウ have）this at a shop.

☐(2) 私は家にいました。

I（ア stayed　イ staying　ウ stay）home.

☐(3) 私はクリスマスにプレゼントをもらいました。

I（ア getting　イ get　ウ got）a present at Christmas.

2 日本語に合うように，＿＿＿に適切な語を書きなさい。

注目!

goの過去形

2(1)goのように，原形と過去形では全く形が変わるものもあるので覚えておく。

☐(1) 私も公園に行きました。

I ＿＿＿＿＿＿ ＿＿＿＿＿＿ to the park.

☐(2) 私は年賀状を書きました。

I ＿＿＿＿＿＿ ＿＿＿＿＿＿ ＿＿＿＿＿＿ cards.

☐(3) 私は大みそかにパーティーをしました。

I ＿＿＿＿＿＿ a ＿＿＿＿＿＿ on ＿＿＿＿＿＿ Year's Eve.

☐(4) 私は兄と一緒にテレビを見ました。

＿＿＿＿＿＿ ＿＿＿＿＿＿ TV ＿＿＿＿＿＿

my ＿＿＿＿＿＿.

☐(5) 私は大きな鐘を鳴らしました。ジュン，あなたはどうですか。

＿＿＿＿＿＿ ＿＿＿＿＿＿ a big ＿＿＿＿＿＿.

Jun, ＿＿＿＿＿＿ ＿＿＿＿＿＿ you?

3 日本語に合うように，（　）内の語句を並べかえなさい。

⚠ミスに注意

3(2)この前置詞のonは
日付の前に置こう!

☐(1) あれは幸運のお守りです。

That's（luck / a / charm / good）.

That's ＿＿＿＿＿＿＿＿＿＿＿＿＿.

☐(2) 私は元日に寺に行きました。

（temple / I / on / to / Year's / went / New / a）Day.

＿＿＿＿＿＿＿＿＿＿＿＿＿ Day.

☐(3) 私はクリスマスにケーキを焼きました。

（baked / Christmas / at / I / cake / a）.

＿＿＿＿＿＿＿＿＿＿＿＿＿.

☐(4) 私はセーターとかばんを買いました。

（bought / and / bag / a / I / sweater / a）.

＿＿＿＿＿＿＿＿＿＿＿＿＿.

Unit7

ぴたトレ
1
要点チェック

Unit 7
New Year Holidays in Japan (Part 2)

時間 **15分**
解答 p.20

〈新出語・熟語 別冊p.13〉

教科書の
重要ポイント　**過去の出来事についてたずねる**　教科書 pp.108〜109

I <u>ate</u> *toshikoshi soba*.〔私は年越しそばを食べました。〕

Did you <u>eat</u> any traditional food?〔あなたは，何か伝統的な食べ物を食べましたか。〕

— **Yes, I did. / No, I didn't.**〔はい，食べました。／いいえ，食べませんでした。〕

I didn't <u>eat</u> any traditional food.〔私は，何も伝統的な食べ物を食べませんでした。〕

▼ didとdidn't

過去の出来事をたずねるときは，didを主語の前に置く。
否定文にするときは，didn't[did not]を動詞の前に置く。
どちらの場合も動詞の原形を使う。

Didで始まる過去形の
疑問文には，did を
使って答えよう。

肯定文　I ate *toshikoshi soba*.〔私は年越しそばを食べました。〕
　　　　　eatの過去形

疑問文　Did you eat any traditional food?〔あなたは，何か伝統的な食べ物を食べましたか。〕
　　　　Doの過去形　└動詞の原形。疑問文では原形になる

　　　— Yes, I did. / No, I didn't.〔はい，食べました。／いいえ，食べませんでした。〕
　　　　　　doの過去形　　　did notの短縮形

否定文　I didn't eat any traditional food.〔私は，何も伝統的な食べ物を食べませんでした。〕
　　　　　　　否定文では原形になる

ナルホド!

Words & Phrases　次の英語は日本語に，日本語は英語にしなさい。

☐(1) life　　（　　　　　　　　　　）　　☐(4) しるし，前兆　＿＿＿＿＿＿＿＿＿＿

☐(2) custom　（　　　　　　　　　　）　　☐(5) 長い　　　　　＿＿＿＿＿＿＿＿＿＿

☐(3) traditional（　　　　　　　　　）　　☐(6) 〜を知っている，知る ＿＿＿＿＿＿

---

1 日本語に合うように，（　）内から適切なものを選び，記号
　　を○で囲みなさい。

☐(1) あなたは，何かプレゼントを買いましたか。
　　Did you（ ア bought　イ buy　ウ have ）any presents?
☐(2) 私はオムレツを食べました。
　　I（ ア eat　イ eating　ウ ate ）an omelet.

テストによく出る!

過去形の疑問文と
否定文

1 一般動詞の過去形の疑
問文はDid 〜?を使い，
否定文ではdidn'tを使
い，いずれも動詞は原
形になる。

☐(3) 私は何も食べませんでした。

I (ア didn't eat　イ didn't ate　ウ don't eat) any food.

☐(4) それは残念ですね。

That's too (ア better　イ poor　ウ bad).

2　日本語に合うように，＿＿＿に入る適切な語を書きなさい。

注目!

感嘆を表す表現

2(3)「なんて〜だろう。」という感嘆はHow＋形容詞で表現する。

☐(1) あなたは，あま酒を飲みましたか。

＿＿＿＿＿＿＿＿ you ＿＿＿＿＿＿＿＿ *amazake*?

☐(2) 私は夜遅くまで起きていませんでした。

I ＿＿＿＿＿＿＿ stay ＿＿＿＿＿＿＿ late.

☐(3) なんてかわいそうなんでしょう。

＿＿＿＿＿＿＿ ＿＿＿＿＿＿＿!

☐(4) ところで，メグはどこにいますか。

＿＿＿＿＿＿＿ ＿＿＿＿＿＿＿ ＿＿＿＿＿＿＿, where's Megu?

☐(5) それは残念です。

＿＿＿＿＿＿＿ ＿＿＿＿＿＿＿ ＿＿＿＿＿＿＿.

3　日本語に合うように，（　）内の語句を並べかえなさい。

⚠ミスに注意

3(4)「いくらかの，何か」は肯定文ではsome，疑問文や否定文ではanyを使うよ。

☐(1) あなたはカルタをしましたか。

(*karuta* / you / play / did)?

＿＿＿＿＿＿＿＿＿＿＿＿＿＿＿＿＿＿＿?

☐(2) 私はそれを知りませんでした。

(that / know / didn't / I).

＿＿＿＿＿＿＿＿＿＿＿＿＿＿＿＿＿＿＿.

☐(3) それは幸運のしるしです。

(sign / luck / a / of / it's).

＿＿＿＿＿＿＿＿＿＿＿＿＿＿＿＿＿＿＿.

☐(4) あなたは元日に何か伝統的な食べ物を食べましたか。

(any / New Year's / traditional food / you / did / eat / on) Day?

＿＿＿＿＿＿＿＿＿＿＿＿＿＿＿＿＿＿＿

＿＿＿＿＿＿＿ Day?

Unit7

ぴたトレ
1
要点チェック

Unit 7
New Year Holidays in Japan (Part 3)

時間 **15分**

解答 p.21

〈新出語・熟語 別冊p.13〉

教科書の重要ポイント | 感動を強調して伝える | 教科書 pp.110～111

What a big lantern! 〔なんて大きなちょうちんなんだろう。〕

▼ 驚きを伝える表現

What a big lantern! 〔なんて大きなちょうちんなんだろう。〕
名詞が続くときに使う

How interesting! 〔なんて面白いのだろう。〕
形容詞などが続くときに使う

▼ 疑問詞

What's your wish? 〔あなたの願いごとは何ですか。〕
「何か」をたずねる

How are you? 〔お元気ですか。〕
「どんな状態か」をたずねる

What, Howは驚きを表現する時にも使うよ。疑問文で使うときとは区別して理解しよう。

▼ 一般動詞の過去形の疑問文

Did you enjoy *hatsumode*? 〔あなたは初詣を楽しみましたか。〕
Doの過去形　　動詞の原形

\ナルホド!/

Words & Phrases 次の英語は日本語に, 日本語は英語にしなさい。

□(1) lucky （　　　　　　　　）　　□(5) ～を聞く _____

□(2) fever （　　　　　　　　）　　□(6) まだ, なお _____

□(3) lantern （　　　　　　　　）　　□(7) 願いごと, 願い, 望み _____

□(4) miss （　　　　　　　　）　　□(8) 早く, すぐ _____

1 日本語に合うように, ____に入る適切な語を書きなさい。

□(1) なんて素晴らしいのだろう。
_____ wonderful!

□(2) なんて大きな絵なんだろう。
_____ a big picture!

2 日本語に合うように，（　）内から適切なものを選び，記号を○で囲みなさい。

テストによく出る!

驚きの表現方法

2(3)「なんて〜なんだ。」と表現するときは，あとに続く言葉によって，WhatかHowのどちらか使い分ける。

□(1) お元気ですか。―それほど悪くはありません。

　　（ ア What　イ How　ウ Which ）are you?

　　― Not（ ア little　イ a lot　ウ so ）bad.

□(2) あなたはそばを食べましたか。

　　（ ア Do　イ Did　ウ How ）you eat *soba*?

□(3) なんて大きな家だろう。

　　（ ア How　イ What　ウ What's ）a big house!

⚠ミスに注意

2(3)(4)「なんて〜だろう。」と驚きを伝えるwhatと，「〜は何ですか」と疑問文で使うwhatの使い方に気をつけよう!

□(4) あなたの好きな食べ物は何ですか。

　　（ ア What's　イ Which　ウ What ）your favorite food?

□(5) 私たちは元日におみくじを試しました。

　　We（ ア try　イ didn't try　ウ tried ）*omikuji* on New Year's Day.

3 日本語に合うように，＿＿＿に入る適切な語を書きなさい。

□(1) なんて美しい花だろう。

　　＿＿＿＿＿＿＿＿ a ＿＿＿＿＿＿＿＿ flower!

□(2) 私はまだ熱がありました。

　　I ＿＿＿＿＿＿＿＿ ＿＿＿＿＿＿＿＿ a fever.

□(3) 早くよくなってくださいね。

　　＿＿＿＿＿＿＿＿ ＿＿＿＿＿＿＿＿ ＿＿＿＿＿＿＿＿.

□(4) それは残念だね。

　　＿＿＿＿＿＿＿＿ to ＿＿＿＿＿＿＿＿ that.

□(5) ついていますね。

　　＿＿＿＿＿＿＿＿ ＿＿＿＿＿＿＿＿!

4 日本語に合うように，（　）内の語句を並べかえなさい。

注目!

eve の意味

4(1)(2)大みそかは New Year's Eve，元日は New Year's Day。Eveはクリスマスイブというように，「(祝祭日の)前日」という意味がある。

□(1) 大みそかに，あなたがいなくて寂しく思いました。

　　(missed / on / Year's Eve / I / you / New).

　　＿＿＿＿＿＿＿＿＿＿＿＿＿＿＿＿＿＿＿＿＿＿＿＿.

□(2) あなたは元日に初日の出を見ましたか。

　　(sunrise / you / did / see / on / the) New Year's Day?

　　＿＿＿＿＿＿＿＿＿＿＿＿＿＿＿＿＿ New Year's Day?

□(3) どうやってそれをしたのですか。

　　(that / you / did / how / do)?

　　＿＿＿＿＿＿＿＿＿＿＿＿＿＿＿＿＿＿＿?

Unit 7

ぴたトレ
1
要点チェック

Unit 7
New Year Holidays in Japan (Part 4)

時間
15分

解答
p.21

〈新出語・熟語 別冊p.13〉

教科書の
重要ポイント | 過去の状態や感想などの表現 | 教科書 pp.112〜113

It is fun. 〔それは楽しいです。〕

It was fun. 〔それは楽しかったです。〕

The traditional buildings are beautiful. 〔その伝統的な建物は美しいです。〕

The traditional buildings were beautiful. 〔その伝統的な建物は美しかったです。〕

▼ wasとwere
be動詞を使って過去の状態や感想などを言うときは，
amとisはwasに，areはwereに形を変える。

▼ be動詞の過去形の否定文
I wasn't[was not] good yesterday.
〔私は昨日元気ではありませんでした。〕

▼ be動詞の過去形の疑問文の作り方と答え方
Was it interesting? 〔それは面白かったですか。〕
— Yes, it was. / No, it wasn't[was not].
〔はい，面白かったです。／いいえ，面白くありませんでした。〕

was notの短縮形は
wasn't, were notの
短縮形は weren'tだ
よ。

ナルホド!

Words & Phrases 次の英語は日本語に，日本語は英語にしなさい。

☐(1) love （　　　　　　　） ☐(5) 興奮させる ＿＿＿＿＿＿＿＿

☐(2) atmosphere （　　　　　　　） ☐(6) きのう(は) ＿＿＿＿＿＿＿＿

☐(3) delicious （　　　　　　　） ☐(7) 建物，建築物 ＿＿＿＿＿＿＿＿

☐(4) amazing （　　　　　　　） ☐(8) 〜を望む，願う ＿＿＿＿＿＿＿＿

1 日本語に合うように，＿＿に入る適切な語を書きなさい。

☐(1) 私は姉と一緒にパンケーキを焼きました。
　　I baked pancakes ＿＿＿＿＿＿＿ my sister.

☐(2) それはとても美味しかったです。
　　They ＿＿＿＿＿＿＿ delicious.

2 日本語に合うように，（　）内から適切なものを選び，記号を〇で囲みなさい。

テストによく出る!
動詞の過去形
2 be動詞の過去形は主語によって変化し，wasとwereの２通りしかない。

☐(1) その花は美しかったです。

The flower (ア is　イ was　ウ were) beautiful.

☐(2) 私は水族館に行きました。それは面白かったです。

I went to an aquarium. It (ア was　イ am　ウ is) fun.

☐(3) その山々はとても高かったです。

The mountains (ア are　イ was　ウ were) very high.

3 日本語に合うように，＿＿＿に入る適切な語を書きなさい。

注目!
状態を表す形容詞
3(4)interesting, delicious, beautiful などの形容詞はよくbe動詞と一緒に使われる。

☐(1) 私はきのうテレビで野球の試合を見ました。

I ＿＿＿＿＿＿ a baseball game on TV yesterday.

☐(2) それは面白くて興奮させるものでした。

It ＿＿＿＿＿＿ fun and ＿＿＿＿＿＿.

☐(3) 私は母と一緒にパンケーキを作りました。

I ＿＿＿＿＿ pancakes ＿＿＿＿＿ my ＿＿＿＿＿.

☐(4) それらはとてもおいしかったです。

They ＿＿＿＿＿ ＿＿＿＿＿.

☐(5) あなたはきのうそこにいましたか。—いいえ，いませんでした。

＿＿＿＿＿ you there ＿＿＿＿＿?

— No, ＿＿＿＿＿ ＿＿＿＿＿.

⚠ミスに注意
3(5)youに使うbe動詞とIに使うbe動詞はそれぞれ違うから注意しよう！

4 日本語に合うように，（　）内の語句を並べかえなさい。

☐(1) あなたがここに来られるといいなと思います。

(can / you / here / hope / come / I).

＿＿＿＿＿＿＿＿＿＿＿＿＿＿＿＿＿＿.

☐(2) そのオムレツとサラダはとてもおいしかったです。

(delicious / were / and / the salad / the / omelet).

＿＿＿＿＿＿＿＿＿＿＿＿＿＿＿＿＿＿.

☐(3) そこでは，数人の人たちが着物を身につけていました。

(people / in / some / were / kimonos) there.

＿＿＿＿＿＿＿＿＿＿＿＿＿＿＿＿ there.

☐(4) その伝統的な絵画は美しくて見事でした。

(traditional / was / picture / and / amazing / the / beautiful).

＿＿＿＿＿＿＿＿＿＿＿＿＿＿＿＿＿＿.

Unit 7
New Year Holidays in Japan (Goal)

教科書の重要ポイント	冬休みの楽しい出来事を伝える表現	教科書 pp.114〜115

▼ 手紙の書き出しに使う表現

Dear Ms. Brown, 〔親愛なるブラウン先生〕

To Tina, 〔ティナへ〕

▼ 初めの挨拶

How are you? 〔お元気ですか。〕

▼ 自分がしたことを伝える表現

I went to Nagano with my parents. 〔私は両親と長野へ行きました。〕

▼ 相手に質問する表現

How was your winter vacation? 〔あなたの冬休みはどうでしたか。〕

look forward to の後ろには名詞や「〜すること」という意味の動詞の-ing形をおこう。

▼ 結びの挨拶

Best wishes, 〔幸運を祈る〕 / Best regards, 〔最上の敬意を込めて〕

Take care, 〔じゃあ, また〕 / Sincerely, 〔真心を込めて〕

Yours, 〔草々・敬具〕 / Your friend, 〔あなたの友〕

Cheers, 〔さようなら〕 / Love, 〔愛を込めて〕

▼ 「〜を楽しみに待つ」という表現

I look forward to the next class. 〔次の授業を楽しみに待っています。〕

ナルホド!

Words & Phrases 次の英語は日本語に, 日本語は英語にしなさい。

□(1) postcard （　　　　　　　　　　）

□(2) deer （　　　　　　　　　　）

□(3) care （　　　　　　　　　　）

□(4) lesson （　　　　　　　　　　）

□(5) 雪 ＿＿＿＿＿＿＿＿＿＿

□(6) 〜を楽しみにして待つ ＿＿＿＿＿＿＿＿＿＿

□(7) 木, 森, 林 ＿＿＿＿＿＿＿＿＿＿

□(8) takeの過去形 ＿＿＿＿＿＿＿＿＿＿

1 日本語に合うように，（　）内から適切なものを選び，記号を〇で囲みなさい。

テストによく出る!
動詞の過去形
1(1)(2)動詞の語尾で過去形の作り方を決める。不規則に変化するものもある。

☐(1) 私は奈良にいる伯母を訪ねました。

I（ア went　イ visit　ウ visited）my aunt in Nara.

☐(2) 私は公園で何匹かのシカを見ました。

I（ア see　イ saw　ウ have）some deer in the park.

☐(3) それらはとても美しかったです。

They（ア are　イ was　ウ were）so beautiful.

2 日本語に合うように，＿＿＿に入る適切な語を書きなさい。

注目!
意味の違い
2(3)(4)「楽しむ」と「楽しみにしている」はそれぞれ違う表現を使う。

☐(1) 私はきのう，すてきな写真を撮りました。

I ＿＿＿＿＿＿＿＿ a nice picture yesterday.

☐(2) あなたの冬休みはいかがでしたか。

＿＿＿＿＿＿＿＿ ＿＿＿＿＿＿＿＿ your winter vacation?

☐(3) 私はお正月休みを楽しみました。

I ＿＿＿＿＿＿＿＿ New Year's holidays.

☐(4) 私はあなたに会うことを楽しみにしています。

I look ＿＿＿＿＿＿＿＿ ＿＿＿＿＿＿＿＿ seeing you.

☐(5) そこでは雪がたくさん降りました。

We had ＿＿＿＿＿＿＿＿ ＿＿＿＿＿＿＿＿ ＿＿＿＿＿＿＿＿ snow there.

☐(6) あなたはそこできのう何をしましたか。—私は野球をしました。

What ＿＿＿＿＿＿＿＿ you ＿＿＿＿＿＿＿＿ there ＿＿＿＿＿＿＿＿?

— I ＿＿＿＿＿＿＿＿ ＿＿＿＿＿＿＿＿.

3 日本語に合うように，（　）内の語句を並べかえなさい。

⚠ミスに注意
3(3)「〜したい」は〈want to＋動詞の原形〉，「物を人に見せる」は〈show＋物＋to＋人〉の語順にするよ!

☐(1) あなたは冬休みの間，何をしましたか。

(you / do / winter / during / did / what / the) vacation?

＿＿＿＿＿＿＿＿＿＿＿＿＿＿＿＿＿＿＿ vacation?

☐(2) 私はきのう，千葉にいる祖父母を訪ねました。

I (grandparents / Chiba / in / visited / my) yesterday.

I ＿＿＿＿＿＿＿＿＿＿＿＿＿＿＿＿＿＿＿ yesterday.

☐(3) 私はその写真をあなたに見せたいです。

(the picture / show / to / I / you / want / to).

＿＿＿＿＿＿＿＿＿＿＿＿＿＿＿＿＿＿＿.

☐(4) 私はあなたの理科の授業を楽しみました。

(science / enjoyed / lessons / your / I).

＿＿＿＿＿＿＿＿＿＿＿＿＿＿＿＿＿＿＿.

Unit 7

教科書の重要ポイント **動詞の過去形** 教科書 p.116

① 一般動詞の過去形

肯定文 I watched TV yesterday. 〔私は昨日テレビを見ました。〕

疑問文 Did you watch TV this morning? 〔あなたは今朝テレビを見ましたか。〕
　　　Doの過去形　動詞の原形

　　　— Yes, I did. / No, I did not. 〔はい，見ました。／いいえ，見ていません。〕
　　　　　　　doの過去形

否定文 I did not watch TV this morning. 〔私は今朝テレビを見ませんでした。〕
　　　did notの後は動詞の原形

▼ 不規則動詞の過去形

　buy → bought, do → did, eat → ate, go → went, have → had, see → saw

▼ 規則動詞の過去形と発音

　[d]と発音するもの：clean → cleaned, live → lived, study → studied

　[t]と発音するもの：talk → talked, like → liked

　[id]と発音するもの：want → wanted

▼ 短縮形：did not → didn't

> edで終わるものは[d]で発音するものが多いよ。動詞の最後の音によって発音が変わってくるんだ。発音してコツをつかんでいこう。

② be動詞の過去形

肯定文 I was tired yesterday. 〔私はきのう疲れていました。〕
　　　amの過去形

疑問文 Were you tired this morning? 〔あなたは今朝，疲れていましたか。〕
　　　areの過去形

　　　— Yes, I was. / No, I was not.

　〔はい，疲れていました。／いいえ，疲れていませんでした。〕

否定文 I was not tired this morning. 〔私は今朝，疲れませんでした。〕

▼ be動詞の過去形の変化

　am, is → was

　are → were

▼ 短縮形：was not → wasn't

　　　　　were not → weren't

ナルホド!

1 日本語に合うように，（　）内から適切なものを選び，記号を○で囲みなさい。

テストによく出る!

過去形の疑問文と
否定文

1(2)(3)一般動詞の過去形
の疑問文と否定文は，
動詞を原形にする。

☐(1) 私はきのう，寺に行きました。

I（ ア go　イ went　ウ going ）to a temple yesterday.

☐(2) あなたは，何かクリスマスプレゼントを買いましたか。

—はい，買いました。私はセーターを買いました。

Did you（ ア buy　イ bought　ウ have ）any presents for Christmas?

— Yes, I did. I（ ア bought　イ buy　ウ have ）a sweater.

☐(3) 彼は何も食べませんでした。

He（ ア didn't eat　イ doesn't eat　ウ don't eat ）any food.

2 日本語に合うように，＿＿＿に入る適切な語を書きなさい。

注目!

anyの使い方

2(3)anyは「いくつかの」
という意味なので，any
の後ろの可算名詞は複
数形にする。

☐(1) 私はきのう姉と一緒にテレビを見ました。

I ＿＿＿＿＿＿ TV ＿＿＿＿＿＿ my sister ＿＿＿＿＿＿.

☐(2) その山はとても美しかったです。

The mountain ＿＿＿＿＿＿ very ＿＿＿＿＿＿.

☐(3) あなたは何か英語の本を読みましたか。—はい，読みました。

＿＿＿＿＿＿ you ＿＿＿＿＿＿ any English books?

— Yes, ＿＿＿＿＿＿ ＿＿＿＿＿＿.

☐(4) 私は今朝オムレツを作りました。

I ＿＿＿＿＿＿ an omelet ＿＿＿＿＿＿ ＿＿＿＿＿＿.

3 日本語に合うように，（　）内の語句を並べかえなさい。

⚠ミスに注意

3(2)「～は…でした。」と状
態などを表す場合は，
be動詞の過去形を使う
よ！

☐(1) 私は大みそかに家にいました。

(Year's Eve / stayed / I / home / New / on).

＿＿＿＿＿＿＿＿＿＿＿＿＿＿＿＿＿＿＿＿＿.

☐(2) パンケーキと紅茶はおいしかったです。

(delicious / and / the / pancakes / were / the tea).

＿＿＿＿＿＿＿＿＿＿＿＿＿＿＿＿＿＿＿＿＿.

☐(3) 私は兄と一緒に買い物に行きました。

(shopping / with / I / my / went / brother).

＿＿＿＿＿＿＿＿＿＿＿＿＿＿＿＿＿＿＿＿＿.

☐(4) そのサッカーの試合はとても興奮させるものでした。

(game / the / soccer / was / exciting / very).

＿＿＿＿＿＿＿＿＿＿＿＿＿＿＿＿＿＿＿＿＿.

Active Grammar 5

ぴたトレ
1
要点チェック

Daily Life 4

時間 **15分**

解答 p.22

〈新出語・熟語 別冊p.14〉

教科書の
重要ポイント | ウェブサイトを読み取る | 教科書 p.117

▼ タイトル・見出し

見出しには，その後に続く文章の内容が簡潔に示される。

<u>B</u>irthday <u>P</u>arty <u>I</u>deas for your friends 〔あなたの友人たちのための誕生日パーティーのアイディア〕

<u>S</u>urprise <u>I</u>deas 〔驚くべきアイディア〕

<u>P</u>arty <u>I</u>tem <u>I</u>deas 〔パーティーの品物のアイディア〕

For a <u>S</u>uccessful <u>P</u>arty 〔パーティーを成功させるために〕

重要な箇所は一文字目を大文字にして強調する

見出しを読むと，
文章の内容がす
ぐにわかるね。

▼ 「～の」を表す表現

You need a lot of balloons and your <u>friends'</u> photos.

〔たくさんの風船と友人たちの写真が必要です。〕 friendsに'sがついている

Make the number of your <u>friend's</u> age with the envelopes.

friendに'sがついている

〔友だちの年齢の数字を封筒で作ってください。〕

ナルホド!

Words & Phrases 次の英語は日本語に，日本語は英語にしなさい。

☐(1) each （　　　　　　　　　）

☐(2) message （　　　　　　　　　）

☐(3) successful （　　　　　　　　）

☐(4) number （　　　　　　　　　）

☐(5) 写真 ＿＿＿＿＿＿＿＿

☐(6) 全てのこと[もの] ＿＿＿＿＿＿

☐(7) あなた自身 ＿＿＿＿＿＿＿

☐(8) ～をつなぐ ＿＿＿＿＿＿＿

1 日本語に合うように，（　）内から適切なものを選び，記号を○で囲みなさい。

☐(1) 私は誕生日ケーキを買いました。

I (ア buy　イ bought　ウ surprise) a birthday cake.

☐(2) あなたにはパーティー用の帽子がいくつか必要です。

You need some party (ア hat　イ cap　ウ hats).

☐(3) 自力で宿題をしなさい。

Do your homework by (ア yourself　イ yours　ウ your).

テストによく出る!

～selfの意味

1(3)「self」には「～自身
で」という意味がある。
myself「私自身で」,
himself「彼自身で」など
がある。

2 日本語に合うように，＿＿に入る適切な語を書きなさい。

□(1) あなたにはたくさんのあなたの友人の写真と封筒が必要です。

You ＿＿＿＿＿＿＿ a ＿＿＿＿＿＿＿ of your friends' photos and envelopes.

□(2) あなたの姉妹の年齢の数字をその紙で作ってください。

Make the ＿＿＿＿＿＿＿ of your sister's ＿＿＿＿＿＿＿ with the paper.

□(3) 友人から助けを得てください。

＿＿＿＿＿＿＿ ＿＿＿＿＿＿＿ from your friends.

□(4) あなたは封筒の中にチョコレートも入れることができますよ。

You can ＿＿＿＿＿＿＿ chocolates ＿＿＿＿＿＿＿ the envelopes, too.

□(5) 自力でその本を読みなさい。

＿＿＿＿＿＿＿ the book ＿＿＿＿＿＿＿ ＿＿＿＿＿＿＿.

□(6) そのパーティーは成功しました。

The party ＿＿＿＿＿＿＿ ＿＿＿＿＿＿＿.

注目！

2(1)photoはoで終わる語だが，複数形はphotosとなる。これは，photoはphotographの略だからである。

3 日本語に合うように，（ ）内の語句を並べかえなさい。

□(1) その絵をゴム風船につないでください。

(pictures / the / the balloons / tie / to).

＿＿＿＿＿＿＿＿＿＿＿＿＿＿＿＿＿＿＿.

□(2) あなたはそれぞれの手紙にメッセージを書くことができます。

You (message / a / write / each / letter / can / on).

You ＿＿＿＿＿＿＿＿＿＿＿＿＿＿＿＿＿.

□(3) 彼にはたくさんの写真と封筒が必要です。

(lot / envelopes / a / of / and / photos / he / needs).

＿＿＿＿＿＿＿＿＿＿＿＿＿＿＿＿＿＿＿.

□(4) 自力でそれを書かないでください。

(it / write / yourself / don't / by).

＿＿＿＿＿＿＿＿＿＿＿＿＿＿＿＿＿＿＿.

□(5) その本を私のかばんに入れてもらえますか。

(my / the book / can / in / put / you / bag)?

＿＿＿＿＿＿＿＿＿＿＿＿＿＿＿＿＿＿＿?

□(6) チーズを使ってケーキを作りましょう。

(make / cheese / a cake / let's / with).

＿＿＿＿＿＿＿＿＿＿＿＿＿＿＿＿＿＿＿.

⚠️ ミスに注意

3(5)「～を…に入れる」は「put ～ in ...」なので，語順に注意しよう！

❶ 正しいものを4つの選択肢の中から選びなさい。

動詞や助動詞の形に気を付けながら，答えよう。

☐(1) I (　　　) to the temple yesterday.

　　ア go　　イ went　　ウ had　　エ going

☐(2) I (　　　) TV with my parents on New Year's Eve.

　　ア watch　　イ watching　　ウ watched　　エ did

☐(3) Did you (　　) any Japanese food?

　　ア ate　　イ eating　　ウ eat　　エ eats

❷ 日本語に合うように，＿＿＿に入る適切な語を書きなさい。

☐(1) 私はきのう，本とかばんを買いました。

　　I ＿＿＿＿＿＿ a book and a bag ＿＿＿＿＿＿.

☐(2) 彼はクリスマスにパーティーをしました。

　　He ＿＿＿＿＿＿ a ＿＿＿＿＿＿ on Christmas.

☐(3) あなたはそこで美しい花を見ましたか。

　　＿＿＿＿＿＿ you ＿＿＿＿＿＿ any beautiful ＿＿＿＿＿＿ there?

☐(4) その伝統的な絵画はとてもすてきでした。

　　The ＿＿＿＿＿＿ picture ＿＿＿＿＿＿ very nice.

❸ 日本語に合うように，（　）内の語句を並べかえなさい。

☐(1) 私はきのう，京都にいる叔父を訪ねました。

　　I (in / uncle / visited / my / Kyoto) yesterday.

　　I ＿＿＿＿＿＿＿＿＿＿＿＿＿＿＿＿＿ yesterday.

☐(2) その野球の試合はとても興奮させるものでした。

　　(was / game / the / baseball / exciting / very).

　　＿＿＿＿＿＿＿＿＿＿＿＿＿＿＿＿＿.

☐(3) 一人でそれをつながないでください。

　　(by / it / tie / yourself / don't).

　　＿＿＿＿＿＿＿＿＿＿＿＿＿＿＿＿＿.

☐(4) あなたは，彼のために何かプレゼントを買いましたか。

　　Did (presents / him / any / for / you / buy)?

　　Did ＿＿＿＿＿＿＿＿＿＿＿＿＿＿＿＿＿?

ヒント　❷ (3)anyは「いくつかの，何か」という意味。anyの後ろは名詞の複数形にする。
　　　　❸ (3)「一人で，自力で」はby yourselfで表現する。

4 書く✎ 次の日本語を( )内の指示にしたがって英語で書きなさい。

☐(1) なんて面白いんでしょう。(2語)

_____

☐(2) なんて高い建物だろう。(4語)

_____

☐(3) 彼はきのう買い物に行きました。(4語)

_____

☐(4) 私は姉と一緒にテレビを見ました。(6語)

_____

5 読む📖 次のティナが書いた手紙を読んで，あとの問いに答えなさい。

How are you? ①I hope you are fine.
②( )( ) Christmas and the New Year?
I went to a famous temple in Asakusa with my friends. It was fun.

☐(1) 下線部①の英語を日本語にしなさい。
(　　　　　　　　　　　　　　　　　　　　　　　　　　　　)

☐(2) 下線部②が「クリスマスと新年はどうでしたか。」という意味になるように，( )に入る適切な語を2語で書きなさい。　_____ _____

☐(3) ティナは誰と，どこに行きましたか。( )に入る適切な日本語を書きなさい。
(　　　　　　)と(　　　　　　　)にある(　　　　　　　)に行った

6 話す🗣 次の文を声に出して読み，問題に答え，答えを声に出して読んでみましょう。 [アプリ]

Sora : Did you visit the 21st Century Museum?

Emily : No, we didn't. We didn't have much time. But we enjoyed shopping at Kanazawa Station. It's a beautiful station.

Sora : I want to go to Kanazawa.

(注)century 世紀

☐(1) Did Emily visit the 21st Century Museum?

— _____

☐(2) Where is the 21st Century Museum?

— _____

☐(3) Did Emily have much time?

— _____

❶ 下線部の発音が同じものには○を，そうでないものには×を，解答欄に書きなさい。 6点

(1) <u>a</u>te
　　 m<u>a</u>de

(2) l<u>u</u>ck
　　 b<u>u</u>y

(3) <u>a</u>ny
　　 w<u>a</u>y

❷ 最も強く発音する部分の記号を解答欄に書きなさい。 6点

(1) pres - ent
　　 ア　　イ

(2) yes - ter - day
　　 ア　　イ　　ウ

(3) at - mos - phere
　　 ア　　イ　　ウ

❸ 日本語に合うように，＿＿に入る適切な語を書きなさい。 20点

(1) 彼女は今朝，部屋を掃除しました。

She ＿＿＿ her room＿＿＿ ＿＿＿.

(2) あなたはきのう，将棋をしましたか。―いいえ，しませんでした。

＿＿＿ you ＿＿＿ *shogi* ＿＿＿?

— No, I didn't.

(3) 私は元日に，あなたがいなくて寂しく思いました。

I ＿＿＿ ＿＿＿ ＿＿＿ New Year's day.

(4) 私は父と一緒にテレビでサッカーの試合を見ました。

I ＿＿＿ a soccer game ＿＿＿ ＿＿＿ ＿＿＿ my father.

❹ （　）内の指示にしたがって，英文を書きかえなさい。 16点

(1) I went to school this morning. （疑問文に）

(2) I buy a sweater at the shop. （「きのう」という言葉を加えて）

(3) He ate some Japanese food. （否定文に書きかえる）

(4) The flower was beautiful. （疑問文にして，Noで答える）

❺ 次の会話文を読んで，あとの問いに答えなさい。 28点

Mary : Happy New Year!

Emi : Happy New Year, Mary!

Mary : That's cute. What is it?

Emi : It's an *omamori*, ①<u>a good luck charm.</u> ②<u>I (　　) it (　　) a temple.</u>

Mary : I see. ③<u>I (　　) (　　) (　　) a temple (　　) New Year's Eve.</u>

I rang a big bell.

Emi : Changmin, ④<u>(　　) (　　) (　　)?</u>

成績評価の観点　知…言語や文化についての知識・技能　表…外国語表現の能力

Changmin : I didn't do much. ⑤I (watched / home / with / TV / my family / stayed / and).

(1) 下線部①の英語の日本語訳を書きなさい。

(2) 下線部②が「私はそれを寺で買いました。」という意味になるように，（ ）に入る適切な語を書きなさい。

(3) 下線部③が「私も，大みそかに寺に行きました。」という意味になるように，（ ）に入る適切な語を書きなさい。

(4) 下線部④が「あなたはいかがでしたか」という意味になるように，（ ）に入る適切な語を書きなさい。

(5) 下線部⑤が「私は家にいて家族と一緒にテレビを見ました。」という意味になるように，（ ）内の語を正しく並べかえなさい。

点UP ❻ 書く✎ **次のようなとき英語で何と言うか，（ ）内の指示にしたがって書きなさい。符号は語数に含まれない。**表 24点

(1) 自分は母親と夕食にオムレツを作った，と伝えるとき。（withを使って）（8語）

(2) 相手に，何かプレゼントを買いましたか，とたずねるとき。（5語）

(3) その建物は高かった，と伝えるとき。（複数の建物）（4語）

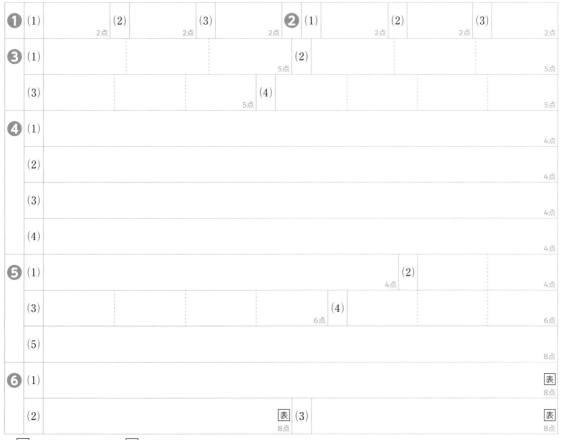

▶ 表 の印がない問題は全て 知 の観点です。

ぴたトレ
1
要点チェック

Unit 8
Getting Ready for the Party (Part 1)

時間 **15**分

解答 p.25

〈新出語・熟語 別冊p.14〉

教科書の重要ポイント　**している最中のことを表す表現**　教科書 pp.118～121

I bake a cake on Sundays. 〔私は毎週日曜日に，ケーキを焼きます。〕

I'm baking a cake now. 〔私は今ケーキを焼いているところです。〕

▼ 現在進行形

「～しています，～しているところです」とちょうどしている最中のことを言うときは，動詞を〈be動詞＋動詞の-ing形〉で使う。be動詞は主語によって使い分ける。

現在形 **I bake a cake on Sundays.** 〔私は毎週日曜日にケーキを焼きます。〕
曜日に「-s」が付くと毎週の習慣を表す意味になる

〔私は毎週日曜日，ケーキを焼きます。〕

現在進行形 **I'm baking a cake now.**
be動詞＋動詞の-ing形で現在進行形になる

〔私は今ケーキを焼いているところです。〕

be動詞＋動詞の-ing形なら現在進行形，一般動詞＋動詞の-ing形なら動名詞と判断しよう。

▼ 動名詞との違い

I like baking cake. 〔私はケーキを焼くことが好きです。〕
一般動詞＋動詞の-ing形

ナルホド!

Words & Phrases　次の英語は日本語に，日本語は英語にしなさい。

☐(1) window （　　　　　　　　　）　　☐(5) 台所　_____

☐(2) right （　　　　　　　　　）　　☐(6) アルバム　_____

☐(3) o'clock （　　　　　　　　　）　　☐(7) 後で　_____

☐(4) wear （　　　　　　　　　）　　☐(8) アイスクリーム　_____

1 次の動詞の-ing形を書きなさい。

☐(1) cook → _____　　☐(4) bake → _____

☐(2) make → _____　　☐(5) dance → _____

☐(3) set → _____　　☐(6) help → _____

2 日本語に合うように，（ ）内から適切なものを選び，記号を〇で囲みなさい。

テストによく出る！
現在進行形
2 be動詞＋動詞の-ing形で「しているところです。」と表現する。be動詞や，-ing形の作り方に注意する。

□(1) 私はパンケーキを焼いているところです。

I'm（ ア baked　イ bake　ウ baking ）a pancake.

□(2) 彼はサッカーをしているところです。

He's（ ア play　イ playing　ウ plays ）soccer.

□(3) 私は宿題をしているところです。

I'm（ ア doing　イ playing　ウ did ）my homework.

□(4) 私たちはフォトアルバムを作っているところです。

（ ア We make　イ We making　ウ We're making ）a photo album.

3 日本語に合うように，＿＿＿に入る適切な語を書きなさい。

注目！
seeとmeet
3(2)同じ「〜に会う」という意味でも，ここではmeetは使わない。

□(1) 私の家に2時に来てください。

＿＿＿＿＿＿＿＿ to my house at ＿＿＿＿＿＿＿ ＿＿＿＿＿＿＿.

□(2) また後で会いましょう。

＿＿＿＿＿＿＿＿ you ＿＿＿＿＿＿＿.

□(3) メグは音楽室で歌っているところです。

Meg ＿＿＿＿＿＿＿ ＿＿＿＿＿＿＿ in the music room.

□(4) すべては順調ですか。

＿＿＿＿＿＿＿ ＿＿＿＿＿＿＿?

□(5) 私は今料理をしているところです。あなたはいかがですか。

I'm ＿＿＿＿＿＿＿ ＿＿＿＿＿＿＿.

＿＿＿＿＿＿＿ ＿＿＿＿＿＿＿ you?

4 日本語に合うように，（ ）内の語句を並べかえなさい。

⚠ミスに注意
out of 〜
4(4)「〜の外」はout of 〜で表現する。〜にはwindowやdoorなどの単語がくるよ。

□(1) サトルは体育館でバスケットボールをしているところです。

Satoru（ in / basketball / is / playing / the ）gym.

Satoru ＿＿＿＿＿＿＿＿＿＿＿＿＿＿＿＿＿＿ gym.

□(2) 彼女は，美術室で絵を描いているところです。

She's（ room / drawing / art / in / a picture / the ）.

She's ＿＿＿＿＿＿＿＿＿＿＿＿＿＿＿＿＿＿.

□(3) 私は自分の部屋でアイスクリームを食べているところです。

（ in / eating / room / my / ice cream / I'm ）.

＿＿＿＿＿＿＿＿＿＿＿＿＿＿＿＿＿＿.

□(4) 彼は窓の外を見ているところです。

（ out / is / the window / of / looking / he ）.

＿＿＿＿＿＿＿＿＿＿＿＿＿＿＿＿＿＿.

Unit 8

115

ぴたトレ
1
要点チェック

Unit 8
Getting Ready for the Party (Part 2)

時間 **15**分

解答 p.25

〈新出語・熟語 別冊p.14〉

教科書の 重要ポイント	**現在進行形（疑問文）**	教科書 pp.122～123

Are you baking a cake? 〔あなたはケーキを焼いているところですか。〕

— Yes, I am. / No, I'm not. 〔はい，そうです。／いいえ，違います。〕

What are you doing? 〔あなたたちは何をしているところですか。〕

— We are decorating the cake now. 〔私たちは今ケーキを飾り付けているところです。〕

▼ 現在進行形（疑問文）

現在進行形の疑問文では，be動詞を主語の前に置く。疑問詞を使う場合は文の先頭に置く。

Are you baking a cake? 〔あなたはケーキを焼いているところですか。〕
be動詞は主語の前 └eで終わる動詞に-ingが付くときは「e」をとる

— Yes, I am. / No, I'm not. 〔はい，そうです。／いいえ，違います。〕
I amの短縮形＋not

What are you doing? 〔あなたたちは何をしているところですか。〕
疑問詞は文の先頭

— We are decorating the cake now.
decorateに-ingが付くときは「e」をとる
〔私たちは今ケーキを飾りつけているところです。〕

> 現在進行形の疑問文は be動詞を使った疑問文なので，答えるときも be動詞を使って答えよう。

ナルホド!

Words & Phrases 次の英語は日本語に，日本語は英語にしなさい。

☐(1) far （   ）

☐(2) message （   ）

☐(3) put up ～ （   ）

☐(4) 今(では)，現在(では) ＿＿＿＿＿＿＿

☐(5) ～を飾る，装飾する ＿＿＿＿＿＿＿

☐(6) 心配する ＿＿＿＿＿＿＿

---

1 次の動詞の -ing形を書きなさい。

☐(1) talk → ＿＿＿＿＿＿＿

☐(2) decorate → ＿＿＿＿＿＿＿

☐(3) choose → ＿＿＿＿＿＿＿

☐(4) look → ＿＿＿＿＿＿＿

☐(5) show → ＿＿＿＿＿＿＿

☐(6) write → ＿＿＿＿＿＿＿

2 日本語に合うように，（　）内から適切なものを選び，記号を〇で囲みなさい。

テストによく出る!
現在進行形の疑問文
2 現在進行形の疑問文では，be動詞は主語の前。疑問詞は文の先頭に置く。

□(1) あなたは今，調理中ですか。―いいえ，私は違います。

Are you（ ア cook　イ cooking　ウ cooked ）now?

— No,（ ア I am　イ I didn't　ウ I'm not ）.

□(2) あなたは今，何をしているところですか。

What are you（ ア doing　イ playing　ウ do ）now?

□(3) 私は絵を描いているところです。

I'm（ ア drawing　イ draw　ウ writing ）a picture.

□(4) 彼は囲碁をしているところです。

He's（ ア played　イ play　ウ playing ）*igo*.

3 日本語に合うように，＿＿に入る適切な語を書きなさい。

⚠️ミスに注意
3(3)He isかHe'sのどちらを使うか，語数で判断しよう。

□(1) あなたは宿題をしているところですか。

＿＿＿＿＿＿＿ you ＿＿＿＿＿＿＿ your homework?

□(2) あなたたちは何をしているところですか。

―私たちは楽器を演奏しているところです。

What ＿＿＿＿＿＿＿ you ＿＿＿＿＿＿＿?

— ＿＿＿＿＿＿＿ ＿＿＿＿＿＿＿ instruments.

□(3) 彼は彼の兄と買い物に行っているところです。

＿＿＿＿＿＿＿ ＿＿＿＿＿＿＿ ＿＿＿＿＿＿＿ with his brother.

□(4) 今のところ順調です。

＿＿＿＿＿＿＿ ＿＿＿＿＿＿＿, so good.

4 日本語に合うように，（　）内の語句を並べかえなさい。

注目!
put up ～
4(2)「～を取り付ける」は「put up ～」で表現する。～にはdecorationなどの単語がくる。

□(1) あなたは音楽を聞いているところですか。―いいえ，違います。

(music / you / listening / are / to)? — (not / no, / I'm).

＿＿＿＿＿＿＿＿＿＿＿＿＿＿＿＿? — ＿＿＿＿＿＿＿.

□(2) 絵を取り付けよう。

(pictures / up / the / put / let's).

＿＿＿＿＿＿＿＿＿＿＿＿＿＿＿＿＿＿.

□(3) あなたたちは何をしているところですか。

―私たちは飾りつけるところです。

(you / what / doing / are)?

— We (decorating / room / the / are).

＿＿＿＿＿＿＿＿＿＿＿＿＿＿＿＿＿＿?

— We ＿＿＿＿＿＿＿＿＿＿＿＿＿＿＿＿.

Unit 8

ぴたトレ
1
要点チェック

**Unit 8
Getting Ready for the Party (Part 3)**

時間 **15分**
解答 p.25

〈新出語・熟語 別冊p.14〉

| 教科書の重要ポイント | どう見えるか言う | 教科書 pp.124〜125 |

It is wonderful. 〔それはすばらしいです。〕

It looks <u>wonderful</u>. 〔それはすばらしく見えます。〕

Kota looks <u>funny</u>. 〔コウタはおかしく見えます。〕

▼ look＋形容詞

この形で使われるときのlookは，be動詞(is)のように，前後の語句をつなぐ働きをする。
主語が「見る」のではなく，主語が「〜に見える」という意味になる。

It is <u>wonderful</u>. 〔それはすばらしいです。〕
すばらしい

It <u>looks</u> <u>wonderful</u>. 〔それはすばらしく見えます。〕
〜に見える　　 └ すばらしく

Kota looks <u>funny</u>. 〔コウタはおかしく見えます。〕
おかしく, 面白く

> I look at 〜は「私は〜を見る」だが，I以外が主語になり，look＋形容詞の形をとると，「(主語)は〜に見える」という意味になる。

▼ 基本的に複数形で使う名詞

2つの物が合わさって1組のものになる名詞は，複数形で使う。
glasses(眼鏡)，shoes(くつ)，pants(ズボン)，scissors(ハサミ)など

ナルホド!

Words & Phrases 次の英語は日本語に，日本語は英語にしなさい。

☐(1) inside （　　　　　　　　） 　☐(4) カップ _____

☐(2) glasses （　　　　　　　　） 　☐(5) シャツ _____

☐(3) think （　　　　　　　　） 　☐(6) すばらしい _____

1 日本語に合うように，____に入る適切な語を書きなさい。

☐(1) メアリーは彼女のお母さんに話しませんでした。

　Mary _____ _____ her mother.

☐(2) それは美しくて，すばらしく見えます。

　It _____ _____ and _____.

2 日本語に合うように，（　）内から適切なものを選び，記号を○で囲みなさい。

テストによく出る!
look＋形容詞
2 look＋形容詞で「～に見える」という意味を表す。delicious, cute, beautifulなど様々な形容詞をおさえておく。

☐(1) あの山は高く見えます。

That mountain （ ア look　イ looking　ウ looks ） high.

☐(2) その花は美しく見えます。

The flower （ ア looks　イ looked　ウ look ） beautiful.

☐(3) 中身は何ですか。

What's （ ア in　イ of　ウ inside ）?

☐(4) 彼は勇敢そうに見えます。

He （ ア looked　イ looks　ウ look ） brave.

3 日本語に合うように，＿＿＿に入る適切な語を書きなさい。

☐(1) 彼女はとても幸せそうに見えました。

She ＿＿＿＿＿＿ ＿＿＿＿＿＿ ＿＿＿＿＿＿.

☐(2) 彼は全く知りませんでした。

He ＿＿＿＿＿＿ ＿＿＿＿＿＿ ＿＿＿＿＿＿.

☐(3) あなたは，それについてどう思いますか。

＿＿＿＿＿＿ do ＿＿＿＿＿＿ ＿＿＿＿＿＿ about it?

☐(4) そのプレゼントは彼女のアイディアでした。

The present ＿＿＿＿＿＿ ＿＿＿＿＿＿ ＿＿＿＿＿＿.

4 日本語に合うように，（　）内の語句を並べかえなさい。

⚠ミスに注意
4(1)「ここに～への…があります」は，「Here's … for ～」で表現するよ。このHere'sはHere isの短縮形だね。

☐(1) ここにサトシへのプレゼントがあります。

（ Satoshi / for / here's / a present ）.

＿＿＿＿＿＿＿＿＿＿＿＿＿＿＿＿＿＿＿.

☐(2) 私たちみんなでそのケーキを作りました。

（ cake / all / the / made / we ）.

＿＿＿＿＿＿＿＿＿＿＿＿＿＿＿＿＿＿＿.

☐(3) あなたはあなたの誕生日に何がほしいですか。

—私は新しい眼鏡がほしいです。

（ you / what / birthday / want / do / your / for ）?

— （ glasses / want / new / I ）.

＿＿＿＿＿＿＿＿＿＿＿＿＿＿＿＿＿＿?

— ＿＿＿＿＿＿＿＿＿＿＿＿＿＿＿＿＿.

注目!
複数の主語＋all
4(2)we, you, theyなどの後ろにallを置くと「私たち/あなたたち/彼らはみんな」という意味になる。heやsheなど単数の主語には使えない。

Active Grammar 6

教科書の
重要ポイント

現在進行形（復習）

教科書 p.128

▼ 文の形：〈be動詞＋動詞の-ing形〉

肯定文　I <u>am playing</u> soccer now.　〔私は今サッカーをしているところです。〕
　　　　be動詞＋動詞の-ing形

疑問文　<u>Are</u> you playing basketball?　〔あなたはバスケットボールをしていますか。〕
　　　　be動詞は主語の前

　　　　Yes, I <u>am.</u> / No, <u>I'm not.</u>　〔はい，しています。／いいえ，していません。〕
　　　　　　　be動詞を使って答える

　　　　What <u>are</u> you doing now?　〔あなたは今，何をしていますか。〕
　　　　疑問詞を使う場合はbe動詞の前

否定文　I am not playing basketball now.
　　　　〔私は今バスケットボールをしていません。〕

> 現在進行形では like, know, want は基本的に使わないよ。日本語で「知っている」でも，現在形の know を使おう。

▼ -ing形の作り方

①語末に-ingをつける　play → playing, help → helping

②語末のeをとって-ingをつける　make → making, use → using

③語末を重ねて-ingをつける　run → ru<u>nn</u>ing, swim → swi<u>mm</u>ing

※haveに要注意！

　（飼う，持っている，など）の意味のhave → 現在進行形にできないので，現在形で表す。

　I have a ball now.　〔私は今，ボールを持っています。〕

　（〜を食べる）の意味のhave → 現在進行形にできる。

　I'm having ice cream now.　〔私は今，アイスクリームを食べています。〕

▼ 現在形と現在進行形の違い

現在形　　　　I play soccer.　〔私はサッカーをします。〕
　　　　　　　→普段，サッカーをするということを表す

現在進行形　　I'm playing soccer.　〔私はサッカーをしています。〕
　　　　　　　→今まさにやっている状態を表す

ナルホド！

1 日本語に合うように，＿＿＿に入る適切な語を書きなさい。

☐(1) あなたは今，ピアノを演奏しているところですか。

　　　＿＿＿＿＿＿＿＿ you ＿＿＿＿＿＿＿＿ the piano now?

☐(2) いいえ，ちがいます。私は今，料理を作っているところです。

　　　No, I'm ＿＿＿＿＿＿＿. I'm ＿＿＿＿＿＿＿ now.

2 日本語に合うように，（ ）内から適切なものを選び，記号を〇で囲みなさい。

テストによく出る！
have
2(4)「持っている」という意味のhaveは現在進行形にしない。

☐(1) 私は今，宿題をしているところです。

I'm（ ア do　イ doing　ウ did ）my homework now.

☐(2) あなたはケーキを焼いているところですか。

Are you（ ア baked　イ bake　ウ baking ）a cake?

☐(3) 私は今，ピアノを演奏していません。

（ ア I'm not　イ I'm　ウ I don't ）playing the piano now.

☐(4) 私は面白い本を持っています。

I（ ア have　イ am having　ウ had ）an interesting book.

3 日本語に合うように，＿＿に入る適切な語を書きなさい。

⚠ ミスに注意
3 日常的にしている習慣のことを言うときは現在進行形は使わないよ。

☐(1) 彼は今サッカーをしているところではありません。

＿＿＿＿＿ ＿＿＿＿＿ ＿＿＿＿＿ soccer now.

☐(2) あなたたちは今，何をしているところですか。

＿＿＿＿＿ ＿＿＿＿＿ you ＿＿＿＿＿ now?

☐(3) 私たちは昼食を作っているところです。

＿＿＿＿＿ ＿＿＿＿＿ ＿＿＿＿＿ lunch.

☐(4) 彼は体育館で卓球をしているところですか。

＿＿＿＿＿ ＿＿＿＿＿ ＿＿＿＿＿ table tennis at

the gym?

☐(5) あなたはどこへ行くところですか。

＿＿＿＿＿ ＿＿＿＿＿ ＿＿＿＿＿ ＿＿＿＿＿ ?

4 日本語に合うように，（ ）内の語句を並べかえなさい。

注目！
疑問詞
4(4)疑問文では，疑問詞は文頭に置く。

☐(1) あなたはフォトアルバムを作っているところですか。

(making / are / album / photo / a / you)?

＿＿＿＿＿＿＿＿＿＿＿＿＿＿ ?

☐(2) 私たちは今，電話で話をしているところです。

(on / we / now / the phone / talking / are).

＿＿＿＿＿＿＿＿＿＿＿＿＿＿ .

☐(3) 私は机でメッセージを書いているところではありません。

(a message / not / I'm / the desk / writing / on).

＿＿＿＿＿＿＿＿＿＿＿＿＿＿ .

☐(4) 彼女は今，どこで勉強しているのですか。

(is / now / studying / where / she)?

＿＿＿＿＿＿＿＿＿＿＿＿＿＿ ?

ぴたトレ
1
要点チェック

Daily Life 5

時間 **15分**

解答 p.26

〈新出語・熟語 別冊p.14〉

教科書の重要ポイント **ラジオの中継で使われる表現** 教科書 p.129

▼ 自分がいる場所について説明する表現

Here in Japan, we can see beautiful cherry blossoms.
here in＋地名

〔ここ日本では，美しい桜の花を見ることができます。〕

▼ 昨日と今日の天気を比較する表現

It was cold yesterday, but it's warm today. 〔昨日は寒かったですが，今日は暖かいです。〕
天候を表す文の主語

▼ している最中のことを表す表現

People are taking pictures of cherry blossoms. 〔人々は桜の花の写真を撮っています。〕

What instruments are they playing? 〔彼らは何の楽器を演奏しているのですか。〕
be動詞＋動詞の-ing形＝現在進行形「～しているところだ」

▼ 「～しましょう」と相手を誘う表現

Let's ask that student. 〔あの学生にたずねましょう。〕
Let's＋動詞の原形「～しましょう」

▼ 過去のことをたずねる表現

Did everyone enjoy my dance? 〔みなさん，私のダンスを楽しんでもらえましたか。〕
動詞の原形

ナルホド！

Words & Phrases 次の英語は日本語に，日本語は英語にしなさい。

☐(1) cold (   )

☐(2) warm (   )

☐(3) hiking (   )

☐(4) candy (   )

☐(5) ピクニック _____

☐(6) パイ _____

☐(7) 楽器 _____

☐(8) 涼しい，ひんやりとした _____

1 日本語に合うように，_____ に入る適切な語句を書きなさい。

☐(1) あの少年に話しかけましょう。

_____ talk to _____ boy.

☐(2) 彼らはギターを演奏しているところです。

They _____ _____ the guitar.

☐(3) あなたは昨日パンケーキを焼きましたか。

_____ you _____ pancakes yesterday?

122

2 日本語に合うように，（ ）内から適切なものを選び，記号を○で囲みなさい。

☐(1) あちらで数人の人が踊っています。

Some people are dancing （ ア on イ over ウ at ） there.

☐(2) この寺は奈良で人気がある場所のうちの1つです。

This temple is one （ ア off イ in ウ of ） the popular places in Nara.

☐(3) 多くの人々は話すことを楽しんでいます。

A lot of people are （ ア enjoying イ enjoy ウ enjoys ） talking.

☐(4) 来週の土曜日，ハイキングにいきましょう。

Let's go hiking （ ア at イ on ウ next ） Saturday.

3 日本語に合うように，＿＿に入る適切な語を書きなさい。

☐(1) ここ東京では，何でも手に入れることができますよ。

＿＿＿＿＿＿ ＿＿＿＿＿＿ Tokyo, you can get everything.

☐(2) そのアイスクリームはとてもおいしそうに見えます。

The ice cream ＿＿＿＿＿＿ ＿＿＿＿＿＿.

☐(3) あなたも知っているように，秋田はきりたんぽで有名です。

Akita is ＿＿＿＿＿＿ for *kiritampo*, you know.

☐(4) あなたは花見を楽しみましたか。

＿＿＿＿＿＿ you ＿＿＿＿＿＿ *hanami*?

4 日本語に合うように，（ ）内の語句を並べかえなさい。

☐(1) それをいただけますか。

(have / it / can / I)?

＿＿＿＿＿＿＿＿＿＿＿＿＿＿＿＿＿＿＿＿＿＿＿ ?

☐(2) あちらの先生に話しかけましょう。

(teacher / that / talk / let's / to).

＿＿＿＿＿＿＿＿＿＿＿＿＿＿＿＿＿＿＿＿＿＿ .

☐(3) 私たちはその公園内で多くの鳥を見ることができます。

(can / birds / we / the park / a lot of / in / see).

＿＿＿＿＿＿＿＿＿＿＿＿＿＿＿＿＿＿＿＿＿＿ .

☐(4) 昨日は暑かったですが，今日は涼しいです。

(yesterday / hot / it / but / today / cool / , / was / it's).

＿＿＿＿＿＿＿＿＿＿＿＿＿＿＿＿＿＿＿＿＿＿ .

❶ 正しいものを４つの選択肢の中から選びなさい。

主語に合う be 動詞や，一般動詞の変化する形に気を付けながら，答えよう。

☐(1) We (　　) playing baseball now.

　　ア am　　イ are　　ウ is　　エ did

☐(2) My father is (　　) me at home.

　　ア help　　イ helped　　ウ helping　　エ helps

☐(3) We are talking (　　) the phone.

　　ア at　　イ in　　ウ under　　エ on

❷ 日本語に合うように，＿＿＿に入る適切な語を書きなさい。

☐(1) 私は今パンケーキを焼いているところです。

　　＿＿＿＿＿＿＿＿＿＿＿＿＿＿＿ a ＿＿＿＿＿＿＿ now.

☐(2) 彼は体育館でバスケットボールをしているところです。

　　＿＿＿＿＿＿＿＿ ＿＿＿＿＿＿＿＿ basketball ＿＿＿＿＿＿＿ the gym.

☐(3) あなたはピアノを演奏しているところですか。―いいえ，していません。

　　＿＿＿＿＿＿＿ ＿＿＿＿＿＿＿ ＿＿＿＿＿＿＿ the piano? — No, I'm ＿＿＿＿＿＿＿.

☐(4) そのケーキはとてもおいしそうに見えます。

　　The ＿＿＿＿＿＿＿ ＿＿＿＿＿＿＿ ＿＿＿＿＿＿＿.

❸ 日本語に合うように，（　）内の語句を並べかえなさい。

☐(1) あなたは今，絵を描いているところですか。

　　(a picture / now / drawing / you / are)?

　　＿＿＿＿＿＿＿＿＿＿＿＿＿＿＿＿＿＿＿＿＿＿＿＿＿＿＿＿＿＿＿＿?

☐(2) あなたたちは何をしているところですか。

　　―私たちはドラムを演奏しているところです。

　　(doing / you / are / what)? — We (the / drums / playing / are).

　　＿＿＿＿＿＿＿＿＿＿＿＿＿＿＿＿? — We ＿＿＿＿＿＿＿＿＿＿＿＿＿＿＿＿.

☐(3) ここにあなたへのすてきなプレゼントがあります。

　　(present / you / for / here's / nice / a).

　　＿＿＿＿＿＿＿＿＿＿＿＿＿＿＿＿＿＿＿＿＿＿＿＿＿＿＿＿＿＿＿＿.

☐(4) あなたたちは特別なフォトアルバムを作っているところですか。

　　(album / making / are / photo / a / you / special)?

　　＿＿＿＿＿＿＿＿＿＿＿＿＿＿＿＿＿＿＿＿＿＿＿＿＿＿＿＿＿＿＿＿?

ヒント　❸(3)here's ... for ～「ここに～への…がある」を使おう。

4 書く 次の日本語を（　）内の指示にしたがって英語に書きなさい。

□(1) 今のところ順調です。（4語）

_____

□(2) あの山は素敵に見えます。（4語）

_____

□(3) 私は，自分の部屋で宿題をしているところです。（7語）

_____

5 読む 次の会話文を読んで，あとの問いに答えなさい。

Nick :　①(調子はどうですか。)

Kota :　Fine. We're making a special photo album for Tina. And you?

Nick :　②(a cake / the kitchen / I'm / in / making). My mother's helping me.

□(1) 下線部①の日本語を2語の英語にしなさい。　①_____?

□(2) コウタは何をしていますか。日本語で答えなさい。

　（　　　　　　　　　　　　　　　　　　　　　　　　　　　　　　　　　）

□(3) 下線部②の英語を，意味の通る1文に並べかえなさい。

　②_____

6 話す 次の文を声に出して読み，問題に答え，答えを声に出して読んでみましょう。 アプリ

Chen :　Look at this picture. This is an event in France.

Aoi :　What are they doing?

Chen :　They're posing in costumes.

Aoi :　Wow! This woman is wearing a costume from "Sailor Moon." These men are
　　　　wearing costumes from "Naruto."

Chen :　Anime and manga are popular around the world.

(注)pose　ポーズをとる　　costume　コスチューム　　Sailor Moon　セーラームーン(アニメのタイトル)
　　around the world　　世界中で

□(1) What is the woman wearing?

　— _____

□(2) Are anime and manga popular around the world?

　— _____

❶ 下線部の発音が同じものには〇を，そうでないものには×を，解答欄に書きなさい。　6点

(1) right　　　　　　　　　(2) line　　　　　　　　　(3) wear

window　　　　　　　　　　kitchen　　　　　　　　　　hear

❷ 最も強く発音する部分の記号を解答欄に書きなさい。　6点

(1) al - bum　　　　　　　　(2) won - der - ful　　　　　(3) win - dow

ア　イ　　　　　　　　　　ア　イ　ウ　　　　　　　　　ア　イ

❸ 日本語に合うように，＿＿に入る適切な語を書きなさい。　16点

(1) 彼は友人と一緒に野球をしているところです。

He's ＿＿＿ ＿＿＿ ＿＿＿ his friends.

(2) あなたは今パンケーキを焼いているところですか。

＿＿＿ ＿＿＿ ＿＿＿ a pancake ＿＿＿?

(3) 私は私の部屋で読書をしているところではありません。

I'm ＿＿＿ ＿＿＿ a book ＿＿＿ my room.

(4) その花はとても美しく見えます。

The ＿＿＿ ＿＿＿ ＿＿＿ ＿＿＿.

❹ （　）内の指示にしたがって，英文を書きかえなさい。　20点

(1) You're doing your homework now. （疑問文にする）

(2) He plays the trumpet in the music room. （「演奏しているところです」という文に書きかえる）

(3) She's eating an omelet now. （否定文に書きかえる）

(4) Is he playing basketball? （Noで答える）

(5) What are you doing now? （「私は図書館で読書をしているところです。」と答える）

❺ 次の会話文を読んで，あとの問いに答えなさい。　28点

Nina :　Dad, we're home.

All :　Surprise!

Nina :　Wow! ①I had no idea.

Megu :　Happy birthday, Nina! ②(　　) a present (　　) you.

Nina :　Thank you so much, Megu. What's inside?

Emi :　③It's (　　) (　　) (　　). We made it for you.

Megu :　④(you / do / think / what)?

Nina :　⑤(　　) (　　) (　　)!

成績評価の観点　知 …言語や文化についての知識・技能　表 …外国語表現の能力

(1) 下線部①の英文の日本語訳を書きなさい。

(2) 下線部②が「ここにあなたへの誕生日プレゼントがあります。」という意味になるように，
（　）に入る適切な語を書きなさい。

(3) 下線部③が「それは特別なアルバムです。」という意味になるように，（　）に入る適切な語を
書きなさい。

(4) 下線部④の（　）内の語を正しく並べかえなさい。

差がつく (5) 下線部⑤が「それはすばらしく見えます。」という意味になるように，（　）内に入る適切
な語を書きなさい。

点UP **⑥** 書く **次のようなとき英語で何と言うか，（　）内の指示にしたがって書きなさい。
符号は語数に含まれない。**表
24点

(1)「私は台所で皿を洗っているところです。」と伝えるとき。（7語）

(2)「あなたは今，何をしているところですか。」と相手に問うとき。（5語）

(3)「私は今，宿題をしているところではありません。」と伝えるとき。（6語）

❶	(1)		(2)		(3)		❷	(1)		(2)		(3)	
		2点		2点		2点			2点		2点		2点

❸	(1)			(2)	
			4点		4点
	(3)			(4)	
			4点		4点

❹	(1)	
		4点
	(2)	
		4点
	(3)	
		4点
	(4)	
		4点
	(5)	
		4点

❺	(1)	
		5点
	(2)		(3)	
		5点		6点
	(4)	?	(5)	
		6点		6点

❻	(1)	表 8点
	(2)	表 8点
	(3)	表 8点

▶ 表 の印がない問題は全て 知 の観点です。

Let's Read 2

教科書の
重要ポイント **物語でみられる表現（復習）** 教科書 pp.130〜131

▼ 一般動詞の過去形

→規則変化の動詞

One day, a mouse climbed up on a lion's back.
　　　　　　　　　　動詞に-edがつく　　　　　　　〔ある日，一匹のネズミがライオンの背中に登りました。〕

→不規則変化の動詞

The lion caught the mouse. 〔ライオンはネズミを捕まえました。〕
　　　　catchの過去形

You kept your promise. 〔お前はお前の約束を守れた。〕
　　　keepの過去形

▼ look＋形容詞「〜に見える」

You look delicious. 〔お前はとてもおいしそうに見える。〕
　　　〜に見える

▼ 否定の命令文

Please don't eat me. 〔どうか私を食べないでください。〕
〜しないでください(丁寧な禁止)

主語が何であっても，
助動詞の後ろは動詞
の原形にしよう。

▼ 助動詞can, may

We can be good friends.　Maybe I can help you someday.
　　〜できる(可能)
〔私たちは親友になれます。もしかしたら，いつかあなたを助けることができるかもしれません。〕

You may go. 〔行っていいぞ。〕
　　　〜してよい(許可)

Words & Phrases 次の英語は日本語に，日本語は英語にしなさい。

□(1) small （　　　　　　　　）　　□(6) 〜を聞く　＿＿＿＿＿＿＿＿

□(2) promise （　　　　　　　　）　　□(7) 真実の，本当の　＿＿＿＿＿＿＿＿

□(3) back （　　　　　　　　）　　□(8) 〜を捕まえる　＿＿＿＿＿＿＿＿

□(4) lion （　　　　　　　　）　　□(9) 〜を守る　＿＿＿＿＿＿＿＿

□(5) hunter （　　　　　　　　）　　□(10) 〜してよい　＿＿＿＿＿＿＿＿

1 日本語に合うように，（　）内から適切なものを選び，記号を〇で囲みなさい。

テストによく出る！

be動詞

1(4)am, is, areの全てのbe動詞の原形はbe。「〜である」という意味だけでなく，「〜になる」という意味もある。

☐(1) そのネコはネズミを捕まえました。

The cat（ア catches　イ catching　ウ caught）the mouse.

☐(2) そのケーキはとてもおいしそうに見える。

The cake（ア look　イ looks　ウ looked）delicious.

☐(3) 彼は彼の約束を守りました。

He（ア kept　イ keep　ウ keeping）his promise.

☐(4) 私たちは親友になれます。

We（ア can　イ can be　ウ may be）good friends.

2 日本語に合うように，＿＿＿＿に入る適切な語を書きなさい。

⚠ミスに注意

2(4)hearの過去形をhearedとしないように注意しよう！

☐(1) どうか廊下を走らないでください。

Please ＿＿＿＿＿＿＿ ＿＿＿＿＿＿＿ in the hallway.

☐(2) もしかしたらいつか私は彼女に会えるかもしれません。

＿＿＿＿＿＿＿ I ＿＿＿＿＿＿＿ meet her ＿＿＿＿＿＿＿.

☐(3) そのネコは窓から逃げました。

The cat ＿＿＿＿＿＿＿ ＿＿＿＿＿＿＿ from the window.

☐(4) 私はきのう彼女の声を聞いた。

I ＿＿＿＿＿＿＿ ＿＿＿＿＿＿＿ ＿＿＿＿＿＿＿ yesterday.

3 日本語に合うように，（　）内の語句を並べかえなさい。

注目！

mayの使い方

3(1)mayは「〜してもよい」という意味で，canと同じ使い方をすることができる。

☐(1) あなたは帰宅してもいいですよ。

(go / home / may / you).

＿＿＿＿＿＿＿＿＿＿＿＿＿＿＿＿＿＿＿＿＿.

☐(2) そのネコは木に登りました。

(climbed / on / the tree / the cat / up).

＿＿＿＿＿＿＿＿＿＿＿＿＿＿＿＿＿＿＿＿＿.

☐(3) 彼はきのう，彼の約束を守りました。

(his / yesterday / promise / he / kept).

＿＿＿＿＿＿＿＿＿＿＿＿＿＿＿＿＿＿＿＿＿.

☐(4) 数人の猟師が網でシカをつかまえました。

(hunters / with / some / a deer / a net / caught).

＿＿＿＿＿＿＿＿＿＿＿＿＿＿＿＿＿＿＿＿＿.

☐(5) 私のウサギがその本をかじりました。

(on / the book / rabbit / chewed / my).

＿＿＿＿＿＿＿＿＿＿＿＿＿＿＿＿＿＿＿＿＿.

教科書の
重要ポイント | **中学校のウェブサイトにみられる表現（復習）** | 教科書 pp.132～133

▼「～へようこそ」という表現

<u>Welcome to</u> <u>Japan</u>! 〔日本へようこそ。〕
「～へようこそ」　場所

▼「この前の，昨～，先～」を表す表現

I went to Fukuoka <u>last year</u>. 〔私は昨年，福岡に行きました。〕
last year「昨年」, last week「先週」など

▼「～の隣の」を表す表現

Mary is sitting <u>next to</u> Kate. 〔メアリーはケイトの隣に座っています。〕
「～の隣の」

▼「全ての～，どの～も」を表す表現

<u>Every</u> <u>student</u> <u>studies</u> one topic and <u>makes</u> a poster.
単数形　　　　　　三単現のs

〔どの学生も，一つの話題を選んでポスターを作ります。〕

▼動名詞「～すること」

Do you like <u>being</u> on stage? 〔あなたは舞台に立つことは好きですか。〕
動詞の-ing形

「全ての」という意味を持つeveryだけど，後ろの名詞は単数形にして，動詞は三単現のsをつけることに気をつけよう。

ナルホド！

Words & Phrases 次の英語は日本語に，日本語は英語にしなさい。

☐(1) field （　　　　　　　） ☐(6) 舞台，ステージ ＿＿＿＿＿＿＿

☐(2) welcome （　　　　　　　） ☐(7) 旅行 ＿＿＿＿＿＿＿

☐(3) other （　　　　　　　） ☐(8) 話題，トピック ＿＿＿＿＿＿＿

☐(4) different （　　　　　　　） ☐(9) ポスター ＿＿＿＿＿＿＿

☐(5) last year （　　　　　　　） ☐(10) 歌 ＿＿＿＿＿＿＿

1 日本語に合うように，＿＿＿に入る適切な語を書きなさい。

☐(1) 私は先週の日曜日，姉と一緒にオムレツを作りました。

I ＿＿＿＿＿＿ an omelet with my sister ＿＿＿＿＿＿ Sunday.

☐(2) あなたはバスケットボールをすることが好きですか。

Do you ＿＿＿＿＿＿ ＿＿＿＿＿＿ basketball?

2 日本語に合うように，（　）内から適切なものを選び，記号を○で囲みなさい。

□(1) いくつかのクラスは水族館を訪ねました。

Some classes (ア visit　イ visited　ウ visits) an aquarium.

□(2) どの学生も 2 つの話題を選びます。

Every student (ア chooses　イ choosing　ウ chose) two topics.

□(3) その有名なサクラ公園は私たちの学校の隣にあります。

The famous Sakura Park is (ア next　イ next to　ウ at) our school.

3 日本語に合うように，＿＿＿に適切な語を書きなさい。

□(1) ほかのクラスは山に行きました。

Other classes ＿＿＿＿＿＿ ＿＿＿＿＿＿ the mountain.

□(2) 11月に，我が校の学園祭があります。

In Novenber, ＿＿＿＿＿＿ ＿＿＿＿＿＿ our school festival.

□(3) あなたは私たちの音楽の授業を試すことができます。

You ＿＿＿＿＿＿ ＿＿＿＿＿＿ our music lesson.

□(4) それは私たちの人気の年間行事です。

It's ＿＿＿＿＿＿ ＿＿＿＿＿＿ event ＿＿＿＿＿＿ the year.

□(5) 先週末，私たちはコメディーショーを上演しました。

We performed a comedy show ＿＿＿＿＿＿ ＿＿＿＿＿＿.

4 日本語に合うように，（　）内の語句を並べかえなさい。

□(1) 私たちは秋に修学旅行があります

(have / trip / we / school / fall / in / a).

＿＿＿＿＿＿＿＿＿＿＿＿＿＿＿＿＿＿＿＿.

□(2) 彼は舞台で歌を歌うことが好きですか。

(like / he / songs / on / does / singing / stage)?

＿＿＿＿＿＿＿＿＿＿＿＿＿＿＿＿＿＿＿＿?

□(3) 昨年，私たちはフランスに行き，いくつかの美術館を訪ねました。

Last year, (to / we / France / went / and / visited) some museums.

Last year, ＿＿＿＿＿＿＿＿＿＿＿＿＿＿ some museums.

□(4) 生徒たちはいつもこの行事を楽しみます。

(enjoy / this event / the / students / always).

＿＿＿＿＿＿＿＿＿＿＿＿＿＿＿＿＿＿.

1 正しいものを4つの選択肢の中から選びなさい。

□(1) She (　　) so beautiful.

ア look　　イ looks　　ウ looking　　エ were

□(2) Maybe I (　　) help him someday.

ア don't　　イ do　　ウ am　　エ can

□(3) She (　　) her promise yesterday.

ア kept　　イ keeps　　ウ is　　エ was

時制(現在か過去か)に気を付けながら、動詞や助動詞などを選ぼう。

2 日本語に合うように、＿＿＿＿に入る適切な語を書きなさい。

□(1) あなたはそのケーキを食べてもいいですよ。

You ＿＿＿＿＿＿＿＿ ＿＿＿＿＿＿＿＿ the cake.

□(2) どうかこの海で泳がないでください。

＿＿＿＿＿＿＿＿ ＿＿＿＿＿＿＿＿ ＿＿＿＿＿＿＿＿ in this sea.

□(3) 私はイタリアに行き、たくさんのピザを食べました。

I ＿＿＿＿＿＿＿＿ ＿＿＿＿＿＿＿＿ Italy and ＿＿＿＿＿＿＿＿ a lot of pizza.

□(4) 彼女は、母との約束を守りました。

＿＿＿＿＿＿＿＿ ＿＿＿＿＿＿＿＿ a ＿＿＿＿＿＿＿＿ with her mother.

3 日本語に合うように、(　)内の語句を並べかえなさい。

□(1) もしかしたらいつか彼は彼女に会えるだろう。

(someday / can / maybe / he / meet / her).

＿＿＿＿＿＿＿＿＿＿＿＿＿＿＿＿＿＿＿＿＿＿＿＿＿＿＿＿.

□(2) 彼はきのうネコを捕まえて洗ってあげました。

(a cat / he / yesterday / caught / washed / it / and).

＿＿＿＿＿＿＿＿＿＿＿＿＿＿＿＿＿＿＿＿＿＿＿＿＿＿＿＿.

□(3) どうかここでは走らず、静かに歩いてください。

(run / , / please / don't / walk / quietly) here.

＿＿＿＿＿＿＿＿＿＿＿＿＿＿＿＿＿＿＿＿＿＿＿ here.

□(4) 修学旅行は私たちの人気の年間行事です。

(is / popular / event / trip / our / the school) of the year.

＿＿＿＿＿＿＿＿＿＿＿＿＿＿＿＿＿＿＿＿＿ of the year.

ヒント　3 (1)「もしかしたら～だろう」は、Maybeを文頭に置く。

4 書く✏ 次の日本語を英語に書きかえなさい。

☐(1) その公園は私の家の隣にあります。（7語）

_____

☐(2) その小学生たちはいつもこの行事に来ます。（9語）

_____

☐(3) 私はきのう，何匹かの魚をつかまえました。（5語）

_____

☐(4) あなたはこのリンゴを食べていいですよ。（5語）

_____

5 読む📖 次の英文を読んで，あとの問いに答えなさい。

One day, a mouse climbed up on a lion's back. The lion caught the mouse.

Lion :　You look delicious.

Mouse :　Please don't eat me. We can be good friends.

　　　　①Maybe I can help you someday.

Lion :　What? I am the king of the jungle, and you are just a mouse!

Mouse :　I promise!

Lion :　All right, mouse. You may go.

The next day, the lion went to the jungle. Some hunters caught the lion with a net. The lion roared for help. The mouse heard the cry. ②The mouse (the net / and / on / climbed up / on it /chewed). The lion got away.

Lion :　Dear mouse, you kept your promise. You are small, ③but you are a true friend.

☐(1) 下線部①を日本語にしなさい。

　（　　　　　　　　　　　　　　　　　　　　　　　　　　　　　）

☐(2) 下線部②の語順を正しい順に並べなさい。

　The mouse _____ .

☐(3) 下線部③の理由は何か，日本語で答えなさい。

　（　　　　　　　　　　　　　　　　　　　　　　　　　　　　　）

ヒント　**4**(3)「何匹か」はsomeを使う。魚「fish」はsomeの後ろでも複数形のsはつけず，fishのまま。

① **正しいものを4つの選択肢の中から選びなさい。**

☐(1) He is brave, (　　) he?

　　ア is　　イ aren't　　ウ isn't　　エ doesn't

☐(2) You don't like bacon, (　　) you?

　　ア don't　　イ do　　ウ are　　エ aren't

☐(3) I am good (　　) English.

　　ア on　　イ to　　ウ for　　エ at

☐(4) (　　) do you have science club?

　　ア What　　イ When　　ウ Which　　エ How many

「～ですよね」という意味の付加疑問文は，前の文節に使われている動詞や，時制に気をつけよう。

② **日本語に合うように，＿＿に入る適切な語句を書きなさい。**

☐(1) 毎日英語を勉強しなさい。

　　＿＿＿＿＿＿ ＿＿＿＿＿＿ every day.

☐(2) あなたはいつ宿題をしますか。

　　＿＿＿＿＿＿ do you ＿＿＿＿＿＿ your homework?

☐(3) あなたはサッカー選手ですか。

　　＿＿＿＿＿＿ ＿＿＿＿＿＿ a soccer player?

☐(4) 一緒に英語を勉強しましょう。

　　＿＿＿＿＿＿ ＿＿＿＿＿＿ ＿＿＿＿＿＿ together.

☐(5) あなたは踊ることが好きですか。

　　＿＿＿＿＿＿ you ＿＿＿＿＿＿ ＿＿＿＿＿＿?

③ **日本語に合うように，（　）内の語句を並べかえなさい。**

☐(1) あなたのいちばん好きな歌手は誰ですか。

　　(singer / is / favorite / your / who)?

　　＿＿＿＿＿＿＿＿＿＿＿＿＿＿＿＿＿＿＿＿＿＿＿＿＿＿＿？

☐(2) 彼女は私たちの英語の教師です。

　　(teacher / English / is / she / our).

　　＿＿＿＿＿＿＿＿＿＿＿＿＿＿＿＿＿＿＿＿＿＿＿＿＿＿＿．

☐(3) あなたは毎週，本を何冊読みますか。

　　(week / books / read / many / you / how / do / every)?

　　＿＿＿＿＿＿＿＿＿＿＿＿＿＿＿＿＿＿＿＿＿＿＿＿＿＿＿？

ヒント　③(3)数についてたずねる表現はHow many ～ ?

4 （　）内の指示にしたがって，英文を書きかえなさい。

☐(1) She comes from the U.S.　（下線部を問う疑問文に）

_____

☐(2) He has a cold.　（疑問文に）

_____

☐(3) I do my homework after school.　（下線部を問う疑問文に）

_____

☐(4) I watch TV with my family after dinner.　（下線部を問う疑問文に）

_____

5 各組の文がほぼ同じ意味になるように，＿＿＿に適切な語を書きなさい。

☐(1) { She can sing songs well.
      { She ＿＿＿＿＿＿ ＿＿＿＿＿＿ ＿＿＿＿＿＿ singing songs.

☐(2) { I like English very much.
      { My ＿＿＿＿＿＿ ＿＿＿＿＿＿ ＿＿＿＿＿＿ English.

☐(3) { This is my book.
      { This book ＿＿＿＿＿＿ ＿＿＿＿＿＿.

6 書く✐ 次の日本語を英語に書きかえなさい。

☐(1) 彼女は熱がありますか。（5語）

_____

☐(2) 私たちは同じ中学校に通っています。（8語）

_____

☐(3) あなたはなぜ彼女を好きですか。（5語）

_____

☐(4) 夕食の前にテーブルを片づけなさい。（5語）

_____

☐(5) 彼は毎日家で勉強をします。（6語）

_____

7 書く！ 次のようなとき英語で何と言うか，（　）内の語数で書きなさい。

☐(1) 相手に出身地をたずねるとき。（4語）

_____

☐(2) 相手に昨日は何をしたのかたずねるとき。（5語）

_____

☐(3) 相手に誰が上手に英語を話せるのかたずねるとき。（5語）

_____

8 読む📖 次の文を読んで，あとの問いに答えなさい。

Jenny :　Who's that?

Hana :　That's my uncle. He teaches science in a junior high school.

Jenny :　I see. Where does he live?

Hana :　He lives next to my house. By the way, where does your father work?

Jenny :　My father works at an animal hospital in Australia. He likes cooking.

　　　　　Do you like cooking?

Hana :　Yes, I do. I like baking cakes. What do you like doing?

Jenny :　I like baking cakes, too. I also wash the dishes every day.

Hana :　It's nice. I like setting the table. When do you do your homework?

Jenny :　(dinner / my / do / after / homework / I). When do you go to bed?

Hana :　I go to bed before eleven. I usually read books before ten.

(注)teach　〜を教える

☐(1) 本文の内容について，次の問いに英語で答えなさい。

Where does Jenny's father live?

_____

☐(2) 下線部の（　）内の語を並べかえなさい。

_____.

☐(3) 本文の内容について，適切なものを全て選び，記号を○で囲みなさい。

　　ア　Hana's uncle is a science teacher.

　　イ　Jenny can't bake cakes.

　　ウ　Hana reads books after eleven.

\\ 定期テスト //

予想問題

テスト前に
役立つ!

テスト前に解いて,
わからない問題や
まちがえた問題は,
もう一度確認して
おこう!

チェック!

- テスト本番を意識し, 時間を計って解きましょう。
- 取り組んだあとは, 必ず答え合わせを行い, まちがえたところを復習しましょう。
- 観点別評価を活用して, 自分の苦手なところを確認しましょう。

教科書の単元		本書のページ	教科書のページ
予想問題 1	Let's Be Friends! ~ Unit 1	▶ pp.138 ~ 139	pp.6 ~ 37
予想問題 2	Unit 2 ~ You Can Do It! 1	▶ pp.140 ~ 141	pp.38 ~ 61
予想問題 3	Unit 4 ~ Active Grammar 2	▶ pp.142 ~ 143	pp.62 ~ 83
予想問題 4	Unit 6 ~ You Can Do It! 2	▶ pp.144 ~ 145	pp.84 ~ 101
予想問題 5	Unit 7 ~ You Can Do It! 3	▶ pp.146 ~ 147	pp.104 ~ 133

リスニングテスト

▶ pp.148 ~ 157
全 10 回

アプリを使って, リスニング問題を解きましょう。

英作文にチャレンジ!

▶ pp.158 ~ 160

英作文問題に挑戦してみましょう。

英作文ができたら
パーフェクトだね!

1 次の会話文を読んで，あとの問いに答えなさい。表　　33点

> *Nina :* Hello. I'm Nina. I'm from London.
>
> *Aya :* Nice to meet you. I'm Aya.
>
> *Nina :* Nice to meet you, too. I'm 12 years old.
>
> *Aya :* I'm 13 years old. Do you like music? 　A
>
> *Nina :* Yes, I do. I like music and dance. I can play the piano.
>
> *Aya :* I can't play the piano, but I can play the drums.
>
> ①(あなたはどうですか), Changmin?
>
> *Changmin :* I'm Changmin. 　B　 I'm from Korea. I can do karate and swim.
>
> *Nina :* Cool. I can play basketball! I like red and white. What ②(　　) do you like?
>
> *Aya :* I like white, too.
>
> *Changmin :* I see. I like green and blue. 　C
>
> *Nina :* Look! Beautiful flowers! I like spring. Do you like spring?
>
> *Changmin :* ③I like summer, but I (do) like spring so much. 　D
>
> *Aya :* ④Why not?
>
> (注)flower 花

(1) 本文中の　A　～　D　のいずれかに，Call me Chan. という1文を補います。どこに補うのが最も適切ですか。　A　～　D　の中から1つ選び，その記号を書きなさい。

(2) 下線部①の（　）内の日本語を3語の英語にしなさい。

(3) 下線部②について，（　）にあてはまる最も適切な1語を，次のア～エの中から1つ選び，その記号を書きなさい。

　　ア season　　イ color　　ウ name　　エ time

(4) 下線部③の(do)を適切な1語に直しなさい。

(5) 下線部④の英語を日本語にしなさい。

(6) Ninaがすることができるものは何か，最も適切なものを，次のア～エの中から1つ選び，その記号を書きなさい。

　　ア ドラム演奏　　イ カラテと水泳

　　ウ トランペット演奏　　エ ピアノ演奏とバスケットボール

2 日本語に合うように，＿＿＿に入る適切な語を書きなさい。知　　35点

(1) 私の名前はミキです。

　　＿＿＿＿ ＿＿＿＿ ＿＿＿＿ Miki.

(2) 私は速く走れます。

I can _____ _____.

(3) 私は長野出身です。

_____ _____ Nagano.

(4) 初めまして。

_____ _____ _____ you.

(5) 私は学生です。

_____ _____ _____.

❸ 日本語に合うように，（　）内の語句を並べかえなさい。 知 　　　　　32点

(1) あなたはどこへ行きたいですか。

(want / you / go / where / to / do)?

(2) あなたの誕生日はいつですか。

(birthday / when / your / is)?

(3) 私は夏があまり好きではありません。

(much / summer / I / like / so / don't).

(4) 私は剣道はできませんが，空手ができます。

(but / can / can't / do *kendo* / do *karate* / I / I / ,).

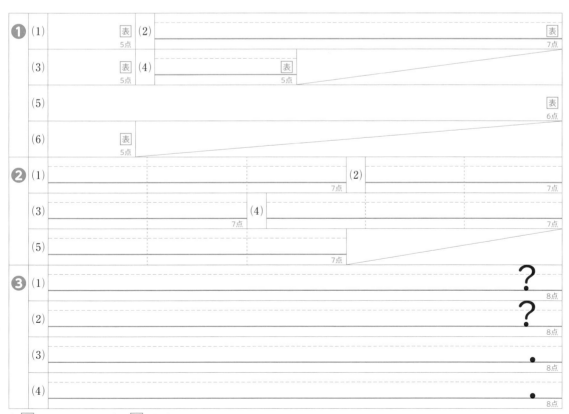

▶ 表 の印がない問題は全て 知 の観点です。

❶ 　　 /33点　　❷ 　　 /35点　　❸ 　　 /32点

1 次の会話文を読んで，あとの問いに答えなさい。表　　33点

> **Kento :** Summer vacation is near at hand!　①What do you do during the summer vacation?
>
> **Mika :** I practice the flute. I have a contest in August. I usually practice flute from 9:00 to 12:00. I want to play the flute well, so I practice hard!
>
> **Josh :** Wow, you practice the flute very hard! Are you in the brass band?
>
> **Mika :** ②　Our members are very nice.
>
> **Josh :** I see. I usually go to mountains with my family. I climb Mt. Sanage. I like ③(climb) mountains. The view from the top of the mountain is beautiful! I can feel cool in the mountain, too!
>
> **Kento :** I want to go there someday! I go to the summer festival with my friend. I usually wear *yukata* for summer festival.
>
> **Mika :** I go to the summer festival, too! I like summer festivals.
>
> **Josh :** Sounds fun!　④(there / you / do / what / can)?
>
> **Kento :** We can enjoy food there. I like *ringo-ame*. At night, we can see fireworks!
>
> **Josh :** That's interesting! I want to go there this year.
>
> **Mika :** Have a nice summer vacation, everyone!
>
> (注)near at hand　もうすぐ　　contest　コンクール　　Mt.　~山
> view　景色　　top　頂上　　feel cool　涼しく感じる　　someday　いつか
> wear　~を着る　　night　夜　　Have a nice ~.　良い~をお過ごしください。

(1) 下線部①の質問に対して，あなた自身の答えを英語で書きなさい。

(2) ②に当てはまる答えとして正しいものをア～ウの中から１つ選び，その記号を書きなさい。

　　ア Yes, I do.　　イ Yes, I can.　　ウ Yes, I am.

(3) 下線部③の(climb)を適切な１語に直しなさい。

(4) 下線部④の(　)内が「あなたたちはそこで何ができますか。」という意味になるように並べかえなさい。

2 日本語に合うように，＿＿に入る適切な語を書きなさい。知　　35点

(1) ここが水泳部です。

　　＿＿＿＿＿ the swimming team.

(2) 私は少し英語が話せます。

I can speak English _____ _____.

(3) 私は毎年祖父母を訪ねます。

I visit my grandparents _____ _____.

(4) あなたは何をしたいですか。

_____ do you _____ _____ do?

(5) 私はテニスをするのが得意です。

I'm _____ _____ _____ tennis.

③ 日本語に合うように，（　）内の語句を並べかえなさい。 知　　　32点

(1) あなたは写真を撮るのが好きですか。

(taking / do / pictures / like / you)?

(2) あなたは何匹の犬を飼っていますか。

(dogs / have / you / many / do / how)?

(3) 私は世界中でサッカーをしたいです。

(the world / play / want / over / to / I / all / soccer).

(4) 私はたいてい週末に父と釣りに行きます。

(fishing / I / my father / go / weekend / with / on / usually).

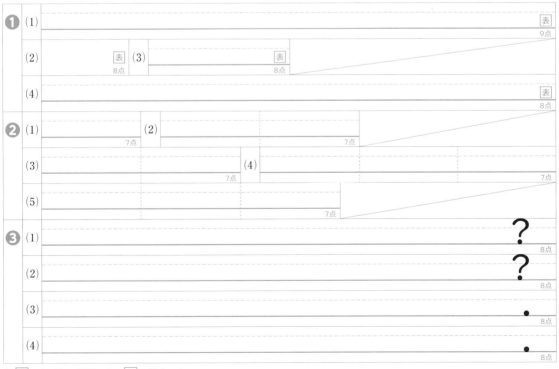

▶ 表 の印がない問題は全て 知 の観点です。

❶ 　　/33点　　**❷** 　　/35点　　**❸** 　　/32点

141

❶ 次の長文を読んで，あとの問いに答えなさい。 表　33点

Hi, I'm Aki. I enjoy my life in Australia! I live with my host family. I live with Jane, Daniel, and ①(Jane and Daniel's) daughter, Kate.

I get up at 7:00. I go to school by bus. Some students walk to school, and the others come to school by bus, bike, or train.

I have classes from 9:00 to 15:15. In Australia, students learn Japanese as a foreign language! So I sometimes teach Japanese to them. I'm a good Japanese teacher.

I eat lunch at 12:30. Jane can cook well, so I enjoy lunch time every day. After lunch, ②(Kate and I) play netball with our friends! Netball is like basketball. Many girls play netball in my school.

We don't clean our classroom. Cleaners clean our classroom. We don't have club activities in Australia, so we go home after school.

After school, I do my homework and enjoy my time with my host family. ③(host family / I / watching / with / like / TV / my).

At night, koalas sometimes come into our yard. I can see koalas in our yard! They are cute.

Knowing different culture is interesting for me. ④I want to be a Japanese teacher in Australia, ( ) I study hard.

> (注)host family ホストファミリー　daughter 娘　get up 起きる　walk to~ ~に歩いていく
> Some ~, the others … ~する人もいれば…する人もいる　bike 自転車　as ~として
> foreign language 外国語　netball ネットボール　girl 女の子　cleaner 清掃員
> go home 帰宅する　koala コアラ　come into~ ~に入ってくる　yard 庭
> different culture 異文化

(1) 下線部①，②の（ ）内の語を 1 語の代名詞に書きかえなさい。

(2) 下線部③の（ ）内が「私はホストファミリーとテレビを見るのが好きです。」という意味になるように並べかえなさい。

(3) 下線部④の（ ）にあてはまる最も適切な 1 語を，次のア～エの中から 1 つ選び，その記号を書きなさい。

　　ア so　　イ but　　ウ in　　エ much

❷ 日本語に合うように，＿＿＿に入る適切な語を書きなさい。 知　35点

(1) 放課後に私は部活動があります。

　　I have club activities _____ _____.

(2) 待ちきれません。

_____ _____ _____.

(3) 学校の前で会いましょう。

Let's meet _____ _____ _____ the school.

(4) あなたのかばんはあそこです。

Your bag is _____ _____.

(5) 足元に気を付けてください。

Please _____ _____ _____.

❸ **日本語に合うように，（　）内の語句を並べかえなさい。** 知　　　32点

(1) これは誰の教科書ですか。

(this / textbook / is / whose)?

(2) この箱をどこに置きますか。

(box / put / you / where / this / do)?

(3) 私たちの教室は理科室の隣です。

(to / classroom / science room / next / our / is / the).

(4) ホワイト先生はあなたの英語の先生ですよね。

(isn't / is / your / Mr. White / English teacher / he / ,)?

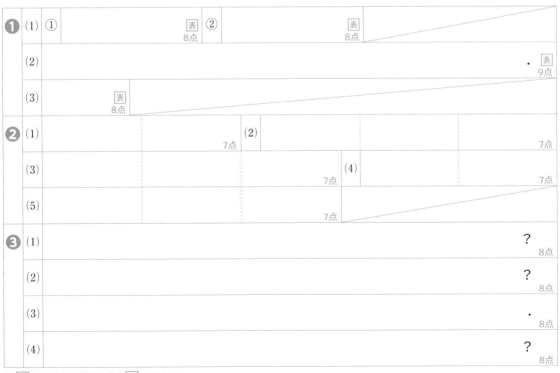

❶	(1)	①		表 8点	②		表 8点		
	(2)							・ 表 9点	
	(3)	表 8点							
❷	(1)		7点		(2)				7点
	(3)			7点		(4)			7点
	(5)			7点					
❸	(1)								? 8点
	(2)								? 8点
	(3)								・ 8点
	(4)								? 8点

▶ 表 の印がない問題は全て 知 の観点です。

❶ 　　/33点　　❷ 　　/35点　　❸ 　　/32点

❶ 次の長文を読んで，あとの問いに答えなさい。表 　　　33点

> Hello, everyone. I'm Mayu. Do you have your best friend? Today, I want to talk about my best friend, Chihiro. ①(next / lives / house / she / to / my).
>
> She wants to be a flight attendant in the future. She ②(study) English very hard every day. I want to be an English teacher, so we study English together. She is very kind, so she is my good English teacher.
>
> She can play instruments. She is in brass band in my school. She can play the piano and the flute. Her mother is a piano teacher, so she can play the piano well, too. We live near, so I can hear Chihiro's piano from her house. Her father plays the sax, and her sister plays the trombone! They sometimes enjoy ensemble!
>
> ③Chihiro has (many) friends! ④(彼女は簡単にあきらめません。) I like her so much. We sometimes have a quarrel, but we always make up before we knew it.
>
> How about your best friend? Next time, please tell me about your best friend! I'm looking forward to it.
>
> (注)best friend 親友　 flight attendant 客室乗務員　 ensemble 重奏
> 　　have a quarrel 口喧嘩する　 make up 仲直りする
> 　　before we knew it いつの間にか　 look forward to ～ ～を楽しみに待つ

(1) 下線部①の（　）内が「彼女は私の家の隣に住んでいます。」という意味になるように並びかえなさい。

(2) 下線部②の(study)を適切な1語に直しなさい。

差がつく (3) 下線部③の(many)をほぼ同じ意味の3語の英語にしなさい。

(4) 下線部④の（　）内の日本語を英語にしなさい。

❷ 日本語に合うように，＿＿＿に入る適切な語を書きなさい。知 　　　35点

(1) この本を見てください。

＿＿＿ ＿＿＿ this book.

(2) 今，何時ですか。

＿＿＿ ＿＿＿ is ＿＿＿?

(3) これはいくらですか。

＿＿＿ ＿＿＿ ＿＿＿ this?

(4) 私は諦めたくありません。

I don't want to ＿＿＿ ＿＿＿.

(5) 私は毎朝6時に起きます。

I ＿＿＿ ＿＿＿ ＿＿＿ six every morning.

❸ **日本語に合うように，（　）内の語句を並べかえなさい。** 知　　　32点

(1) ルミは普段私たちと授業を受けます。

(classes / Rumi / us / takes / with / usually).

(2) 彼のお母さんはどこで働いていますか。

(where / work / mother / does / his)?

(3) 紅茶とコーヒーのどちらがよろしいですか。

(tea / would / which / you / , / coffee / or / like)?

(4) 朝食に何を食べたいですか。

(want / what / for / you / breakfast / do)?

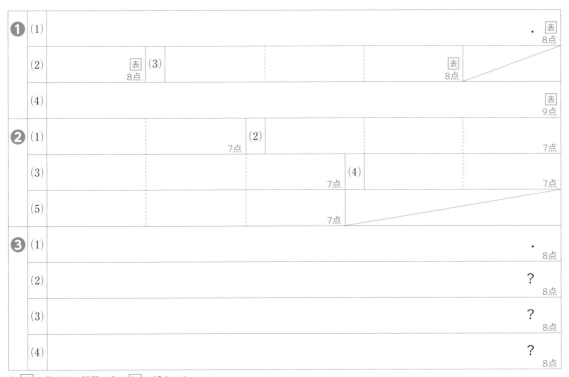

▶ 表 の印がない問題は全て 知 の観点です。

❶ 　　/33点　❷ 　　/35点　❸ 　　/32点

Unit 7 ～ You Can Do It! 3

 ❶ 次の長文を読んで，あとの問いに答えなさい。表　33点

Hello, everyone.　I'm Natsuko.　①I went to America last year and studied English.　In America, I used a bed at night.　Now, I sleep on a *futon* in my room in Japan.　Do you know that people in America use a word "*futon*" as an English word?　In fact, people in other countries use many Japanese words as English.　Also, we can see some Japanese words in some English dictionaries.　I want to talk about it today.　②What kind of Japanese words do people use?　How do those Japanese words become English?

People around the world like Japanese food and culture.　So, many people use Japanese words like *sushi*, *judo*, and *kimono*.

I have a friend in China.　She likes *manga*.　*Manga* can tell about life in Japan. She learned ③many things from *manga*.　She learned about Japanese culture. She also learned a lot of Japanese words.　Her dream is coming to Japan in the future.

Many Japanese words spread to the world, so many people can know about Japan.　Students can do something for it, too.　We can learn Japanese culture from your grandparents.　④(beautiful / talk / country / about / let's / our)!

(注)night 夜　　word 単語　　as ～として　　in fact 実は　　country 国
dictionary 辞書　　what kind of ～ どのような～　　become ～になる
around the world 世界中の　　culture 文化　　thing こと，もの　　dream 夢
spread 広まる　　something 何か

(1) 下線部①の英文を日本語になおしなさい。

(2) 下線部②の答えとなる語を3つ，本文中から抜き出しなさい。

差がつく (3) 下線部③が表すことを日本語で答えなさい。

(4) 下線部④の( )内の語を正しく並べかえなさい。

よく出る ❷ 日本語に合うように，____に入る適切な語を書きなさい。知　35点

(1) ところで，きのうは何をしましたか。

_____ _____ _____, what did you do yesterday?

(2) 約束を守りなさい。

_____ your _____.

(3) またあとで。

_____ _____ _____.

(4) 早くよくなってね。

_____ _____ soon.

(5) 私はきのう，熱がありました。

I _____ _____ _____ yesterday.

❸ 日本語に合うように，（　）内の語句を並べかえなさい。 知 　　32点

(1) そのお祭りでは，たくさんの人たちが浴衣を着ていました。

(people / a lot / were / *yukata* / in / of) at the festival.

(2) 彼女がいなくてとても寂しく思いました。

(much / I / so / her / missed).

(3) あなたは何か日本の伝統的なスポーツを試してみましたか。

(any / try / sports / did / traditional Japanese / you)?

(4) 私はあなたに会えるのを楽しみにしています。

(forward / I'm / you / to / looking / seeing).

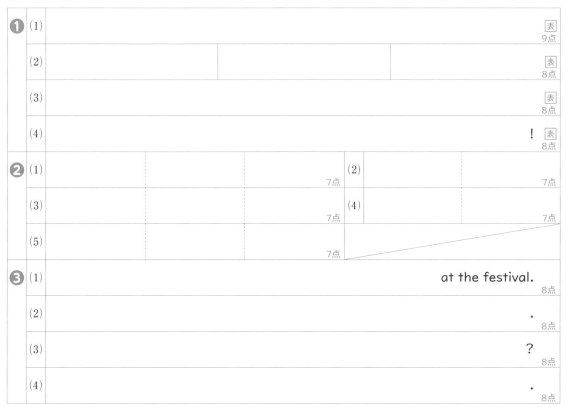

❶	(1)				表 9点
	(2)				表 8点
	(3)				表 8点
	(4)			!	表 8点
❷	(1)		7点	(2)	7点
	(3)		7点	(4)	7点
	(5)		7点		
❸	(1)		at the festival.		8点
	(2)		.		8点
	(3)		?		8点
	(4)		.		8点

▶ 表 の印がない問題は全て 知 の観点です。

解答 p.38

／20点

❶ これから3つの対話文を読みます。それぞれの内容が絵に合っていれば〇を，合っていなければ×を書きなさい。英文は2回読まれます。 （4点×3）ポケリス♪ ❶

(1)

Takeru

(2)

(3)

(1)		(2)		(3)	

❷ これからマイのスピーチと，その内容についての2つの質問文を放送します。質問の答えとして最も適切なものをア～エの中から1つずつ選び，記号で答えなさい。英文は2回読まれます。 （4点×2）ポケリス♪ ❷

(1) ア She is a student.
　イ She is not a student.
　ウ Yes, she is.
　エ No, she is not.

(2) ア It is apple pie.
　イ It is cooking.
　ウ It is English.
　エ It is Osaka.

(1)		(2)	

❶ これから4つの英文を読みます。それぞれの内容に合う絵を1つずつ選び、記号で答えなさい。英文は2回読まれます。

(2点×4)　ポケ
リス♪ ❸

(1)		(2)		(3)		(4)	

❷ これから3つの対話文を読みます。それぞれの内容が絵に合っていれば〇を、合っていなければ×を書きなさい。英文は2回読まれます。

(4点×3)　ポケ
リス♪ ❹

(1)

(2)

(3)

(1)		(2)		(3)	

❶ これから3つの対話文を読みます。それぞれの内容に合う絵を1つずつ選び、記号で答えなさい。英文は2回読まれます。 (4点×3) ポケ リス♪ ❺

(1)

(2)

(3)

(1)		(2)		(3)	

❷ これから2つの対話文を読みます。それぞれの内容に合うものをア～エの中から1つずつ選び、記号で答えなさい。英文は2回読まれます。 (4点×2) ポケ リス♪ ❻

(1) ア マイクは歩いて学校に行きます。

イ マイクはバスで学校に行きます。

ウ エミはたいてい歩いて学校に行きます。

エ エミはときどき自転車で学校に行きます。

(2) ア ケイトには姉妹がいません。

イ ケイトには姉妹が1人います。

ウ リョウには姉妹が1人、兄弟が1人います。

エ リョウには姉妹が2人います。

(1)		(2)	

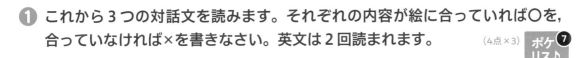

リスニングテスト ④　canの文

/ 20点　　解答 p.39

❶ これから3つの対話文を読みます。それぞれの内容が絵に合っていれば〇を，合っていなければ×を書きなさい。英文は2回読まれます。　(4点×3) ポケリス♪ ❼

(1) Hello. こんにちは。

(2) Kevin　Tom

(3) 月曜日　Ms. Suzuki

(1)		(2)		(3)	

❷ これから放送するジョンと博物館員の対話文を聞いて，その内容に合うものをア～カの中から2つ選び，記号で答えなさい。英文は2回読まれます。

　ア　John can take pictures in the museum.　(4点×2) ポケリス♪ ❽

　イ　John can take his bag with him.

　ウ　John can take his dog with him.

　エ　John can eat in the museum.

　オ　John can drink in the museum.

　カ　John can enjoy pictures in the museum before five o'clock.

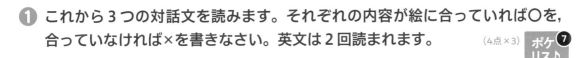

解答
p.40

／20点

❶ これから３つの対話文を読みます。それぞれの内容に合う絵を１つずつ選び，記号で答えなさい。英文は２回読まれます。

(4点×3)

ポケ
リス♪ ❾

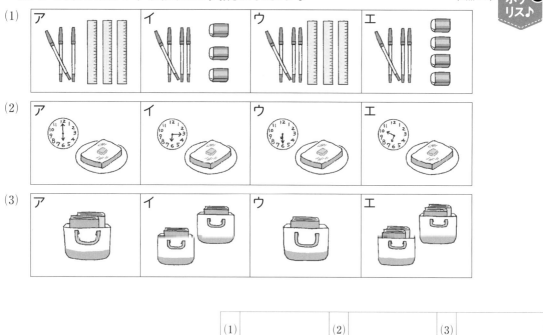

(1)		(2)		(3)	

❷ これからタカシのスピーチと，その内容についての２つの質問文を放送します。質問の答えとして最も適切なものをア～エの中から１つずつ選び，記号で答えなさい。英文は２回読まれます。

(4点×2)

ポケ
リス♪ ❿

(1) ア He practices the guitar.

　イ He practices tennis.

　ウ He practices soccer.

　エ He practices basketball.

(2) ア She is from Nagano.

　イ She is a junior high school student.

　ウ She is seventeen years old.

　エ She is Takashi's sister.

(1)		(2)	

／20点 解答 p.40

❶ これから3つの対話文を読みます。それぞれの内容に合う絵を1つずつ選び、記号で答えなさい。英文は2回読まれます。 （4点×3） ポケリス♪ ⑪

(1)

(2)

(3)

(1)		(2)		(3)	

❷ これから2つの対話文を読みます。それぞれの最後にくる文として最も適切なものをア～エの中から1つずつ選び、記号で答えなさい。英文は2回読まれます。 （4点×2） ポケリス♪ ⑫

(1) ア At school.

イ After school.

ウ With my friends.

エ By bus.

(2) ア Every year.

イ Forty years old.

ウ In August.

エ In Australia.

(1)		(2)	

/ 20点

解答
p.41

❶ これから４つの英文を読みます。それぞれの内容に合う人物を絵のア〜キの中から１人ずつ選び，記号で答えなさい。英文は２回読まれます。　(3点×4) ポケリス♪ ⑬

(1)	(2)	(3)	(4)

❷ これから放送するベッキーとシンジの電話での対話文を聞いて，その内容に合わないものをア〜カの中から２つ選び，記号で答えなさい。英文は２回読まれます。　(4点×2) ポケリス♪ ⑭

ア Becky is talking with Shinji.

イ Shinji is eating breakfast with his sister.

ウ Becky is studying Japanese.

エ Shinji is reading some kanji for Becky.

オ Shinji can help Becky after breakfast.

カ Becky can visit Shinji's house at ten o'clock.

❶ これから 3 つの対話文を読みます。それぞれの内容に合う絵を 1 つずつ選び,
記号で答えなさい。英文は 2 回読まれます。

（4点×3）ポケ
リス♪ **15**

(1)

(1)		(2)		(3)	

❷ これからリカのスピーチと,その内容についての 2 つの質問文を放送します。
質問の答えとして最も適切なものをア〜エの中から 1 つずつ選び,記号で答え
なさい。英文は 2 回読まれます。

（4点×2）ポケ
リス♪ **16**

(1) ア　She liked London very much.

　イ　During her summer vacation.

　ウ　Yes, she did.

　エ　No, she didn't.

(2) ア　She played soccer with people in London.

　イ　She visited some museums.

　ウ　She watched some movies.

　エ　She had nice food at her friend's house.

(1)		(2)	

/ 20点　解答 p.42

❶ これから3つの英文を読みます。それぞれの内容に合う絵を1つずつ選び，記号で答えなさい。英文は2回読まれます。

(4点×3) ポケリス♪ ⓱

(1)

(2)

(3)

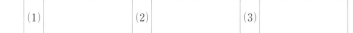

(1)		(2)		(3)	

❷ これからトムとユミの対話文と，その内容について2つの質問文を放送します。質問の答えとして最も適切なものをア～エの中から1つずつ選び，記号で答えなさい。英文は2回読まれます。

(4点×2) ポケリス♪ ⓲

(1) ア Tom.

イ Yumi's friends.

ウ Yumi's math teacher.

エ Tom's teammate.

(2) ア He was at the music shop.

イ He was in the park.

ウ He was in the library.

エ He was at home.

(1)		(2)	

❶ これから次の表について4つの質問文を読みます。質問の答えとして最も適切なものをア～エの中から1つずつ選び，記号で答えなさい。英文は2回読まれます。

(3点×4) ポケリス♪ ⑲

名前	Mary	John	Ken	Becky
出身国	オーストラリア	アメリカ	日本	カナダ
クラブ活動	テニス部	サッカー部	野球部	美術部
練習日	火・金	水・木	毎日	月
演奏する楽器	ピアノ	ピアノ，ギター	なし	ギター

(1) ア Australia. 　　　イ America.
　　ウ Japan. 　　　　　エ Canada.
(2) ア Mary. 　　　　　イ John.
　　ウ Ken. 　　　　　エ Becky.
(3) ア On Tuesdays and Fridays. 　イ On Wednesdays and Thursdays.
　　ウ Every day. 　　　　　　　　エ On Mondays.
(4) ア One. 　　　　　イ Two.
　　ウ Three. 　　　　エ Four.

(1)		(2)		(3)		(4)	

❷ これからマイクのスピーチと，その内容についての2つの質問文を放送します。質問の答えとして最も適切なものをア～エの中から1つずつ選び，記号で答えなさい。英文は2回読まれます。

(4点×2) ポケリス♪ ⑳

(1) ア For Kumi. 　　　　　イ Two months ago.
　　ウ Last Saturday. 　　エ At Kumi's house.
(2) ア She plays basketball with Mike. 　イ She speaks English.
　　ウ She has a party for Mike. 　　　　エ She helps Mike.

(1)		(2)	

❶ 次の 2 つの絵は，ユカが買い物に行ったときのできごとを表したものです。(1)〜(3)の条件に当てはまるセリフを英文で書きなさい。

(1)	
(2)	
(3)	

❷ あなたは英語の授業で父親の紹介をすることになりました。次のメモを参考にして英文の原稿を完成させなさい。

名前：明(Akira)
数学の教師をしている。
歌がじょうずだ。
速く走ることができる。
映画が好きだ。
ときどきいっしょに映画を見に行く。

❸ あなたは日本語を読むことができない外国人の友達と写真展を訪れました。次の日本語で書かれた注意事項を友達に説明する英文を4つ書きなさい。

星野太郎写真展　Hoshino Taro Photo Exhibition

| 注意事項 |

写真撮影は可能です。

飲食禁止

写真にさわらないでください。

大声で話さないでください。

---

(1)	
(2)	You can't
(3)	You
(4)	Please

---

❹ 次の絵を説明する文を3つ書きなさい。

(1)	
(2)	
(3)	

⑤ 次のグラフは，タカシがクラスの生徒全員にスマートフォンを持っているかをたずねる調査をした結果をまとめたものです。ここから読み取れることを３つの英文にまとめなさい。ただし，数字も英語のつづりで書くこと。

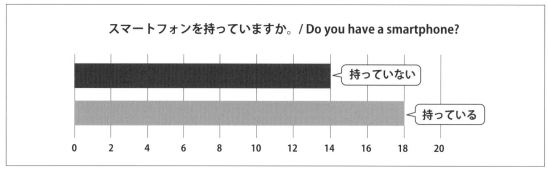

1人の生徒は携帯電話 (mobile phone) を持っていると回答

⑥ 次の質問文に対する応答文を，５つの英文にまとめなさい。行った場所やしたことついて書き，最後に感想を書きなさい。ただし，５文のうち１つはbe動詞の過去形を使った文にしなさい。

What did you do during summer vacation?

教科書ぴったりトレーニング

〈光村図書版・ヒア ウィ ゴー! 1年〉

解答集

この解答集は取り外してお使いください。

Let's Be Frieinds!

p.6 ぴたトレ**1**

Words & Phrases

(1)元気な，健康な，よい　(2)眠い

(3)すばらしい，元気な，健康な

(4)健康な，とても元気な

(5) happy　(6) tired　(7) sad

(8) hungry

1 (1) fine　(2) too　(3) Pardon

(4) see

解き方　1 (1)「私は元気です。」＝ I'm fine.　(2)「〜も同じです。」＝ too　(3)「もう一度言ってください。」＝ Pardon?　(4)「わかりました。」＝ I see.

p.7 ぴたトレ**1**

Words & Phrases

(1)季節　(2)食べ物　(3)科目

(4)スポーツ，運動競技　(5) blue

(6) white　(7) black　(8) yellow

p.8 ぴたトレ**1**

Words & Phrases

(1)どこで[へ・に]　(2)〜が欲しい，〜を望む

(3) go　(4) why

1 (1) Italy　(2) Egypt　(3) Why

解き方　1 (1)(2)want to go 〜＝〜へ行きたいです。　(3)「なぜ」＝ Why

p.9 ぴたトレ**1**

Words & Phrases

(1) thirteen　(2) fifty

(3) twenty-eight

(4) one hundred

1 (1) four　(2) eight

解き方　1 (1)ネコが4匹いる。　(2)ボールが8個ある。

p.10 ぴたトレ**1**

Words & Phrases

(1) April　(2) November

(3) twenty-fifth

(4) thirty-first

p.11 ぴたトレ**1**

Words & Phrases

(1)鉛筆　(2)ヨット　(3)ウサギ

(4) notebook　(5) milk　(6) box

1 (1) a　(2) e　(3) c　(4) d　(5) l

(6) h　(7) o　(8) v

解き方　1 (1)リンゴ　(2)卵　(3)ネコ　(4)イヌ　(5)レモン　(6)(縁のある)帽子　(7)タコ　(8)バレーボール

pp.12〜13 ぴたトレ**2**

◆1 (1)ア　(2)エ　(3)ウ

◆2 (1) How are　(2) Thank you

◆3 (1) Where do you want to go(?)

(2) When is your birthday(?)

(3) My birthday is January twenty-first(.)

(4) My birthday is November third(.)

◆4 (1) I like white.

(2) How are you?

(3) My birthday is May eighth.

⑤ (1)10月1日　(2)イ　(3)白

解き方

① (1)「私は茶色が好きです。」好きです＝like
(2)「私はイタリアに行きたいです。」行く＝
go　(3)「私の誕生日は7月〜日です。」日付
の表し方として正しいのはウのfourth。

② (1)「お元気ですか。」＝How are you?
(2)「ありがとうございます。」＝Thank you.
(1)(2)ともに会話でよく使われる言葉。

③ (1)「どこへ」＝Where 〜?　「〜したい」＝
want to＋動詞の原形　(2)「いつ〜ですか。」
＝When 〜?　この場合，動詞が続く。「あ
なたの誕生日」＝your birthday　(3)「私の
誕生日」＝My birthday　「21日」＝twenty-
first，10の位の数と1の位の数をハイフン
でつなぐ。　(4)「11月3日」＝November
third

④ (1)「白色」＝white，「好き」＝like　(2)「お元
気ですか。」＝How are you?　(3)「私の誕生
日」＝My birthday，「5月8日」＝May
eighth。

⑤ (1)When is your birthday?と聞かれ，My
birthday is October first.と答えているの
で，10月1日　(2)What color do you like?
に対して，Nanaは，I like pink and white.
(私はピンクと白が好きです)と答えている。
(3)Jimmyは，I like white, too.(私も白色
が好きです)と答えている。

全訳

ジミー：やあ，ナナ。私はジミーです。
ナナ：やあ，ジミー。あなたの誕生日はいつで
　　　すか。
ジミー：私の誕生日は10月1日です。あなたの
　　　　誕生日はいつですか。
ナナ：私の誕生日は2月22日です。
ジミー：あなたは何色が好きですか。
ナナ：私はピンクと白が好きです。
ジミー：いいですね。私も白が好きです。
ナナ：わかりました。

Unit 1 ～ Daily Life 1

p.14　　　　　　　　ぴたトレ1

Words & Phrases

(1)学生，生徒　(2)ありがとう。
(3)〜に会う，〜と知り合いになる
(4)〔女性の姓・姓名の前で〕〜さん，〜先生
(5) lost　(6) there　(7) call
(8) from

1 (1) to meet　(2) Call

解き方

1 (1)「はじめまして」＝Nice to meet you.
(2)「〜を…と呼んでください」＝call 〜 ….

p.15　　　　　　　　ぴたトレ1

Words & Phrases

(1)秋　(2)〜について(の)，〜に関して
(3)美しい，きれいな　(4)それほど，そんなに
(5)〜を演奏する，〜をする
(6) look　(7) much
(8) spring　(9) summer
(10) winter

1 (1) How about　(2) so much

解き方

1 (1)「あなたはどうですか？」＝How about
you?　(2)「それほど」＝so much

p.16　　　　　　　　ぴたトレ1

Words & Phrases

(1)速く　(2)上手に，うまく
(3)かっこいい，すごい　(4)バスケットボール
(5) dance　(6) run　(7) baseball
(8) swim

1 (1) from，summer
(2) can't，fast，but
(3) can't，flute，play

解き方

1 (1)「〜出身」＝from，「夏」＝summer
(2)「できません」＝can't，「速く」＝fast
(3)「フルート」＝flute，「演奏する」＝play

ぴたトレ1

Words & Phrases

(1)郵便番号　(2)住所　(3)国(名)

(4)電話

(5) name　(6) to

pp.18～19　　　**ぴたトレ2**

❶ (1)イ　(2)ウ　(3)ア

❷ (1) a student

(2) can't play the

(3) can't, basketball, swim well

❸ (1) Call me Ken(.)

(2) I'm from Tokyo(.)

(3) Nice to meet you(.)

(4) I'm 12 years old(.)

❹ (1) My name is ～.

(2) I'm ～ years old.

(3) I'm from ～.

(4) I like ～.

(5) I can play (the) ～.

❺ (1)インド　(2)野球

解き方

❶ (1)so muchがあるので, don't likeを選ぶと,「私はそれほど春が好きではありません。」と通じる文になる。　(2)piano(楽器)を演奏する場合, play the ～となる。　(3)「AとBが好きだ」という文章にする。

❷ (1)「私はそこの学生」と1人なので, a student　(2)「(楽器)を演奏できません」=can't play the ～　(3)「できません」=can't,「バスケットボール」=basketball,「泳ぐ」=swim,「上手に」=well

❸ (1)「私を～とよんでください」=Call me ～　(2)「～の出身」=from ～　(3)「はじめまして」=Nice to meet you.　(4)「12歳」=12 years old

❹ (1)自分の名前を紹介するときは, My name is ～.　(2)自分の年齢をいうときは, I'm ～

years old.　(3)自分の出身をいうときは, I'm from ～　(4)自分の好きな色をいうときは, I like ～.　(5)自分ができるスポーツは, I can play ～, 楽器をいうときは, I can play the ～.

❺ (1)I'm from India.と言っているので, インド出身。　(2)I can play baseball well.と言っているので, 野球を上手にすることができる。

全訳

アニカ：こんにちは, 私はアニカです。はじめまして。

ケン：こんにちは, アニカ。こちらこそはじめまして。私はケンです。

アニカ：私はインド出身です。私はカレーを作ることができます。

ケン：インドですか。いいですね。私はカレーが好きですが, カレーを作ることはできません。私はじょうずに野球をすることができます。

アニカ：すごいですね。

pp.20～21　　　**ぴたトレ3**

❶ (1)×　(2)○　(3)×

❷ (1)ア　(2)ア　(3)イ

❸ (1) I'm a student

(2) Nice to meet

(3) like sports, music

(4) can play, swim

❹ (1) I can play the piano.

(2) You don't like winter.

(3) I can't play baseball.

❺ (1) Nice to meet you(.)

(2) Call me Jun

(3)ウ　(4) can't

(5) can play the flute

❻ (1) I can't run fast.

(2) I'm from Kanagawa.

(3) Why not?

❶ (1)「秋」「〜できる」 (2)「野球」「場所」
(3)「見る」「かっこいい，すごい」

❷ (1)(2)最初の音節を強く読む。 (3)真ん中の音節を強く読む。(1)バスケットボール (2)美しい (3)音楽家，音楽が上手な人

❸ (1)「私は学生です。」＝ I'm a student. (2)「はじめまして。」＝ Nice to meet you. (3)「スポーツと音楽」＝ sports and music,「好き」＝ like (4)「野球をする」＝ play baseball,「泳ぐ」＝ swim,「できます」＝ can

❹ (1)「できる」＝ can (2)「〜ではない」＝ don't＋動詞の原形 (3)「〜できない」＝ can't＋動詞の原形

❺ (1)「はじめまして。」＝ Nice to meet you. (2)「私を〜と呼んでください。」＝ Call me 〜． (3)「私は夏が好きではないが，秋は好きです。」という文になるので，don'tが正解。 (4)「〜できません」＝ can't (5)「フルートを演奏できます。」＝ can play the flute.

❻ (1)「速く走る」＝ run fast,「できません」＝ can't (2)「神奈川出身です」＝ from Kanagawa (3)否定の文をうけて，その理由を聞くときは，Why not?

英作文の採点ポイント

□単語のつづりが正しい。（3点）
□（ ）内の語数で書けている。（2点）
□(1)語順が正しい。 (2)出身を表す表現が正しく使えている。 (3)否定の言葉を聞いて，それに対する解答が理解できている。（3点）

Unit 2

pp.22〜23　ぴたトレ1

Words & Phrases

(1)クラブ，同好会 (2)活動，運動
(3)〔話し手の方へ〕（やって）来る，〔聞き手の方へ〕行く
(4)運動好きな人，スポーツマン，運動選手
(5)ブラスバンド，吹奏楽部
(6) new (7) art (8) team
(9) science (10) drama

① (1)イ (2)ウ (3)イ

② (1)am，new (2)Come in
(3)Here's the drama
(4)Are，a

③ (1)Are you from Australia(?)
(2)Are you a basketball fan(?)
(3)No, I'm not(.)

① (1)「あなたは〜ですか。」＝ Are you 〜? (2)「美術」＝ art (3)「運動選手」＝ athlete

② (1)「私は〜」＝ I am (2)「お入りなさい。」＝ Come in. (3)「ここが〜です。」＝ Here's 〜．「演劇」＝ drama (4)「あなたは〜ですか。」＝ Are you 〜?

③ (1)「あなたは〜出身ですか。」＝ Are you from 〜 (2)「バスケットボール」＝ basketball,「〜のファン」＝〜 fan (3)「私はちがいます。」＝ I'm not.

pp.24〜25　ぴたトレ1

Words & Phrases

(1)水曜日 (2)練習する (3)楽器 (4)木曜日
(5) Monday (6) little
(7) Sunday (8) usually

① (1)ウ (2)イ (3)ウ

② (1)always，the
(2)sometimes，table tennis
(3)practice，Thursdays

4　英語

(4) never play

3 (1) Do you like soccer(?)

(2) I sometimes practice basketball(.)

(3) We usually practice on Mondays and Wednesdays(.)

解き方
1 (1)「～を演奏しますか。」普通動詞の疑問文なので，Doが正解。 (2)「少し」= a little (3)instrumentinstは，単語の先頭が母音なので，冠詞はanになる。

2 (1)「いつも」= always,「ピアノを演奏します」= play the piano (2)「ときどき」= sometimes,「卓球」= table tennis (3)「練習をします」= practice,「木曜日に」= Thursday (4)「決して」= never,「演奏しません」neverが否定を表す単語なので，他にnotなどを使わず動詞が続く。

3 (1)「～が好きですか。」= Do you like ～? (2)「ときどき」= sometimes,「バスケットボールの練習をします」= practice basketball. (3)「たいてい」= usually,「月曜日と水曜日に」on Mondays and Wednesdays.

pp.26～27　　　ぴたトレ**1**

Words & Phrases

(1)繰り返して言う (2)描く (3)牛 (4)書く (5)～に乗る (6) coffee (7) say (8) read (9) drink (10) eat

1 (1)ウ (2)イ (3)イ

2 (1) after me (2) What is (3) It is (4) Can，draw

3 (1) What is a tongue twister(?)

(2) I can ride a unicycle(.)

(3) Can you say "*tako*" in English(?)

解き方
1 (1)「できますか。」= Can ～? (2)「できません。」= can't (3)「できます。」= can

2 (1)「私の後に」= after me (2)「何ですか。」= What ～? (3)「それは～です。」= It is ～ (4)「描く」= draw,「できますか。」= Can ～?

3 (1)「早口言葉」= tongue twister,「何ですか。」= What ～? (2)「一輪車」= a unicycle,「乗る」= ride (3)「英語で」= in English,「言う」= say

pp.28～29　　　ぴたトレ**2**

1 (1)ウ (2)イ (3)エ

2 (1) Are，a，fan

(2) sometimes play an

(3) Can，read it

3 (1) Can you write "noodle" in *kanji*?

(2) I usually practice on Tuesdays and Fridays.

(3) Are you a baseball fan?

4 (1) Here's the drama

(2) Can，play the

(3) I can say

(4) usually practice

5 (1) Are you a new student?

(2) Repeat after me.

(3) I sometimes practice an instrument.

(4) Are you a basketball fan?

(5) We always play table tennis.

解き方
1 (1)「あなたは新入生ですか。」という文で，Are you ～?となる。 (2)an instrumentは楽器で，「私は演奏できます。」という文はplayが正解。 (3)「あなたはそれを書くことができますか。」という文は，Can you ～?

2 (1)「あなたは～ファンですか。」Are you a ～ fan? (2)「ときどき」= sometimes,「楽器を演奏します」= play an instrument (3)「読む」= read,「できますか」= Can ～?

3 (1)「あなたは漢字で"麺"が書けますか。」という疑問文は，Can you ～?「漢字で」= in kanji (2)「私はたいてい火曜日と金曜日に

英語 **5**

練習をします。」という文にするには
TuesdayとFridayをandでつなぐ。毎週，
火曜と金曜に練習するという意味を表すた
め複数を表すsをつける。 (3)「あなたは〜
のファンですか」という疑問文にするには，
Are you 〜 fan?

④ (1)「ここが〜です」= Here's 〜，「演劇クラ
ブ」= a drama club　(2)「〜を演奏する」=
play the 〜，「できますか」= Can 〜?
(3)「ができます」= can，「言う」= say
(4)「たいてい」= usually，「練習します」=
practice

⑤ (1)「あなたは〜ですか。」= Are you 〜?
「新入生」= a new student　(2)「私の後に」
= after me，「続いてください」= Repeat
〜　(3)「ときどき」= sometimes，「楽器を
練習します」= practice an instrument
(4)「あなたは〜のファンですか。」= Are you
a 〜 fan?　「バスケットボール」basketball
(5)「いつも」= always，「卓球をする」=
play table tennis

---

pp.30〜31　　　　　　　ぴたトレ3

❶ (1)〇　(2)〇　(3)✕
❷ (1)ア　(2)イ　(3)ア
❸ (1) Are you new
　(2) play the, a
　(3) Can, drink coffee
　(4) No, I can't
❹ (1) ─ Yes, I do.
　(2) Can you play the piano?
　(3) Are you from Osaka?
　　　─ No, I'm not.
❺ (1) Are you new students
　(2) Do you play
　(3) イ
　(4) practice on Tuesdays,
　　　Thursdays, and
　(5) can't

❻ (1) Can you ride a unicycle?
　(2) Repeat after me.
　(3) Come in.

解き方

❶ (1)「美術，芸術」「演劇」　(2)「〔話し手の方
へ〕（やって）来る，〔聞き手の方へ〕行く」
「ときどき，ときには」　(3)「練習する」「い
つも，常に」

❷ (1)(3)最初の音節を強く読む。 (2)第二音節を
強く読む。(1)土曜日　(2)繰り返して言う，
復唱する　(3)水曜日

❸ (1)「あなたは〜ですか。」= Are you 〜?

❹ (1)疑問文は，Do you play 〜 に対して，
─ Yes, I do.で答える。　(2)「ときどき」=
sometimesを動詞の前に置く。　(3)疑問文
は，Can 〜?　答えは，No, I can't. (4)出
身を聞く疑問文は，Are you from 〜?　答
えは，No, I'm not.となる。

❺ (1)「あなたたちは新入生ですか。」という文に
するには，Are you 〜?　この場合students
なので複数の相手に聞いていることがわか
る。　(2)「あなたは〜をしますか」= Do you
play 〜?
(3)aと熟語をなすのはlittleで，「少し」とい
う意味になる。　(4)「火曜日，木曜日と土曜
日」と3つ以上の場合は，一つめと二つ目は
「，」でつなぎ，最後はandでつなぎ，「on 〜,
〜 and 〜」となる。　(5)「私はできません」=
I can't

❻ (1)「あなたは〜に乗れますか」とたずねると
きは，Can you ride 〜?で表す。　(2)「私の
後に」= after me　「続いてください。」=
Repeat　(3)「お入りください」という文は，
Come in

英作文の採点ポイント
□単語のつづりが正しい。（3点）
□（ ）内の指示通りに書けている。（2点）
□(1)語順が正しい。　(2)助動詞が正しく使えてい る。　(3)命令形が正しく使えている。（3点）

Unit 3 ～ You Can Do It! 1

pp.32～33 ぴたトレ**1**

Words & Phrases

(1)魚釣り　(2)花火　(3)映画　(4)休暇
(5)ギター　(6) park
(7) grandfather　(8) weekend
(9) homework　(10) stay

1 (1) What, do
(2) usually, homework

2 (1)イ　(2)ア

3 (1) What do, want
(2) want, cat
(3) to, park, every

4 (1) What do you do on weekends(?)
(2) I see fireworks with my family(.)
(3) I sometimes play *shogi* with my father(.)

解き方 1 (1)「何を」= what,「する」= do　(2)「たいてい」= usually,「宿題をする」= do one's homework
2 (1)「する」= do　(2)「訪ねる」= visit
3 (1)「何が～ですか。」= What do ～?「～が欲しい」= want ～　(2)「～が欲しい」= want ～,「ネコ」= cat　(3)「～へ行く」= go to ～,「公園」= park,「毎週～曜日」= every ～
4 (1)「何をしますか」= What do ～ ...?「毎週末」= on weekends　(2)「花火を見る」= see fireworks,「家族と一緒に」= with one's family　(3)「ときどき」= sometimes,「私の父と」= with my father,「将棋をします」= play *shogi*

pp.34～35 ぴたトレ**1**

Words & Phrases

(1) using　(2) walking
(3) staying　(4) running

(5) studying　(6) swimming
(7) coming　(8) enjoying

1 (1)イ　(2)ア　(3)ウ

2 (1) that, apple
(2) Do, like playing
(3) I like swimming

3 (1) Do you like taking pictures
(2) What do you like doing(?)
(3) Do you like climbing mountains(?)

解き方 1 (1)「～することが好きです」= like ～ing,「走る」= runは短母音＋子音字の動詞　(2)「使うこと」= using　(3)「バドミントンをすること」= playing badminton,「楽しい」= fun
2 (1)「あれは」= that　(2)「～を演奏する」= play the ～　(3)「泳ぐこと」= swimming
3 (1)「写真を撮る」= take pictures　(2)「何を」= what,「～する」= do　(3)「登山をする」= climb mountains

pp.36～37 ぴたトレ**1**

Words & Phrases

(1)スキー　(2)美術館　(3)水泳，泳ぐこと
(4)水族館　(5) they　(6) get
(7) heavy　(8) penguin

1 (1)イ・ウ　(2)イ　(3)ア

2 (1) Do, want, get
(2) want, to, during, vacation
(3) What, want, do
— want, watch

3 (1) What are those(?)
— They are bags(.)
(2) want to play soccer(?)
— Yes, of course(.)

解き方

1 「〜したい」= want to +動詞の原形　(1)「スキーをしに行く」= go skiing　(2)「何が〜」= What 〜?　(3)「訪問する」= visit

2 (1)「手に入れる」= get　(2)「〜に行く」= go to　(3)「何が」= What,「〜したい」= want to do 〜,「テレビを観る」= watch TV

3 (1)「あれらは」= those, 答えは「それら」= theyで答える。　(2)「〜したい」= want to,「サッカーをする」= play soccer,「はい, もちろんです」= Yes, of course

---

p.39　ぴたトレ1

1 (1)ア　(2)ウ　(3)イ

2 (1)**Are，shy**　(2)**Do，drink**

(3)**can't make**

3 (1)**Do you like reading books(?)**

(2)**(I) don't play soccer on (Sundays.)**

(3)**Can you play the drums(?)**

解き方

1 (1)「あなたは〜ですか」= Are you 〜?　(2)「〜を演奏する」= play the 〜　(3)「あなたは〜が好きですか。」= Do you like 〜?

2 (1)「恥ずかしがり」= shy　(2)「あなたは〜しますか。」= Do you 〜?　(3)「〜ができません」= can't 〜,「作る」= make

3 (1)「あなたは〜が好きですか？」= Do you like 〜?　(2)「〜しない」= don't,「日曜日に」= on Sundays　(3)「〜を演奏します」= play the[a] 〜

---

pp.40〜41　ぴたトレ1

Words & Phrases

(1)旅行する　(2)動物　(3)趣味

(4)お気に入りの　(5)**people**　(6)**sing**

(7)**future**　(8)**talk**

1 (1)ウ　(2)イ　(3)ア

2 (1)**over the world**

(2)**like playing — don't，like**

(3)**My favorite**

3 (1)**I like listening to music(.)**

---

(2)**I'm good at singing(.)**

(3)**What do you want to be**

解き方

1 (1)「〜を飼う」= have 〜　(2)「〜したい」= want to do 〜　(3)「〜することが好きです」= like + 〜ing

2 (1)「世界中に」= all over the world　(2)「〜することが好きです」= like + 〜ing　(3)「私のいちばん好きな〜」My favorite 〜

3 (1)「音楽を聞くこと」= listening to music　(2)「〜することが得意です」= be good at 〜ing.　(3)「何に」= What,「〜になりたい」= want to be 〜

---

pp.42〜43　ぴたトレ2

1 (1)イ　(2)ウ　(3)エ

2 (1)**usually vist my**

(2)**What do you do — climb**

(3)**favorite sport is**

3 (1)**What do you do on Sundays?**

(2)**I usually go fishing.**

(3)**How many pets do you have?**

4 (1)**What，do there.**

(2)**I like watching birds**

(3)私はたいてい日曜日に犬を散歩させます。

5 (1)**It's a popular food in Singapore.**

(2)**No, he's not. (No, he isn't)**

(3)**Yes, he is.**

解き方

1 (1)「〜の間」= during　(2)usuallyは一般動詞の前にくる。　(3)「〜したい」= want to +動詞の原形。

2 (1)「たいてい」= usuallyは一般動詞の前にくる。「訪ねます」= visit　(2)「何をしますか」= Whatで始まる疑問文。「登山をします」= climb mountains　(3)「いちばん好きな」= favorite

3 (1)「do my homework」を問う疑問文は「何

をしますか。」という意味のWhat do you do ～?になる。　(2)「たいてい」＝usuallyという副詞は一般動詞の前にくる。　(3)「three pets」を問う疑問文は「何匹のペットを」という意味のHow many pets ～?

④(1)「何をしますか」はWhat ～で始まる疑問文。「そこで」＝ there　(2)「観察する」は「じっと見ること」＝watch。　(3)walkは「散歩に行く」と訳す。

⑤(1)「チキンライスとは何ですか。」と聞いているので，It's a popular food in Singapore ＝「シンガポールでは人気の食べ物」が正解。　(2)「Soraは料理が得意ですか。」の質問に対してI'm not good at cooking.と答えているので「いいえ，ちがいます。」を英語で答える。　(3)Chenは，I'm a good cook.と答えているので，得意であることがわかる。

全訳

チェン：この写真をみてください。これがチキンライスです。シンガポールでは人気の食べ物です。

ソラ　：わあ，私はチキンが大好きです。

チェン：いつかいっしょに作りましょう。

ソラ　：しかし，私は料理が得意ではありません。

チェン：心配しないでください。私は料理が得意です。

pp.44〜45　　　　　　ぴたトレ3

① (1)○　(2)×　(3)×

② (1)ア　(2)イ　(3)ア

③ (1) also go to

(2) sometimes play, with my

(3) Do, like playing

(4) What are, They are

④ (1) good at　(2) also like

(3) My favorite

⑤ (1) dancing

(2) I usually go swimming

(3)イ　(4) to go, too

(5) want to dance

⑥ (1) Sounds fun.

(2) I like skiing.

(3) Really?

解き方

① (1)「土曜日」「～を練習する」　(2)「ダンスをする，踊る」「(写真を)撮る」　(3)「キャンプ(をする)」「歩く」

② (1)(3)最初の音節を強く読む。　(2)は第二音節を強く読む。(1)祖母　(2)休暇　(3)図書館

③ (1)「～も」は，alsoを動詞の前に置く。(2)「ときどき」はsometimesを動詞の前に置く。　(3)「～をすることが好きです」は，I like + ～ing。　(4)「～は何ですか。」What + be動詞で始まる疑問文にする。「それら」＝ they

④ (1)「上手に～できる」＝「～をすることが得意です」と言い換えられる。　(2)too(～もまた)と同じ意味のalsoを使う。　(3)like ～ very much(～が大好きです)＝「大好きな～は」＝ favoriteに言い換えられる。

⑤ (1)like + ～ing＝「～することが好きです」(2)usuallyを動詞の前に置く。　(3)go to ～＝～へ行く。　(4)Do you want to go there?の質問には「私も行きたい」と答える。(5)「～したい」＝ want to ～

⑥ (1)「楽しそうだ」＝ Sounds fun.動詞の最後に-sを忘れないように。　(2)「～することが好きです」と言う場合，行動を示す動詞のうしろにingを入れる。　(3)本当なのか聞きたいときはReally?　で表す。

英作文の採点ポイント

□単語のつづりが正しい。（3点，(3)は5点）

□（　）内の語数で書けている。（2点，(3)は3点）

□(1)語順が正しい。(2)会話表現が正しく使えている。（3点）

Unit 4

pp.46〜47 ぴたトレ **1**

Words & Phrases

(1)待つ　(2)興味を引き起こす，面白い
(3)強い，たくましい　(4)おかしい，面白い
(5)popular　(6)kind　(7)class　(8)teacher

1 (1)He's, teacher　(2)strict, class
2 (1)That's Mr. Takahashi. He's our English teacher(.)
(2)That's Ms. Yoshida. She's our science teacher(.)
3 (1)イ　(2)ウ　(3)ア
4 (1)can't wait　(2)He's, science
(3)Her class is　(4)That's, teacher
(5)This is, Her class

解き方 1 (1)「彼は」は，heで表す。heに対応するbe動詞は，isとなる。教師 = teacher　(2)「厳しい」= strict，「授業」= class
2 (1)Mr. 〜なので，He's 〜となる。ourは「私たちの」の意味。　(2)Ms. 〜なので，She's ...となる。
3 (1)「彼は〜」の場合の適切なbe動詞を選ぶ。(2)「こちらは」= This　(3)「それで」= so
4 (1)「待ちきれない」=「待つことができない」の意　(2)He isを1語ではHe's　(3)「彼女の授業」= her class　(4)「あちらが〜です」= That's　(5)「こちらが〜です」= This is 〜.

pp.48〜49 ぴたトレ **1**

Words & Phrases

(1)競技者，選手　(2)歌手，歌う人　(3)作家
(4)let's　(5)actor　(6)ask

1 (1)イ　(2)ア　(3)ウ　(4)イ
2 (1)Who's — He's, writer
(2)Maybe, new student
(3)soccer player, isn't　(4)Let's ask
3 (1)Who is your favorite actor(?)
(2)Do you want to meet
(3)a good table tennis player, isn't she(?)

解き方 1 (1)「もしかしたら」= maybe　(2)「会う」= meet　(3)「誰ですか」= Who's ...?　(4)前半の文が肯定文の場合，付加疑問文は，コンマ＋動詞＋not＋主語の形となる。

2 (1)「誰ですか」= Who's ...?　(2)「もしかしたら」= maybe，「新入生」= new student
(3)He's = he isなのでisの否定形が正解
(4)「〜しよう」= Let's 〜
3 (1)「一番好きな〜」= favorite 〜　(2)「会う」= meet　(3)前半の文が，Sheを主語とした肯定文なので付加疑問文は，コンマ(,)＋動詞＋not＋主語となる。

pp.50〜51 ぴたトレ **1**

Words & Phrases

(1)兄弟，兄，弟　(2)隣人，近所の人
(3)姉妹，姉，妹　(4)勇敢な，勇ましい
(5)classmate　(6)game　(7)smart
(8)teammate

1 (1)ウ・イ　(2)イ　(3)イ・ウ
2 (1)Is, your brother　(2)isn't, is our
(3)Is, in the
3 (1)Is Maki your sister(?) — Yes, she is(.)
(2)Is he your P.E. teacher(?)
　— No, he isn't(.)
(3)He is our English teacher(.)

解き方 1 (1)「彼女」が主語なのでIs ...?　(2)「彼は〜ではありません」= He's not 〜　(3)主語が「彼女」なので，動詞はisを選ぶ。否定形の答えは，isn't
2 (1)「あなたの兄弟」= your brotherが主語なのでIs ...?　(2)否定形のisn't。「私たちの」= our　(3)「彼女」が主語なのでIs ...?　「〜に入っている」は所属しているという意味で，inを使う。
3 (1)マキは自分と相手以外なのでIs ...?の疑問文。isで答える。　(2)「あなたの」= yourを使う。　(3)「私たちの」= our

pp.52〜53 ぴたトレ **1**

1 (1)イ・ウ　(2)イ・ウ　(3)イ
2 (1)Who's — He's　(2)our P.E. teacher
(3)Is, your neighbor — isn't
3 (1)classmate　(2)is good at
(3)kind, popular　(4)favorite subject
4 (1)brave and kind
(2)Is he your neighbor(?) — No, he isn't(.)

解き方 1 (1)「誰ですか」= Who's 〜　(2)「彼女は違います」= isn't　(3)「ではありません」= not

10　英語

（左上）

② (1)「誰ですか」= Who's ～　(2)「私たちの」= our,「体育」= P.E.　(3)「隣人」= neighbor,「違います = isn't

③ (1)「同級生」= classmate　(2)「得意なこと」= be good at ～　(3)「親切，人気がある」= kind, popular　(4)「いちばん好きな」= favorite,「教科」= subject

④ (1)「勇敢な」= brave,「親切」= kind　(2)「隣人」= neighbor

pp.54〜55 ぴたトレ2

① (1)ウ　(2)ウ　(3)ウ

② (1)Is, your neighbor
(2)No, isn't, is my brother　(3)Maybe
(4)Is he

③ (1)Who's that?　(2)Who's she?
(3)She's a good singer, isn't she?
(4)You are a student, aren't you?

④ (1)He's, P.E. teacher　(2)So he's popular
(3)I can't wait

⑤ (1)I see a cow. (I see a penguin.)
(2)Yes, I do. (No, I don't.)

解き方

① (1)Ms. Yamadaは女性なのでshe
(2)fun→popularなので,「それで」のso
(3)heが主語なので，Isが正解。

② (1)「隣人」= neighbor　(2)「兄弟」= brother
(3)「もしかしたら」= maybe　(4)主語が彼なので，Is ...?「私たちの教師」= our teacher

③ (1)下線部がJunichiroなので「誰か」を問う問題　(2)下線部がclassmateかどうかを問う問題　(3)相手に同意を求める付加疑問文は，前半が肯定形なら，カンマ以降は否定形がくる。　(4)相手に念を押す付加疑問文は，前半が肯定形なら，カンマ以降は否定形がくる。

④ (1)「体育の教師」= P.E. teacher　(2)「それで」= so　(3)「待ちきれない」は「待つことができない」という意味 = can't wait

⑤ (1)普通に見るとpenguin，さかさまにするとcowに見えるので，どちらも正解
(2)自分の解答を答える。

全訳

エミリー：これは奇妙なペンギンの絵です。
ソラ：私にはその絵の中に2つの動物が見えます。その絵をさかさまにして見てください。

エミリー：おお，今私には牛が見えます。あなたは2人の人の顔も見えますか。
ソラ：いいえ，私には見えません。

pp.56〜57 ぴたトレ3

① (1)×　(2)×　(3)○

② (1)ア　(2)ア　(3)ア

③ (1)That's Mr, He's, teacher
(2)Who's that — He's, friend
(3)Maybe she's in　(4)He's, player, isn't

④ (1)isn't, He's, brother
(2)she is, good athlete [player]
(3)isn't, She's our, teacher

⑤ (1)isn't　(2)Who's
(3)She's our English teacher(.)
(4)イ　(5)I see

⑥ (1)Is he your classmate?
(2)He's a good soccer player, isn't he?
(3)She's our science teacher, and her class is fun.

解き方

① (1)「彼は」「彼女の(を)」　(2)「もしかしたら」「(人に)たずねる」　(3)「おおい，ちょっと」「隣人」

② (1)〜(3)いずれも最初の音節を強く読む。
(1)級友　(2)興味を引き起こす，面白い
(3)宇宙飛行士

③ (1)後半の文で「彼は」と言っているので，That'sのあとはMr. ～となる。　(2)「誰か」を1語で表すとWho's　「彼は」は1語でHe'sを使う。(3)「もしかしたら」= maybe,「～に所属している」はbe動詞＋in＋～で表す。(4)「～ですよね。」と相手に確認する付加疑問文。前半が肯定形なら後半は否定形になる。

④ (1)「兄弟」= brother　(2)「上手な」=「良い」でgood,「運動選手」全般を言うときはathlete　(3)「私たちの」= ourで，その前は1文字なのでShe'sとなる。

⑤ (1)相手に確認する付加疑問文。前半が肯定形なら後半は否定形になる。　(2)次の文がShe'sなので「誰」かをたずねる疑問文になる。　(3)主語はshe'sで「私たちの英語の先生」がつづく。　(4)文の流れから判断すると，「それで」のsoが正解。　(5)「なるほど。」=「わかりました」の意のI seeが適切。

⑥ (1)「あなたの同級生」= your classmate
(2)相手に確認する付加疑問文。前半が肯定

英語 **11**

形なら後半は否定形になる。 (3)「～の教師で，…」と続くときはandでつなぐ。「彼女の授業」＝ her classで表す。

Unit 5 ～ Active Grammar

Words & Phrases

(1)共に，一緒に　(2)階
(3)～の後ろに，～の裏側に　(4)カフェテリア
(5)entrance　(6)room　(7)classroom
(8)nurse

1 (1)ア　(2)ウ　(3)イ

2 (1)That's, over　(2)Next to
(3)Where, our classroom　(4)Where do

3 (1)The library is between the art room and the science room(.)
(2)The pool is near the gym(.)
(3)I'm in front of the school now(.)
(4)It's on the second floor, next to the music room(.)

解き方

1 (1)「～階に」＝ on the ～ floor　(2)「どこに～がありますか。」＝ Where is ～?　(3)「どこで～しますか?」と相手に聞く場合は，Whereのあとに疑問形をつづける。

2 (1)「向こう側に」＝ over there
(2)「～の隣」＝ next to ～　(3)「私たちの教室」＝ our classroom　(4)「どこで～しますか?」と聞く場合はWhere do ～?

3 (1)「AとBの間」＝ between A and B　(2)「～の近くに」＝ near ～　(3)「～の前に」＝ in front of ～　(4)「～階に」＝ on the ～ floor

Words & Phrases

(1)考え，アイデア，思いつき　(2)部屋履き
(3)歩み，足取り
(4)(人・物)の後について行く〔来る〕
(5)mom　(6)put　(7)take off ～　(8)them

1 (1)Let's　(2)Don't　(3)out

2 (1)ウ　(2)イ　(3)ア　(4)ア

3 (1)Watch, step　(2)good idea
(3)Let's study English　(4)follow me

4 (1)Let's talk in English(.)
(2)Take off your shoes
(3)Don't run in the hallway(.)
(4)Don't use the phone here(.)

1 (1)「～しましょう」= Let's ～ (2)「～しないでください」= Don't ～ (3)「～を出す」= take out ～

2 (1)「(～を)着る，履く」= put ～ on(靴は複数形なのでthem) (2)「～しましょう」= Let's ～ (3)「～を脱ぐ」= take off ～ (4)「～をしないでください」= Don't ～

3 (1)「～の足元に注意する」=「～の足元を見る」の意でwatch ～ step (2)「よい考え」= good idea (3)「～しましょう」= Let's ～ (4)「(人・物)の後について行く(来る)」= follow ～

4 (1)「～で話す」= talk in ～ (2)「～を脱ぐ」= take off ～ (3)「廊下を(で)」= in the hallway (4)「電話を使う」= use the phone

pp.62~63 ぴたトレ1

Words & Phrases
(1)きれいにする，掃除する，片づける
(2)朝，午前(中) (3)買い物，ショッピング
(4)午後 (5)time (6)day (7)dinner
(8)before

1 (1)When (2)wipe

2 (1)ウ・イ (2)ウ (3)ア・ウ

3 (1)When, do (2)sweep the floor
(3)It's, tidy, impressed

4 (1)When do you take a, — Before dinner(.)
(2)When do you go shopping(?)
(3)On Sunday, November 28(.)
(4)When do you have art club(?)
— After clean-up time(.)

1 (1)「いつ～しますか」= When do you ～? (2)「～を拭きます」= wipe ～

2 (1)「～はいつありますか」= When do you have ～? (2)「掃除をします」= clean (3)「はいつですか」はWhen isの短縮形であるWhen'sが正解。曜日の前には，onをおく。

3 (1)「いつ」= When，「宿題をする」= do one's homework (2)「床を掃く」= sweep the floor (3)「整理されている」= tidy，「感心する」はimpressedで表す。

4 (1)「お風呂に入る」= take a bath，「～の前」は before ～ (2)「買い物に行く」= go shopping (3)「～曜日」= on ～，次いで何月何日と表す。 (4)「美術部の活動をする」=

have art club，「～の後で」= after ～

pp.64~65 ぴたトレ1

Words & Phrases
(1)注(釈)，注解 (2)校庭 (3)主な，主要な
(4)(物を)持ってくる (5)own (6)please
(7)break

1 (1)イ (2)イ (3)ア (4)イ

2 (1)What do, do
(2)do, the gym — During, break
(3)Do, by car (4)Please go

3 (1)What is your favorite place in
(2)When do you have baseball team(?)
— After school(.)
(3)Please go to the classroom(.)
(4)Where do you want to go next Sunday(?)

1 (1)「お気に入りの」= favorite 「校内で」なので「～の中で」の意味をもつinが正解となる。 (2)「使用する」= use (3)「～しないでください」は動作を禁止しているのでDo not (4)何をするかたずねているので，whatが正解。

2 (1)「何を」とたずねているのでwhatが正解。 (2)「～の間」はその間中なのでduring ～を使う。「休憩」= break (3)動作を禁止しているのでDo not ～，「自動車で」と手段を表すのはbyを使う。 (4)「どうか」とていねいに言う場合はPleaseを付ける。

3 (1)「お気に入りの」= favorite，「場所」をきいているが，placeがあるので「何か」でたずねる。 (2)「いつ」= when，「活動をする」はhaveで表す。 (3)「どうか」= pleaseで表す。 (4)「どこに」= where，「次の日曜日」= next Sunday

pp.66~67 ぴたトレ1

Words & Phrases
(1)～の(真)下に(の・を・へ)
(2)教科書，テキスト (3)定規 (4)筆箱
(5)desk (6)yours (7)eraser (8)their

1 (1)イ・ウ (2)イ (3)ア

2 (1)Is that — not mine (2)Maybe, John's
(3)How, asking

3 (1)Is this eraser yours(?) — Yes, it's mine(.)
(2)That cat is ours(.)

(3)Your eraser is in the box(.)

(4)Is the bag by the table(?)

解き方 ① (1)「誰の」= Whose,「私のもの」= mine

(2)「あなたのもの」= yours　(3)「の下に」=
under

② (1)「〜のですか」はbe動詞は単数形のisを使
う。「私のもの」= mine　(2)「もしかしたら」
= maybe,「ジョン(John)のもの」= John's
(3)「どうですか」= How about, 次いで動詞
のing形がくる。

③ (1)「あなたのもの」= yours　(2)「私たちのも
の」= ours　(3)「消しゴム」= eraser,「その
箱の中に」= in the box　(4)「〜のそばに」=
by, 疑問文にする。

pp.68〜69 ぴたトレ**1**

Words & Phrases

(1)彼女のもの

(2)彼(女)らのもの，それらのもの

(3)その，それの　(4)彼を[に]　(5)us

(6)these　(7)those　(8)her

① (1)イ・ウ　(2)ウ・イ　(3)イ・ウ

② (1)What, them　(2)She, I, her

(3)your, not mine

③ (1)Whose balls are those(?)

　　— They are ours(.)

(2)Put them under the desk(.)

(3)Let's go with us(.)

解き方 ① (1)「あちらは〜です」= That's 〜,「私たち
の」= our　(2)「これは」= this,「それは」は
「これ」や「あれ」の代わりに使う代名詞で,
it isの短縮形のit'sが正解。　(3)「あちらは」
= that

② (1)「それらを」= 複数形のthem。「何と」=
what　(2)「彼女が(を)」= her　(3)「あなた
の」= your,「私のもの」= mine

③ (1)「誰の」= whoseではじまる疑問文。「あ
れらは」= those,「それらは」= they,「私
たちのもの」= ours　(2)「それらを」= them,
「机の下に」= under the desk　(3)「〜と」=
with,「〜しましょう。」= Let's 〜.

pp.70〜71 ぴたトレ**2**

◆ (1)エ　(2)イ　(3)ア

◆ (1)Don't swim　(2)on the second

(3)Let's go to　(4)When, you do

◆ (1)Where do you play baseball?

(2)What instrument do you play every day?

(3)When do you do your homework?

(4)Whose book is this?

◆ (1)Watch, step　(2)Put them on(.)

(3)Let's go to the classroom

◆ (1)No, she can't.

(2)Yes, I can. (No, I can't.)

解き方 ◆ (1)「美術室はどこですか」という意味の文で,
Where isの短縮形のWhere'sが正解。
(2)「〜階で(に)」= on the 〜 floorで表現す
る。　(3)「どこで」という意味のWhereがく
る。

◆ (1)「〜してはいけません」は禁止文なので,
Don't 〜となる。　(2)「〜階で(に)」= on the
〜 floor。　(3)「〜しましょう」= Let's 〜,
「寝る」= go to bed　(4)「いつ〜しますか。」
はWhen 〜で表現する。

◆ (1)下線部から場所をたずねる疑問文だとわ
かるので, Whereを使う。　(2)下線部が
trumpetなので「何の楽器か」を問う文にす
る。楽器はinstrument。　(3)下線部がafter
dinnerなので「いつ」= When 〜?の文。
(4)下線部がhersなので,「誰の〜」という意
味のWhose 〜が正解。

◆ (1)「足元に気を付ける」=「足元をよく見る」
という意味なので, watch one's stepとな
る　(2)「〜を履く(着る)」= put 〜 on,「そ
れらを」= them　(3)「〜しましょう。」=
Let's 〜,「教室」= the classroom

◆ (1)「アオイはギターを演奏できますか。」とた
ずねているので, No, she can't.で答える。
(2)「あなたは音楽を演奏できますか。」とたず
ねているので, できるならYes, I can. で
きないならNo, I can't.で答える。

全訳

アオイ：わあ，ギターを持っていますね。あな
たはそれを演奏できますか。

エミリー：はい，私は演奏できます。あなたは
どうですか，アオイ。

アオイ：私はギター演奏はできませんが，サッ
クスを演奏することはできます。

エミリー：すばらしい。一緒に音楽を演奏しま
しょう。

① (1)× (2)× (3)○

② (1)イ (2)イ (3)イ

③ (1)Where's, art — next to
(2)Where, have[eat] — In, classroom
(3)Don't use the phone
(4)Let's play, together

④ (1)you (2)them (3)hers (4)Its
(5)Your

⑤ (1)behind the gym
(2)is in front of the schoolyard
(3)between, and (4)ウ (5)I'm impressed

⑥ (1)Clean your room.
(2)Let's go to the gym.
(3)Don't come to school by car.

英作文の採点ポイント

□単語のつづりが正しい。（3点）

□（　）内の語数で書けている。（2点）

□(1)語順が正しい。 (2)命令文を正しく使えている。 (3)否定の命令文を正しく使えている。（3点）

解き方

① (1)「部屋」「階，床」 (2)「歩み，足取り」「考え」 (3)「後で，後ほど」「日，1日」

② (1)〜(3)いずれも第2音節を強く読む。(1)カフェテリア (2)共に，一緒に (3)午後

③ (1)「どこですか」= Where 〜? 「〜の隣に」= next to 〜 (3)「〜を使う」= use，「〜しないでください」はこの場合，短縮形のDon'tを使う。 (4)「一緒に」= together，「〜をしましょう」= Let's 〜

④ (1)「あなたはネコが好きですか」という文で，主語に使うyouが正解。 (2)「私は彼らが（を）好きです」なので，目的語になるthem。 (3)「そのバッグは彼女のものです」=「彼女のもの」という意味を表すhersとなる。
(4)「その(犬の)名前は…」と物事の持ち主を表すItsに変化する。 (5)主語が「あなたのペン」なので = Your pen

⑤ (1)「体育館の後ろに校庭があります」の「〜の後ろに」= behind 〜 (2)「水泳プールは校庭の正面にあります」の「〜の正面に」= in front of 〜 となる。 (3)「AとBの間」= between A and B (4)「きれいにする，掃除する」のcleanが入る。 (5)「感心しました。」= I'm impressed

⑥ (1)「あなたの部屋を掃除してください」という意味の文にする。「〜を掃除する」= clean 〜 (2)相手を誘うときはLet's＋動詞の原形。(3)6語でという指定なので，「〜しないでください」は，Don't 〜で表現する。「自動車で」と手段や方法を表すときはby carとなる。

Unit 6 ~ Active Grammar 4

Words & Phrases

(1)静かな，無口な，おとなしい

(2)(ある言語)を話す，話す能力がある

(3)(ある期間の中で)早い　(4)いとこ　(5)hard

(6)very　(7)cook　(8)parent

1 (1)イ　(2)ウ　(3)ア　(4)ア

2 (1)speak, well　(2)goes to　(3)sister has

(4)We like

3 (1)My grandfather cooks every morning(.)

(2)He gets up early every day(.)

(3)She reads a lot of books(.)

(4)My cousin plays baseball after school(.)

解き方
1 (1)主語が「彼は」で日常の動作なので，plays
(2)「エミは」自分と相手以外の単数が主語なので，studies　(3)主語がweで「毎日」の習慣なので，現在形のread　(4)「読むこと」= reading

2 (1)「祖父母は～」と複数形なのでspeak，「上手に」= well　(2)主語が「私の父は」自分と相手以外の第三者なので，「～へ行く」= goes to ～　(3)「私の姉(妹)は」= 三人称(自分と話してる相手以外)なので，have→hasに変える　(4)「私たちは」複数形なのでlike

3 (1)「私の祖父」は3人称，「料理する」= cook
(2)「起きる」= get up　(3)「たくさんの～」= a lot of ～　(4)「私のいとこ」= my cousin,「放課後」= after school

Words & Phrases

(1)すみません，ごめんなさい

(2)ほとんど，ほぼ，もう少しで　(3)風邪

(4)駅　(5)ball　(6)live　(7)for　(8)work

1 Does — plays

2 (1)ウ　(2)ア　(3)ア

3 (1)All right(.)　(2)When does, go

(3)Does, play — No, doesn't

(4)does, work, works at

4 (1)Does Nina have a cold(?)

(2)Does he play soccer every day(?)

(3)What does she want for her birthday(?)

(4)Mary works at a restaurant on

Wednesdays and Fridays(.)

解き方
1 主語が「彼女は」なので = Doesから始まる疑問文なので動詞はplayとなる。

2 (1)「もう少しで」= almost　(2)「寝ている」= in bed　(3)疑問文なので動詞は原形になる。

3 (1)「了解しました」は「よろしい」と同義なので，All rightで表現する。　(2)「いつ～しますか」= when，「寝る」= go to bed
(3)主語が「エミは」なのでDoes ～疑問文。答えもdoesn'tを使う。　(4)「働いている」= work，主語の人称に注意が必要。

4 (1)「風邪をひいている」= have a cold
(2)「サッカーをする」= play soccer，主語に合わせてDoes he ～。　(3)「誕生日に」=「彼女の誕生日に」で，for her birthdayで表す。
(4)「レストランで働く」work at a restaurant，曜日を表すときはon ～。

Words & Phrases

(1)(否定文で)～もまた…しない(でない)

(2)～を必要とする

(3)(ふつう肯定文で)いくらかの，何人かの

(4)皿，食器類　(5)sleep　(6)sure　(7)wash

(8)table

1 Does, doesn't

2 (1)イ　(2)ア　(3)イ

3 (1)washes the dishes　(2)doesn't take out

(3)a little bit　(4)set

4 (1)Does Ben sleep a lot(?)

(2)Clear the table before dinner(.)

(3)Do you go to bed before eleven(?)

(4)Kate doesn't play video games at

home(.)

解き方
1 主語が彼なので，Does ～?　よって答えはdoesn'tになる。

2 (1)「～もまた…しない(でない)」= either
(2)主語が「彼女は」なのでdoesn'tを選ぶ。
(3)「～しないで」と相手に言っているので，Don't ～，「心配する」= worry

3 (1)「皿を洗う」= wash the dishes　(2)「ゴミ出しをする」= take out the garbage
(3)「少しだけ」= a little bit　(4)「食卓の準備をする」= set the table

4 (1)「たくさん」= a lot，「眠る」= sleep
(2)「片づける」= clear　(3)「寝る」= go to

bed, 「11時前に」= before eleven　(4)「テレビゲームをする」= play video games, 「家で」= at home

Words & Phrases

(1)同じ　(2)与える，あげる　(3)高い，高等な
(4)(人を)元気づける　(5)junior high school
(6)easily　(7)newspaper　(8)uncle

1　(1)ウ　(2)イ　(3)ア
2　(1)comes[is] from　(2)Who's Satoru's
(3)Where does　(4)does, like
3　(1)Why do you like him(?)
(2)I want the bag very much(.)
(3)Saki usually takes classes with us(.)
(4)He plays the piano very hard every day(.)

解き方
1 (1)「彼の名前は」= His name　(2)「彼はいつも」は現在の習慣でsmilesを選ぶ。　(3)「私たちは」は複数形なのでgoが正解。
2 (1)「~出身」= come from, 単数形に注意。
(2)「誰ですか」はWho isの短縮形であるWho'sが正解。　(3)「どこに」= Where
(4)「アレン」という固有名詞が主語なので，Whatの次はdoesになる。
3 (1)「なぜ」= Why ~　(2)「とても」= very much　(3)「普段」= usuallyは動詞の前にくる副詞，「授業を受ける」= take classes
(4)「とても熱心に」= very hard

Words & Phrases

(1)goes　(2)studies　(3)plays　(4)eats
(5)washes　(6)has
1　(1)ウ・ウ　(2)ウ　(3)ア・イ
2　(1)Does, have, cold — doesn't
(2)Does, study at home
　　— studies English hard
(3)is, my classmate
3　(1)He goes to bed before ten(.)
(2)She washes the dishes every day(.)
(3)Jack does not speak Japanese(.)
(4)Does your father work at an animal hospital(?)

解き方
1 (1)「~出身」はbe動詞＋fromで表す。　(2)主語が「ジョンは」なのでplays　(3)主語が「彼女は」で，動詞がpracticeという一般動詞なので，Doesを選ぶ。答えも考え方は同じ。
2 (1)「風邪をひく」= have a cold, 主語が「彼」なのでDoes ~? でたずねて，Noの場合doesn'tで答える。　(2)「家で」= at home, Does ~? でたずねて，答えはsheが主語なのでstudiesになる。　(3)状態を表しているのでbe動詞。「私の同級生」= my classmate
3 (1)「10時前」= before ten, 「寝ます」= go to bed　(2)「皿洗いをします」= wash the dishes　(3)「話しません」= do not speak, 「日本語」= Japanese　(4)「動物病院で」= at an animal hospital, 「あなたのお父さんは」という主語に注意が必要。

Words & Phrases

(1)朝食　(2)(アメリカ)ドル　(3)サラダ
(4)tea　(5)juice　(6)water
1　(1)ウ　(2)イ　(3)ア
2　(1)Can, have
(2)Anything else(?) — please　(3)I'd like
3　(1)How much are these shoes(?)
(2)Can I have an omelet and a tea(?)
(3)I'd like the dinner special(.)
(4)Which would you like, coffee or tea(?)

解き方
1 (1)「~をいただけますか」= Can I have ~?
(2)「いくらですか」= How much ~?　(3)「合計で」= in total
2 (1)「~をいただけますか」= Can I have ~?
(2)「ほかに何か」= Anything else, 「お願いします」= pleaseをつける。　(3)「~が欲しいです」= I'd like ~.
3 (1)「いくらですか」= How much ~?
(2)「~をいただけますか」= Can I have ~?
(3)「~が欲しいのですが」= I'd like ~, 「ディナーセット」= dinner special　(4)「どちらが」= Which, 「よろしいですか」= would you like

1　(1)ウ　(2)イ　(3)ア　(4)イ　(5)ア・ウ
2　(1)Where, do　(2)Why, want　(3)How, you

3 (1)Whose book is that(?)

(2)How many dogs do you have(?)

(3)What do you want for breakfast(?)

(4)Which would you like, pancakes or an omelet(?)

4 (1)When　(2)What time　(3)How many

(4)Which

解き方 **1** (1)「誰ですか」＝ Who ～?　(2)「何色が」＝ What color ～?　(3)「誰のものですか」＝ Whose ～?　(4)「どうしてダメなのですか」ダメな理由をたずねる＝ Why not?　(5)「いつ～しますか」＝ When ～? 「～の後」＝ after ～

2 (1)「どこで」＝ Where ～? 「宿題をする」＝ do one's homework　(2)「なぜ～ですか」（理由をたずねる）＝ Why ～?　(3)「お元気ですか」＝ How are you

3 (1)「誰の」＝ whoseではじまる疑問文。「あれは」＝ that　(2)「何匹の～」＝ How many ～?　(3)「何を」＝ what, 「朝食に」＝ for breakfast　(4)「AとBのどちらがよろしいですか」＝ Which would you like, A or B …?

4 (1)My birthday is …と答えているので,「いつか」をたずねるWhen　(2)I get up at six（6時に起きる）と明確な時間で答えているので,「何時ですか」のWhat time ～?　(3)I have 10 books（10冊本を持っている）と答えているので「何冊（いくつ）」のHow many ～?　(4)I like science.と答えており,「どの科目が」＝ Which subject ～?が正解。

pp.88〜89　ぴたトレ2

1 (1)ウ　(2)イ　(3)ウ

2 (1)What do, want　(2)Does, like — he does

(3)doesn't play　(4)likes playing, singing

3 (1)He speaks English well.

(2)Do you wash the dishes every day?

(3)She studies math hard at home.

(4)Whose pen is this? — It's mine.

4 (1)doesn't go, school

(2)Does she have friends(?)

(3)She needs some rest(.)

5 (1)No, he doesn't.　(2)He grows rice.

解き方 **1** (1)主語がheで日常の動作なので, playsが正解。　(2)「彼女にはこの学校にたくさんの友人がいます」たくさんの＝ a lot of　(3)「彼は風邪をひいていますか」風邪をひく＝ have a cold

2 (1)「何が」＝ What 「ほしい」＝ want　(2)「好き」＝ like, heが主語の疑問文にはDoesを使い, doesで答える。　(3)主語がsheの場合の「～しません」＝ doesn't　(4)「～することが好きです」＝ like＋動詞のing形で表現する。

3 (1)「上手に」＝ well, 「話す」＝ speak　(2)「皿を洗う」＝ wash the dishes　(3)「熱心に」＝ hard, 「家で」＝ at home, 「数学」＝ math　(4)答えが「私のもの」＝ mineで,「誰のものか」をたずねる, Whose ～?が正解。

4 (1)「学校に行く」＝ go to schoolを否定文にするには, 主語「彼女は」なので, doesn'tをつける。　(2)「友人がいる」＝ have friends　(3)「いくらかの休憩」＝ some rest, 「必要です」＝ need

5 (1)「Soraは祖父を手伝っていますか」という質問に対して, 4行目でNo, I don't.と答えている。　(2)「Soraの祖父は何を育てていますか。」という質問。2行目で「But he grows rice「しかし米を育てています」と答えている。

全訳

エミリー：あなたのおじいさんは他の果物を育てていますか。

ソラ：いいえ。彼は他の果物を育てていません。しかし米を育てています。

エミリー：あなたはおじいさんのお手伝いをしますか。

ソラ：いいえ, 私は手伝いをしません。しかし, いつか彼と一緒にサクランボを育てたいと思っています。

pp.90〜91　ぴたトレ3

1 (1)×　(2)×　(3)×

2 (1)ア　(2)ア　(3)ア

3 (1)likes playing baseball

(2)studies Japanese hard　(3)days, little bit

(4)Does, practice

4 (1)is　(2)play　(3)likes　(4)studies

(5)washes

5 (1)彼は活発で勇敢です。　(2)has a lot of

(3)swimming and running

(4)Does he have a cold(?)

(5)No, he doesn't.

❻ (1)She speaks English well.

(2)Does he play the trumpet?

(3)No, he doesn't. But he plays the drums.

解き方 ❶ (1)「熱心に」「早い」 (2)「すみません，ごめんなさい」「doの三人称単数現在形」 (3)「〜もまた…しない(でない)」「(食卓の)準備をする」

❷ (1)〜(3)いずれも第1音節を強く発音する。 (1)新聞 (2)レストラン (3)病院

❸ (1)「野球をすること」= playing baseball, 「泳ぐこと」= swimming (2)「熱心に」= hard, 「日本語」= Japanese, 主語が三人称単数なので「勉強します」= studies (3)「最近」= these days, 「少し」= a little bit (4)「練習をする」= practice

❹ (1)三人称単数現在形のisにする。 (2)canがあるので原形のまま。 (3)三人称単数現在形のlikesにする。 (4)三人称単数現在形のstudiesにする。 (5)三人称単数現在形のwashesが正解。

❺ (1)active＝活発な，元気な，brave＝勇敢な，勇ましい，very＝非常に，とても (2)「たくさんの」= a lot of, 「います」= haveの三人称単数現在形にする。 (3)「〜することが好きです。」= like＋動詞の -ing形で表現する。 (4)「彼は風邪をひいていますか」という文をつくる。「風邪をひく」= have a cold (5)否定形にするにはdoesn'tを使う。

❻ (1)「話す」= speak, 「上手に」= well. (2)主語が「彼は」なので，Does 〜? 「演奏する」= play (3)否定形にするにはdoesn'tを使う。

英作文の採点ポイント
□単語のつづりが正しい。（3点）
□（　）内の語数で書けている。（2点）
□(1)語順が正しい。 (2)(3)一般動詞の疑問文と，その答え方が正しく使えている。（各3点）

Let's Read 1 ～ You Can Do It! 2

p.92 ぴたトレ1

Words & Phrases

(1)(時間の)分 (2)向きを変えて，ぐるりと (3)草，牧草 (4)水面下で，水中で (5)fly (6)carrot (7)jump (8)turn

❶ (1)can fly (2)I can jump(.)

解き方 ❶ (1)私は飛ぶことができます。 (2)私はジャンプすることができます。

p.93 ぴたトレ1

Words & Phrases

(1)famous

❶ (1)sister, a good writer

(2)father, is good at

(3)grandfather, His tea, wonderful

解き方 ❶ (1)「良い作家」= a good writer (2)「〜が得意です」= be good at 〜 (3)「祖父」= grandfather, 「彼のお茶」= His tea, 「素晴らしい」= wonderful

pp.94〜95 ぴたトレ2

❶ (1)ウ (2)エ (3)エ

❷ (1)brother, science teacher

(2)Where does, uncle live — He lives in

(3)Does, sister study

❸ (1)My aunt is a famous musician(.)

(2)My grandfather eats rice every day(.)

(3)I cannot fly, but I can swim well(.)

(4)My cousin is a junior high school student(.)

❹ (1)can swim well (2)for, or, minutes

(3)エ

❺ (1)Where, have (2)Which would

(3)Let's go

解き方 ❶ (1)「私は走ることができますが，上手に泳ぐことはできません」上手に = well (2)「彼女は日本でとても有名です。」とても，非常に = very (3)「机の上の写真を見てください」〜を見る = look at 〜

❷ (1)「兄」= brother, 「理科の教師」= science teacher (2)「どこに」= Where, 「叔父さん」= uncle, 「住む」= live, 地名の前に置

19

く前置詞は in　(3)「お姉さん」= sister，「勉強する」= study

③ (1)「伯母」= aunt，「有名な」= famous，「音楽家」= musician.　(2)「祖父」= grandfather　(3)「飛ぶ」= fly，「〜ができない」= cannot 〜，「上手に泳ぐ」= swim well.　(4)「いとこ」= cousin，「中学生」= a junior high school student

④ (1)「上手に泳ぐ」= swim well，「〜ができる」= can　(2)「4，5分間」= for four or five minutes　(3) 2行目の最初の文で，I cannot fly と言っているため，答えはエ。

⑤ (1)「どこで〜しますか。」= Where 〜?「昼食をとる」= have lunch　(2)「あなたは…どちらがほしいですか。」= Which would you like …?　(3)「〜に行きましょう」= Let's go 〜

Unit 7 ~ Daily Life 4

Unit 7 ～ Daily Life 4

pp.96～97　　　　　　ぴたトレ 1

Words & Phrases

(1)寺，寺院　(2)パーティ
(3)くつろぐ，リラックスをする
(4)luck　(5)holiday　(6)wrote

1 (1)イ　(2)ア　(3)ウ

2 (1)also went　(2)wrote New Year's
(3)had, party, New
(4)I watched, with, brother
(5)I rang, bell, how about

3 (1)(That's) a good luck charm(.)
(2)I went to a temple on New Year's (Day.)
(3)I baked a cake at Christmas(.)
(4)I bought a sweater and a bag(.)

解き方

1 (1)「買いました」= buy の過去形 bought
(2)「〜にいました」= stay の過去形 stayed
(3)「もらいました」= get の過去形 got

2 (1)「〜も」文末でなく，文中であれば also，「行きました」= go の過去形 went　(2)「書きました」= write の過去形 wrote，「年賀状」= New Year's card（複数形は -s）　(3)「パーティーをしました」= had a party，「大みそか」= New Year's Eve　(4)「見ました」= watch の過去形 watched，「一緒に」= with，「兄」= brother　(5)「鳴らしました」= ring の過去形 rang，「鐘」= bell，「どうですか」= How about 〜?

3 (1)「幸運の」= good luck，「お守り」= charm　(2)「〜に行きました」= went to 〜，「お寺」= temple，「元日に」on New Year's Day　(3)「ケーキを焼きました」= baked a cake，「クリスマスに」= at Christmas　(4)「買いました」= buy の過去形 bought，セーターとバッグはそれぞれ単数を表す a を前に置く。

pp.98～99　　　　　　ぴたトレ 1

Words & Phrases

(1)命，一生，寿命　(2)習慣，風習
(3)伝統的な　(4)sign　(5)long　(6)know

1 (1)イ　(2)ウ　(3)ア　(4)ウ

2 (1)Did, drink　(2)didn't, up　(3)How poor
(4)By the way　(5)That's too bad

20　英語

3 (1)Did you play *karuta*(?)

(2)I didn't know that(.)

(3)It's a sign of luck(.)

(4)Did you eat any traditional food on New Year's (Day?)

解き方 **1** (1)過去形の疑問文の動詞は原形になる。 (2)「食べました」= eatの過去形ate (3)「〜しませんでした」= don'tの過去形didn't,「食べる」= eat (4)「それは残念ですね。」= That's too bad.という決まり文句。

2 (1)「〜しましたか。」= Did 〜?「飲む」= drinkという原形のまま。 (2)「夜遅くまで起きています」= stay up late,「いませんでした」= 否定形のdidn'tを使う。 (3)「なんて〜でしょう」= How,「かわいそう」= poor (4)「ところで」= By the wayという決まり文句 (5)「残念です」= That's too bad.決まり文句として覚える。

3 (1)「カルタをします」play *karuta*,「〜しましたか」= Did 〜?疑問文のとき, 動詞は原形に。 (2)「知る」= know,「〜しませんでした」= don'tの過去形didn't (3)「幸運」= luck,「しるし」= sign (4)「元日に」= on New Year's Day,「何か」= any,「伝統食」= traditional food,「食べる」= eat

---

pp.100〜101　　　ぴたトレ**1**

Words & Phrases

(1)運のよい, 幸運な　(2)熱, 発熱

(3)ちょうちん

(4)(人)がいないのを寂しく思う　(5)hear

(6)still　(7)wish　(8)soon

1 (1)How　(2)What

2 (1)イ・ウ　(2)イ　(3)イ　(4)ア　(5)ウ

3 (1)What, beautiful　(2)still had

(3)Get well soon　(4)Sorry, hear

(5)Lucky you

4 (1)I missed you on New Year's Eve(.)

(2)Did you see the sunrise on

(3)How did you do that(?)

解き方 **2** (1)「お元気ですか。」= How are you?「それほど悪くはありません。」= Not so bad.否定形でのsoはそれほど〜 (2)「〜しましたか。」= Did 〜?「食べる」= eat (3)「なんて〜だろう！」という感嘆文は名詞がつづく場

合はWhat 〜!　(4)「〜は何ですか。」= what isの短縮形のWhat's 〜?　(5)「試しました」= tryの過去形triedが正解。

3 (1)「なんて〜だろう！」という感嘆文で名詞の「花」があるので, What 〜!　(2)「まだ」= still,「熱があります」= have a fever, haveの過去形had　(3)「早く」= soon,「よくなる」= get well　(4)「〜を聞いて残念に思った」という意味なので, Sorry to hear 〜 (5)「ついていますね！」は「あなたに幸運がある」という意味なので, Lucky you!

4 (1)「大みそかに」= on New Year's Eve,「あなたがいなくて寂しく思います」= I miss you, missの過去形missed　(2)「見る」= see,「初日の出」は元日に見る日の出のことでthe sunrise,「元日に」= on New Year's Day,「〜しましたか。」= Did you 〜?

(3)「どうやって」= How 〜?「それをする」= do that

---

pp.102〜103　　　ぴたトレ**1**

Words & Phrases

(1)(手紙, メールの結びで)愛を込めて

(2)雰囲気　(3)とてもおいしい

(4)すばらしい, 見事な　(5)exciting

(6)yesterday　(7)building　(8)hope

1 (1)with　(2)were

2 (1)イ　(2)ア　(3)ウ

3 (1)watched　(2)was, exciting

(3)made, with, mother　(4)were delicious

(5)Were, yesterday — I wasn't

4 (1)I hope you can come here(.)

(2)The omelet and the salad were delicious(.)

(3)Some people were in kimonos

(4)The traditional picture was beautiful and amazing(.)

解き方 **1** (1)「〜と一緒に」= with　(2)theyが主語で, 過去の文なので, wereを使う。

2 (1)「美しかったです。」= 過去形で単数なのでwas 〜　(2)「面白かったです。」過去形で単数なのでwas 〜　(3)「その山々は〜だったです。」過去形で複数なのでwere 〜

3 (1)「(テレビで)〜を観ました。」= watched 〜　(2)主語が「それは」と単数形で過去形な

のでwas, 「興奮させるもの」= exciting
(3)「母と一緒に」= with my mother, 「作り
ました」= makeの過去形made　(4)主語が
「それらは」と複数形で過去形なのでwere,
「おいしい」= delicious　(5)「きのう」=
yesterday, 「いましたか。」= be動詞の過
去形の疑問文Were ～?「いませんでした。」
= I wasn't（was notの短縮形）

④ (1)「あなたがここに来られる」= you can
come here, 「いいなと思います」= I hope
を文頭につける。　(2)「そのオムレツとサラ
ダ」= the omelet and the salad, 「おいし
かったです」= were delicious　(3)「数人の
人たち」= Some people, 「～を身につけ
ていました」= were in ～　(4)「その伝統的
な絵画」= the traditional picture, 「美しく
て見事」= beautiful and amazing

pp.104～105　ぴたトレ1

Words & Phrases

(1)郵便はがき（絵はがき）　(2)シカ　(3)世話
(4)授業　(5)snow　(6)look forward to
(7)wood　(8)took

1 (1)ウ　(2)イ　(3)ウ
2 (1)took　(2)How was　(3)enjoyed
(4)forward to　(5)a lot of
(6)did, do, yesterday — played baseball
3 (1)What did you do during the winter
(2)(I) visited my grandparents in Chiba
(3)I want to show the picture to you(.)
(4)I enjoyed your science lessons(.)

解き方
1 (1)「訪ねました」= visitの過去形visited
(2)「見ました」= seeの過去形saw　(3)「～
かったです」=それら（複数）が主語なので,
were
2 (1)「（写真を）撮りました」= takeの過去形
took
(3)「楽しみました」= enjoyの過去形enjoyed
(4)「楽しみにしています」= look forward to
+～ing形　(5)「たくさんの～」= a lot of ～
(6)「～は何をしましたか。」= What did ～
do ...?「きのう」= yesterday, 「野球をし
ました」= played baseball
3 (1)「冬休みの間」= during the winter
vacation, 「何をしましたか。」= What did
you do　(2)「きのう」= yesterday, 「千葉に

いる祖父母」= my grandparents in Chiba,
「訪ねました」= visited　(3)「～を…に見せ
たいです」= want to show ～ to ...　(4)「あ
なたの理科の授業」= your science
lessons, 「楽しみました」= enjoyed

p.107　ぴたトレ1

1 (1)イ　(2)ア・ア　(3)ア
2 (1)watched, with, yesterday
(2)was, beautiful　(3)Did, read — I did
(4)made, this morning
3 (1)I stayed home on New Year's Eve(.)
(2)The pancakes and the tea were
delicious(.)
(3)I went shopping with my brother(.)
(4)The soccer game was very exciting(.)

解き方
1 (1)「行きました」= went　(2)過去形の疑問文
なので動詞は原形のbuy, 答えの「買いまし
た」= bought　(3)「～しませんでした」=
didn't+動詞の原形
2 (1)「（テレビを）見ました。」= watched
(2)「その山は」が主語なので単数形のwas,
「美しい」= beautiful　(3)read（読む）の過去
形はreadだが発音が異なる。Did ～?の疑問
文なので, didで答える。　(4)「作りました」=
makeの過去形made, 「今朝」this morning
3 (1)「大みそかに」= on New Year's Eve,
「家にいました」= stayed home　(2)「おい
しい」= delicious　(3)「兄と一緒に」= with
my brother, 「買い物に行きました」= went
（goの過去形）shopping　(4)「とても興奮さ
せるもの」= very exciting

pp.108～109　ぴたトレ1

Words & Phrases

(1)それぞれの　(2)メッセージ　(3)成功した
(4)数字　(5)photo　(6)everything
(7)yourself　(8)tie

1 (1)イ　(2)ウ　(3)ア
2 (1)need, lot　(2)number, age　(3)Get help
(4)put, in　(5)Read, by yourself
(6)was successful
3 (1)Tie the pictures to the balloons(.)
(2)(You) can write a message on each
letter(.)

(3)He needs a lot of photos and envelopes(.)

(4)Don't write it by yourself(.)

(5)Can you put the book in my bag(?)

(6)Let's make a cake with cheese(.)

解き方

1 (1)「買いました」= bought (2)「いくつか」= someなので, hats (3)「自力で(あなた自身で)」= by yourself

2 (1)「必要です」= need,「たくさんの~」= a lot of ~ (2)「数字」= number,「年齢」= age (3)「助けを得る」= get help (4)「~を…に入れる」= put ~ in … (5)「自力で(あなた自身で)」= by yourself (6)「成功する」= successful

3 (1)「~を…につなぐ」= tie ~ to … (2)「それぞれの手紙に」= on each letter,「メッセージを書く」= write a message (3)「必要です」= need,「たくさんの」= a lot of (4)「自力で(あなた自身で)」= by yourself,「書かないでください」= Don't write (5)「~してもらえますか。」= Can you ~?,「~を…に入れる」= put ~ in … (6)「~ましょう。」= Let's ~,「チーズを使って」= with cheese

pp.110~111 ぴたトレ2

❶ (1)イ (2)ウ (3)ウ

❷ (1)bought, yesterday (2)had, party (3)Did, see, flowers (4)traditional, was

❸ (1)(I) visited my uncle in Kyoto (yesterday.)

(2)The baseball game was very exciting(.)

(3)Don't tie it by yourself(.)

(4)(Did) you buy any presents for him(?)

❹ (1)How interesting!

(2)What a tall building!

(3)He went shopping yesterday.

(4)I watched TV with my sister.

❺ (1)あなたがお元気なことを願っています。

(2)How was (3)友人, 浅草, 有名なお寺

❻ (1)No, she didn't. (2)It's in Kanazawa.

(3)No, she didn't.

解き方 ❶ (1)「きのうお寺に行きました。」という文なので, goの過去形のwentが正解。 (2)「大みそかに両親と一緒にテレビを見ました。」という文なので, watchの過去形のwatched

になる。 (3)「あなたは何か日本食をたべましたか。」という疑問文なので, 動詞は原形のeatが当てはまる。

❷ (1)「買いました」= bought,「きのう」= yesterday (2)「パーティーをしました」= had a party (3)「~見ましたか」= Did + 主語 + see ~? (4)「伝統的な」= traditional, 主語がThe pictureと単数なので, 動詞はwas

❸ (1)「京都にいる叔父」= my uncle in Kyoto,「訪ねました」= visited (2)「その野球の試合」= the baseball game,「とても興奮させるものでした」= was very exciting (3)「一人で(あなた自身で)」= by yourself,「つなぐ」= tie,「~しないでください」= Don't ~ (4)「彼のために」= for him,「何かプレゼント」= any presents,「買いましたか。」= Did you buy …?

❹ (1)「なんて面白いんでしょう!」と形容詞が続いているので, How interesting! (2)「高い建物」と, 名詞で終わっているので, What + a tall building! (3)「きのう」= yesterday,「買い物に行きました」= goの過去形went + shopping (4)「姉と一緒に」= with my sister,「テレビを見ました」= watched TV

❺ (1)I hope ~は~を願っています, you are fine = あなたが元気なこと (2)「どうでしたか。」どんな状態かたずねるときはHow ~ (3)I went to a famous temple in Asakusa with my friends.は,「友人と浅草にある有名なお寺に行った」という意味。

❻ (1)Did you visit the 21st Century Museum?(あなたは21世紀美術館を訪れましたか。)という質問に対して, No, we didn't.と答えているので, No, she didn't.となる。 (2)Where is the 21st Century Museum?(21世紀美術館はどこにありますか。)エミリーたちは金沢駅で買い物をしていたことからも金沢にあることがわかる。 (3)Did Emily have much time?(エミリーには多くの時間がありましたか。)に対して, 時間があまりなかったと答えているので, No, she didn't.となる。

全訳

ソラ:あなたは21世紀美術館を訪れましたか。

エミリー:いいえ, 私たちは訪れませんでした。私たちには多くの時間はありませんでした。しかし, 金沢駅で買い物を

楽しみました。それは美しい駅でした。

ソラ：私も金沢に行きたいと思います。

❶ (1)〇　(2)×　(3)〇

❷ (1)ア　(2)ア　(3)ア

❸ (1)cleaned, this morning

(2)Did, play, yesterday

(3)missed you on　(4)watched, on TV with

❹ (1)Did you go to school this morning?

(2)I bought a sweater at the shop yesterday.

(3)He didin't eat any Japanese food.

(4)Was the flower beautiful?
　— No, it wasn't.

❺ (1)幸運のお守りです。　(2)bought, at

(3)also went to, on　(4)How about you

(5)stayed home and watched TV with my family

❻ (1) I made omelets for dinner with my mother.

(2)Did you buy any presents?

(3)The buildings were tall.

(3)「私も，大みそかにお寺に行きました。」～もまた＝also，go toの過去形went to ～，「大みそかに」はon New Year's Eveとなる。

(4)「あなたはいかがでしたか(どうでしたか)。」How about you?はよく使う会話表現。

(5)「私は家にいた」＝stayed home，「家族と一緒にテレビを見ました。」＝watched TV with my family

❻ (1)「私は母と一緒に夕食にオムレツを作りました。」という意味の文は，I made omelets for dinner with my mother.(字数制限もあり，オムレツを複数作った場合omeletsとなる)

(2)「あなたは何か(any)プレゼントを買いましたか。」という意味の文は，Did you buy any presents?　(3)「その建物は高かったです。」複数形と指定があるので，The buildings were tall.となる。

解き方

❶ (1)「eatの過去形」「makeの過去形」　(2)「運，幸運，つき」「～を買う」　(3)「いくつかの，何か」「道」

❷ (1)～(3)いずれも第1音節を強く発音する。(1)贈り物　(2)きのう(は)　(3)雰囲気

❸ (1)「今朝」＝ this morning,「掃除をしました」＝cleaned　(2)「きのう」＝yesterday,「将棋をする」＝play *shogi*,「～しませんでした」didn't ～　(3)「あなたがいなくて寂しく思いました」＝missed you,「元日に」＝on New Year's Day　(4)「～と一緒に」＝with ～,「テレビで～を見ました」＝watched ～ on TV

❹ (1)疑問文にするには，Did you ～?動詞は原形のgo —Yesの場合は，I did.　(2)「きのう」＝yesterdayという言葉を加えて，buyをboughtにする。　(3)否定文に書きかえるとate→didin't eat，some→anyになる。(4)疑問文は，Was ～?答えはNo, it wasn't.

❺ (1)good luck＝幸運の，charm＝お守り　(2)「私はそれをお寺で買いました。」は，buyの過去形bought，場所を表すatを使う。

Unit 8 ～ Daily Life 8

pp.114～115

ぴたトレ**1**

Words & Phrases

(1)窓　(2)正しい，間違いのない　(3)～時

(4)～を身に着けている，着ている　(5)kitchen

(6)album　(7)later　(8)ice cream

1 (1)cooking　(2)making　(3)setting

(4)baking　(5)dancing　(6)helping

2 (1)ウ　(2)イ　(3)ア　(4)ウ

3 (1)Come, two o'clock　(2)See, later

(3)is singing　(4)How's everything(?)

(5)cooking now, How about

4 (1)(Satoru) is playing basketball in the (gym.)

(2)(She's) drawing a picture in the art room

(3)I'm eating ice cream in my room(.)

(4)He is looking out of the window(.)

解き方 2 (1)「焼いているところ」＝be動詞＋baking
(2)「サッカーをしているところ」＝be動詞＋
playing soccer　(3)「宿題をしているとこ
ろ」＝be動詞＋doing one's homework
(4)「作っているところ」＝be動詞＋making

3 (1)「2時に」＝at two o'clock，「～に来てく
ださい」＝Come to ～　(2)「また後で会い
ましょう」＝See you laterでよく使う会話
表現。　(3)「歌っているところ」＝be動詞＋
singing　(4)「すべては順調ですか。」How's
everything?　(5)「今料理をしていると こ
ろ」＝be動詞＋cooking now，「あなたは
いかがですか。」＝How about you?

4 (1)「体育館で」＝in the gym，「バスケット
ボールをしているところです」＝be動詞＋
playing basketball　(2)「美術室で」＝in the
art room，「絵を描いているところです」＝
be動詞＋drawing a picture　(3)「自分の部
屋で」＝in my room，「アイスクリームを食
べているところです」＝be動詞＋eating
ice cream　(4)「窓」＝the window，「～の
外を見る」＝look out of ～

pp.116～117

ぴたトレ**1**

Words & Phrases

(1)遠く，はるかに　(2)メッセージ

(3)(壁に絵などを)取り付ける　(4)now

(5)decorate　(6)worry

1 (1)talking　(2)decorating　(3)choosing

(4)looking　(5)showing　(6)writing

2 (1)イ・ウ　(2)ア　(3)ア　(4)ウ

3 (1)Are, doing

(2)are, doing — We're playing

(3)He's going shopping　(4)So far

4 (1)Are you listening to music (?)

— No, I'm not(.)

(2)Let's put up the pictures(.)

(3)What are you doing(?)

— (We) are decorating the room(.)

解き方 2 (1)「調理中です」＝be動詞＋cooking，「い
いえ，私は違います。」＝No, I'm not.
(2)「～しているところ」＝be動詞＋doing
(3)「絵を描いているところ」＝be動詞＋
drawing a picture

3 (1)「宿題をしているところ」＝be動詞＋
doing one's homework　(2)「～していると
ころ」＝be動詞＋doing，「私たちは」＝
We're(We areの短縮形)，「楽器を演奏し
ているところ」＝playing instruments(こ
の場合，theはつかない)　(3)「買い物に行っ
ているところ」＝be動詞＋going shopping
(4)So far, so good.＝「今のところ，順調だ」
という決まり文句。

4 (1)「音楽を聞いているところ」＝be動詞＋
listening to music，「いいえ，違います。」
＝否定形のNo, I'm not.　(2)「絵を取りつけ
る」＝put up the pictures，「～しよう。」＝
Let's＋動詞の原形　(3)「何をしているとこ
ろですか。」＝What＋be動詞＋主語＋doing，
decorate＋場所・もので，「～を飾る」の意
味になる。

pp.118～119

ぴたトレ**1**

Words & Phrases

(1)内側に，内部に　(2)眼鏡　(3)～と思う

(4)cup　(5)shirt　(6)wonderful

1 (1)didn't tell　(2)looks beautiful, wonderful

2 (1)ウ　(2)ア　(3)ウ　(4)イ

3 (1)looked so[very] happy　(2)had no idea

(3)What, you think　(4)was her idea

4 (1)Here's a present for Satoshi(.)

(2)We all made the cake(.)

(3)What do you want for your birthday(?)

— I want new glasses(.)

1 (1)「話す」= tell, 「～しませんでした」didin't
(2)「美しい」= beautiful, 「すばらしい」=
wonderful, 「見えます」= look

2 (1)(2)主語が単数なので「見えます」= looks
soundも似た使い方となる。 (3)「中に」=
inside (4)主語が単数なので「見えます」=
looks

3 (1)「とても幸せ」= so(very) happy, 「～そ
うに見えました」= looked (2)「全く知りま
せんでした」= had no idea (3)「あなたは
どう思いますか」= What do you think ～
(4)「彼女のアイディア」= her idea

4 (1)「ここに～があります。」= Here's ～, 「サ
トシへの」= for Satoshi, 「プレゼント」=
a present (2)「私たちみんなで」= We all,
「作りました」= makeの過去形made
(3)「あなたの誕生日に」= for your birthday,
「何がほしいですか。」= What do you want
～?「新しいメガネ」= new glasses(メガ
ネは常に複数形)

pp.120～121 ぴたトレ1

1 (1)Are, playing (2)not, cooking
2 (1)イ (2)ウ (3)ア (4)ア
3 (1)He's not playing (2)What are, doing
(3)We are making (4)Is he playing
(5)Where are you going
4 (1)Are you making a photo album(?)
(2)We are talking on the phone now(.)
(3)I'm not writing a message on the desk(.)
(4)Where is she studying now(?)

1 (1)「～しているところですか。」は，be動詞
+ 主語 + 動詞のing形 (2)進行形の「いいえ，
ちがいます」は，No I'm not.「料理を作っ
ているところです」は，be動詞 + cooking

2 (1)「宿題をしているところ」= be動詞 + doing
one's my homework (2)「～を焼いている
ところ」= be動詞 + baking (3)「私は～し
ていません」= I'm not + 動詞の-ing形
(4)「持っている」は進行形ではなく日常的な
動作なので，現在形が正解。

3 (1)「彼は～(スポーツ)をしているところでは
ありません。」= He's not playing ～ (2)「何
をしているところですか。」What + be動詞
+ 主語 + doing ～? (3)「私たちは～を作っ

ているところ」= We're making ～ (4)「彼
は～(スポーツ)をしているところですか。」
Is he playing ～ (5)「あなたはどこへ行こ
うとしているのですか。」という文は，「行
く」動作が進行しているので，Where are
you going? となる。

4 (1)「フォトアルバムを作っているところ」=
be動詞 + making a photo albumで，疑問
文なのでAre you ～? (2)「電話で話をす
る」= talk on the phone (3)「～していると
ころではありません」= be動詞の否定形 +
動詞の-ing形，「メッセージを書く」= write
a message,「机で」= on the desk (4)「ど
こで」= Where,「彼女は勉強しているので
すか」= is she studying

pp.122～123 ぴたトレ1

Words & Phrases
(1)寒い，冷たい (2)暖かな，温暖な
(3)ハイキング (4)キャンディー (5)picnic
(6)pie (7)instrument (8)cool

1 (1)Let's, that (2)are playing (3)Did, bake
2 (1)イ (2)ウ (3)ア (4)ウ
3 (1)Here in (2)looks delicious (3)famous
(4)Did, enjoy
4 (1)Can I have it(?)
(2)Let's talk to that teacher(.)
(3)We can see a lot of birds in the park(.)
(4)It was hot yesterday, but it's cool today(.)

1 (1)「～しましょう」= Let's ～ (2)「演奏して
いるところ」= be動詞 + playing (3)「あなた
は～したか」= Did you ～?,「焼く」= bake

2 (1)「あちらで」= over there (2)「～のうちの
一つ」= one of ～ (3)「～を楽しんでいま
す」= be動詞 + enjoying (4)「来週の土曜
日」= next Saturday

3 (1)「ここ～」= Here in ～ (2)「～に見えま
す」主語が単数なのでlooks,「おいしい」=
delicious (3)「～で有名」= famous for ～
(4)「～しましたか。」= Did ～,「楽しむ」=
enjoy

4 (1)「～をいただけますか」= Can I have ～?
(2)「～に話しかける」= talk to ～,「～して
みましょう。」= Let's ～ (3)「その公園内
で」= in the park,「多くの鳥」= a lot of
birds,「見ることができます」= can see

(4)「昨日は〜だった」= It was 〜 yesterday,「今日は…です」= it's ... today

① (1)イ　(2)ウ　(3)エ

② (1)I'm baking, pancake　(2)He's playing, in
(3)Are you playing — not
(4)cake looks delicious

③ (1)Are you drawing a picture now(?)
(2)What are you doing(?)
— (We) are playing the drums(.)
(3)Here's a nice present for you(.)
(4)Are you making a special photo album(?)

④ (1)So far, so good.
(2)That mountain looks wonderful.
(3)I'm doing my homework in my room.

⑤ (1)How's everything?
(2)ティナのための特別なフォトアルバムをつくっている。
(3)I'm making a cake in the kitchen(.)

⑥ (1)She is wearing a costume from "Sailor Moon".
(2)Yes, they are.

解き方

① (1)「私たちは今野球をしているところです。」現在進行形で主語が複数なので, areが正解。　(2)「私の父は家で私を手伝ってくれています。」現在進行形なので, helping
(3)「私たちは電話で話しているところです。」「電話で」= on the phone

② (1)「焼いているところ」= be動詞 + baking,「(1つの)パンケーキ」= a pancake　(2)「体育館で」= in the gym,「〜(スポーツなど)をしているところ」= be動詞 + playing
(3)「〜を演奏しているところ」= be動詞 + playing the 〜,「いいえ, していません。」= No, I'm not.　(4)主語が単数の場合, 動詞のあとに三人称単数のsをつける。look + 形容詞で「〜に見える」

③ (1)「絵を描く」= draw a picture,「〜しているところですか」進行形の疑問文なので, Are you 〜?　(2)「何をしているところですか。」= What + be動詞 + 主語 + doing,「ドラムを演奏しているところ」= be動詞 + playing the drums　(3)「ここに〜があります」= Here's,「あなたへの」= for you,「す

てきなプレゼント」= a nice present
(4)「特別なフォトアルバム」= a special photo album,「あなたたちは〜を作っているところですか」= Are you making 〜

④ (1)「今のところ順調です。」お決まりの会話表現 = So far, so good.　(2)「あの山」= That mountain,「とても」soとveryのどちらでも意味は通る。「すばらしい」= wonderful,「見えます」主語が単数なので, looks　(3)「自分の部屋で」= in my room,「宿題をしているところ」= be動詞 + 主語 + doing one's homework

⑤ (1)「調子はどうですか。」よく使う会話表現 = How's everything?　(2)And you?は相手の調子をたずね返す表現　(3)「私は台所でケーキを作っているところです。」という進行形の文なので,「作っているところ」= be動詞 + making,「台所で」= in the kitchen

⑥ (1)「その女性は何を着ていますか。」という質問なので, She is wearing a costume from "Sailor Moon".　(2)「アニメと漫画は世界中で人気がありますか。」という質問なので, Yes, they are.(はい, それらは人気があります)となる。

全訳

チェン：この写真を見てください。これはフランスのイベントです。
アオイ：彼らは何をしていますか。
チェン：彼らはコスチュームを着てポージングしています。
アオイ：わあ！　この女性は"セーラームーン"のコスチュームを着ています。この男性たちは"ナルト"のコスチュームを着ています。
チェン：アニメと漫画は世界中で人気があります。

① (1)×　(2)×　(3)×

② (1)ア　(2)ア　(3)ア

③ (1)playing baseball with
(2)Are you baking, now　(3)not reading, in
(4)flower looks so(very) beautiful

④ (1)Are you doing your homework now?
(2)He is playing the trumpet in the music room.
(3)She's not eating an omelet now.

(4)No, he isn't.

(5)I'm reading a book(books) in the library.

❺ (1)全く知らなかったです。 (2)Here's, for

(3)a special album (4)What do you think(?)

(5)It looks wonderful

❻ (1)I'm washing the dishes in the kitchen.

(2)What are you doing now?

(3)I'm not doing my homework now.

解き方

❶ (1)「正しい，間違いのない」「窓」 (2)「列，行列」「台所，キッチン」 (3)「〜を身に着けている，着ている」「〜を聞く」

❷ (1)〜(3)いずれも第一音節を強く発音する。(1)アルバム (2)すばらしい (3)窓

❸ (1)「〜と一緒に」＝ with 〜，「野球をしているところ」＝ playing baseball (2)「あなたは〜しているところですか。」＝ Are you ＋動詞の-ing形，「(ケーキなどを)焼く」bake，「今」＝ now (3)「私は〜しているところではありません」＝ I'm not ＋動詞の -ing形，「読書をする」＝ read a book，「私の部屋で」＝ in my room (4)「その花」＝ The flower「とても」＝ so(またはvery)，美しい」＝ beautiful，「見えます」主語が単数なので，looks

❹ (1)疑問文「あなたは〜をしているところですか。」＝ Are you ＋動詞の-ing形，「あなたの宿題をする」＝ do your homework，答えの文は「はい，私はしているところです。」＝ Yes, I am. (2)「彼は〜を演奏しているところです」の「演奏しているところ」＝主語がHeなのでbe動詞はis(短縮形はHe's) ＋ playing the 〜 (3)She's(She isの短縮形)のあとにnotをつける。 (4)疑問文は「彼はバスケットボールをしているところですか。」で，「彼は〜をしているところですか。」＝ Is he ＋ 〜-ing形，答えは，No, he isn't となる。 (5)「あなたは今何をしていますか。」とたずねられ，「私は図書館で読書をしているところです」と答える。「図書館で」＝ in the library，「読書をしているところ」＝ reading a book(またはbooksも可)。

❺ (1)I had no idea＝idea は「アイディア，考え」という意味で，全体で「全く知らなかったです」という会話表現 (2)「ここに〜があります。」＝ Here's(Here isの短縮形) 〜，「あなたへの」＝ for you (3)「特別なアルバム」＝ a special album (4)「あなたはどう思

いますか。」という意味の文は，What do you think? (5)主語のIt「それ」は単数なので「すばらしく見えます。」は，looks wonderful.

❻ (1)「皿を洗っているところ」＝ washing the dishes，「台所で」＝ in the kitchen (2)「あなたは何をしているところですか。」＝ What are you doing?「今」＝ now (3)「私は〜をしているところではありません。」＝ I'm not ＋動詞のing形，「宿題をする」＝ do one's homework

英作文の採点ポイント

□単語のつづりが正しい。(3点)

□( )内の語数で書けている。(2点)

□(1)語順が正しい。 (2)(3)現在進行形の否定文・疑問文と，答え方が正しく使えている。(3点)

Let's Read 2

pp.128~129 ぴたトレ1

Words & Phrases

(1)小さい　(2)約束する　(3)背中　(4)ライオン

(5)猟師，狩りをする人　(6)hear　(7)true

(8)catch　(9)keep　(10)may

1 (1)ウ　(2)イ　(3)ア　(4)イ

2 (1)don't run　(2)Maybe, can, someday

　(3)got away　(4)heard her voice

3 (1)You may go home(.)

　(2)The cat climbed up on the tree(.)

　(3)He kept his promise yesterday(.)

　(4)Some hunters caught a deer with a net(.)

　(5)My rabbit chewed on the book(.)

解き方

1 (1)「捕まえました」= catchの過去形は caught　(2)「～のように見える」=主語が単数なので，looks　(3)「守りました」= keepの過去形kept　(4)「になれます」=「～になる」は，beで表す。

2 (1)「～を走らないでください」= don't run　(2)「もしかしたら」= Maybe，「会える」=「会うことができる」= can meet，「いつか」= someday　(3)「逃げる」= get away　getの過去形はgotとなる。　(4)「～を聞いた」= hearの過去形heard ～，「彼女の声」= her voice

3 (1)「帰宅する」= go home，「～してもいいですよ」= You may ～　(2)「登りました」= climbed up ～，「木に」= on the tree　(3)「守りました」= keepの過去形kept，「彼の約束」= his promise　(4)「数人の猟師」= Some hunters，「シカをつかまえました」= catchの過去形caught a deer　(5)「私のウサギ」= My rabbit，「～をかじりました」= chewed on ～，「その本」= the book

You Can Do It! 3

pp.130~131 ぴたトレ1

Words & Phrases

(1)実地～，現地～

(2)ようこそ，いらっしゃい　(3)別の，他の

(4)違った，異なった　(5)昨年　(6)stage

(7)trip　(8)topic　(9)poster　(10)song

1 (1)made, last

　(2)like playing

2 (1)イ　(2)ア　(3)イ

3 (1)went to　(2)we have　(3)can try

　(4)our popular, of　(5)last weekend

4 (1)We have a school trip in fall(.)

　(2)Does he like singing songs on stage(?)

　(3)we went to France and visited
　　(museums.)

　(4)The students always enjoy this event(.)

解き方

1 (1)「～曜日に」= on ～，「作りました」= made　(2)「～することが好きです」= like +動詞の-ing形，「～(スポーツを)する」= play ～

2 (1)「訪ねました」= visited　(2)「どの学生も」every が付く主語は単数扱いで「選びます」= choosesが正解。　(3)「～の隣に」= next to ～

3 (1)「～に行きました」= went to　(2)「～があります」=「私たちは開催する」という意味なので，we have　(3)「～を試すことができます」= can try　(4)「私たちの人気の～」= our popular ～，「年間行事」は「年間の行事」= of the year　(5)「先週末」は「先週の週末」= last weekendとなる。

4 (1)「私たちは～に修学旅行があります」は「私たちは～に修学旅行を開催する」という意味で，We have a school trip，「秋に」= in fall　(2)「舞台で」= on stage，「歌を歌うことが好き」= like singing songs，「彼は～ですか」Does he ～　(3)前半が「私たちはフランスに行きました」= We went to France，後半が「…を訪ねました」= visited …をandでつなぐ。　(4)日常の内容なので，現在形の文にする。「いつも」= always，「この行事を楽しみます」= enjoy this event

① (1)イ　(2)エ　(3)ア

② (1)may eat　(2)Please don't swim

　 (3)went to, ate[had]　(4)She kept, promise

③ (1)Maybe he can meet her someday(.)

　 (2)He caught a cat and washed it

　　 yesterday(.)

　 (3)Please don't run, walk quietly (here.)

　 (4)The school trip is our popular event (of

　　 the year.)

④ (1)The park is next to my house.

　 (2)The elementary school students always

　　 come to this event.

　 (3)I caught some fish yesterday.

　 (4)You may eat this apple.

⑤ (1)もしかしたら，いつの日かあなたを助けら

　　 れるだろう。

　 (2)climbed up on the net and chewed on it.

　 (3)ネズミはライオンを助けるという約束を

　　 守ったから。（親友を助けるという約束を

　　 守ったから）

解き方

① (1)「彼女はとても美しく見えます。」見えます
　＝ looks　(2)「もしかしたら，いつの日かあ
　なたを助けられるだろう。」～ができる＝
　can　(3)「彼女はきのう彼女の約束を守りま
　した。」の「～を守りました」＝ keep の過去
　形 kept

② (1)「～てもいいですよ」＝ may，「食べる」＝
　eat　(2)「どうか」＝ Please，「泳がないでく
　ださい」＝ don't swim　(3)「～に行きまし
　た」＝ went to ～，「食べました」＝ eat の過
　去形 ate　(4)「～の約束を守りました」＝
　keep の過去形 kept a promise

③ (1)「もしかしたら～だろう」＝ Maybe，「い
　つか」＝ someday，「～に会う」＝ meet ～
　(2)「ネコを捕まえました」＝ caught a cat，
　「洗ってあげました」＝ washed it，「きの
　う」＝ yesterday　(3)「どうか」＝ Please，
　「走らないでください」＝ don't run，「静か
　に歩いてください」＝ walk quiet　(4)「修学
　旅行は」＝ The school trip is，「私たちの人
　気の行事」＝ our popular event

④ (1)「その公園～にあります」＝ The park is，
　「～の隣に」＝ next to，「私の家」＝ my house
　(2)「小学校の生徒たち」＝ The elementary

school students，「いつも～に来ます」＝
always come ～，「この行事」＝ this event
(3)「きのう」＝ yesterday，「つかまえた」は
catch の過去形 caught に，fish は複数でも
s をつけない。　(4)「～を食べていいですよ」
＝ may eat

⑤ (1)Maybe ＝ もしかしたら～だろう，I can
help you ＝ あなたを助けられる，someday
＝ いつの日か　(2)「ネズミはアミの上にのぼ
り」＝ climbed up on the net，「それをか
みました」＝ chewed on it. を and でつなぐ。
(3) We can be good friends.　Maybe I
can help you someday. と言っていたよう
に，ネズミはライオンを助けるという約束
を守ったから。（親友を助けるという約束を
守ったから）

pp.134~136　　　　ぴたトレ2

① (1)ウ　(2)イ　(3)エ　(4)イ

② (1)Study English　(2)When, do　(3)Are you
(4)Let's study English　(5)Do, like dancing

③ (1)Who is your favorite singer(?)
(2)She is our English teacher(.)
(3)How many books do you read every
week(?)

④ (1)Where does she come from?
(2)Does he have a cold?
(3)What do you do after school?
(4)When do you watch TV with your family?

⑤ (1)is good at　(2)favorite subject is
(3)is mine

⑥ (1)Does she have a fever?
(2)We go to the same junior high school.
(3)Why do you like her?
(4)Clear the table before dinner.
(5)He studies at home every day

⑦ (1)Where are you from?
(2)What did you do yesterday?
(3)Who can speak English well?

⑧ (1)He lives in Australia.
(2)I do my homework after dinner(.)
(3)ア

解き方 ① (1)「彼は勇敢ですよね。」付加疑問文は前半が肯定形のisなので, 後半は否定形のisn'tが正解。　(2)「あなたはベーコンが好きではありませんね。」前半が否定形のdon'tなので, 後半は肯定形のdoである。　(3)「私は英語が得意です」be good at English　(4)「科学クラブはいつありますか。」いつ = When

② (1)「英語を勉強しなさい」= Study English
(2)「いつ」= When, 「宿題をします」= do one's homework　(3)「あなたは〜ですか。」= Are you 〜　(4)「〜をしましょう」= Let's study, 「英語」= English　(5)「あなたは〜することが好きですか。」= Do you like + 動詞の-ing形, 「踊る」= dance

③ (1)「誰ですか」= Who, 「あなたの最も好きな歌手」= your favorite singer　(2)「私たちの英語の教師」= our English teacher
(3)「本を何冊」=「何冊の本」= How many

books, 「毎週」= every week, 「読む」= read

④ (1)「彼女はどこの出身ですか。」という疑問文にする。「どこから来ましたか。」= Where does she come from? となる。　(2)「彼は風邪をひいていますか。」という疑問文は, Does he have a cold?　(3)「あなたは何をしますか。」= What do you do 〜?　(4)「あなたはいつあなたの家族とテレビを観ますか。」の「いつ」= When, 「テレビを観ます」= watch TV, 「あなたの家族と一緒に」= with your family

⑤ (1)She can sing songs well.は「彼女は上手に歌を歌うことができます」なので「彼女は歌を歌うことが得意です。」という文に書き換える。「〜が得意です」= be good at 〜　(2)I like English very much.は「私は英語が大好きです」なので,「私の大好きな科目は英語です。」に書き換える。「私の大好きな科目」= my favorite subject, 1教科について述べているので, is 〜　(3)This is my book.は「これは私の本です。」なので,「この本は私のものです。」という文に書き換える。「私のもの」= mine

⑥ (1)「熱があります」= have a fever, 疑問文は, Does she 〜?　(2)the same 〜 で,「同じ〜」なので,「同じ中学校」= the same junior high school.「〜に通っています」= go to 〜　(3)「なぜ〜?」= Why 〜?「あなたは彼女を好きですか。」= do you like her?
(4)「夕食の前」before dinner,「テーブルを片づける」= Clean the table　(5)「毎日」= every day,「彼は家で勉強をします」= He studies at his home

⑦ (1)「あなたはどこの出身ですか。」= Where are you from?　(2)「昨日」= yesterday,「何をしましたか」= What did you do?
(3)「誰が上手に英語を話せますか。」と聞いているので, 疑問詞whoで始める。

⑧ (1)「ジェニーのお父さんはどこに住んでいますか」とたずねているのに対して, 会話文の5行目のJenny: My father works at an animal hospital in Australia.と答えているので, He lives in Australia.が正解。
(2)「私は夕食後に私の宿題をします。という意味の文なので, I do my homework after dinner.になる。　(3)適切なものは, 会話文の2行目のHana: That's my uncle. He

teaches science in a junior high school. の文から，アのHana's uncle is a science teacher.が正しい。イは，会話文の6行目の Hana: Yes, I do. I like baking cakes.を受けて，7行目にJenny: I like it, too. （私もケーキを焼くことが好きです）と話しているので不適当。ウは，会話文の最終行でHana: I go to bed before eleven. I usually readbooks after ten.（たいてい10時より後読書します）と言っているので不適当。よって適切なものはアのみである。

ジェニー：あちらは誰ですか。

ハナ：あれは私の叔父（伯父）です。彼は中学生で科学を教えています。

ジェニー：なるほど。彼はどこに住んでいますか。

ハナ：彼は私の家の隣に住んでいます。ところで，あなたのお父さんはどこで働いていますか。

ジェニー：彼はオーストラリアの動物病院で働いています。彼は料理をすることが好きです。あなたは料理をしますか。

ハナ：はい，します。私はケーキを焼くことが好きです。あなたは何をすることが好きですか。

ジェニー：私もケーキを焼くことが好きです。私は毎日皿洗いもします。

ハナ：それはすてきですね。私は食卓の準備をするのが好きです。あなたはいつあなたの宿題をしますか。

ジェニー：私は夕食後，宿題をします。あなたはいつ就寝しますか。

ハナ：私は11時前には就寝します。私はたいてい10時前に読書をしています。

定期テスト予想問題
〈解答〉 pp.138〜147

pp.138〜139　　　　予想問題 1

出題傾向

＊自己紹介の仕方・会話表現，What・Where・When・How 〜などの疑問代名詞を，適切に使えるようになっておく。

❶ (1)B　(2)**How about you**

(3)イ　(4)**don't**

(5)なぜ好きではないのですか。　(6)エ

❷ (1)**My name is**　(2)**run fast**

(3)**I'm from**　(4)**Nice to meet**

(5)**I'm a student**

❸ (1)**Where do you want to go(?)**

(2)**When is your birthday(?)**

(3)**I don't like summer so much(.)**

(4)**I can't do** *kendo*, **but I can do** *karate*(.)

解き方

❶ (1)Call me Chan.という1文は，会話文の8行目で，Changmin: I'm Changmin.のあとにつづく。　(2)「あなたはどうですか」＝How about you? は，よく使う会話表現。(3)②の前に I like red and white.と色について話しているので「あなたは何色が好きですか。」という文が適切。　(4)文の前半で「私は夏が好きです，しかし」と言っているので，否定形のdon'tが正解。　(5)(否定の言葉を受けて)なぜですか。〔どうしてですか〕などの意味である。　(6)会話文の5行目にI can play the piano.とあり，9行目にI can play basketball!とあるので，Ninaがすることができるものは，エのピアノ演奏とバスケットボール。

全訳

ニーナ：こんにちは。私はニーナです。ロンドン出身です。

アヤ：はじめまして。私はアヤです。

ニーナ：こちらこそ，はじめまして。私は12歳

です。

アヤ：私は13歳です。あなたは音楽が好きですか。

ニーナ：はい，私は好きです。私は音楽とダンスが好きです。私はピアノを演奏できます。

アヤ：私はピアノを演奏できませんが，ドラムを演奏することはできます。チャンミン，あなたはどうですか。

チャンミン：私はチャンミンです。チャンと呼んでください。私は韓国出身です。私はカラテと水泳ができます。

ニーナ：かっこいい。私はバスケットボールができます。私は赤と白が好きです。あなたたちは何色が好きですか。

アヤ：私も白が好きです。

チャンミン：なるほど。私は緑と青が好きです。

ニーナ：見てください。美しい花々。私は春が好きです。あなたは春が好きですか。

チャンミン：私は夏が好きですが，春はそれほど好きではありません。

アヤ：なぜですか。

❷ (1)「私の名前は〜です。」＝My name is 〜　(2)「速く走る」＝run fast　(3)「〜出身です」＝be動詞＋from　(4)「初めまして」＝Nice to meet you(よく使う会話表現)。　(5)「私は〜です」＝I'm(I amの短縮形)，「学生」＝a student

❸ (1)「どこ」＝Where，「〜へ行きたいですか」＝do you want to go 〜　(2)「あなたの誕生日」＝your birthday，「いつですか」＝When is ...?　(3)「夏」＝summer，「私は〜があまり好きではありません」＝I don't like 〜 so much　(4)「剣道はできません」＝can't do *kendo*，「空手ができます」＝can do *karate*

出題傾向

＊相手に「〜ですか？」「〜しますか？」など聞くときの表現や，できることを言う，聞く表現がねらわれやすいので，復習しておく。

❶ (1)例： I sometimes go to the library during the summer vacation.

(2)ウ　(3) climbing

(4) What can you do there

❷ (1) Here's　(2) a little

(3) every year

(4) What, want to

(5) good at playing

❸ (1) Do you like taking pictures(?)

(2) How many dogs do you have(?)

(3) I want to play soccer all over the world(.)

(4) I usually go fishing with my father on weekend(.)

解き方

❶ (1)あなたが夏休みの間にすること(予定)を答える。例えば，I practice the pianoなど。
(2)Are you in the brassband? とたずねられているので，be動詞を使ったYes, I am.が正解。　(3)「〜することが好きです」という文にするにはI like＋動詞の-ing形のclimbing　(4)「あなたは何ができますか」＝ What can you do ...? 「そこで」＝ there

全訳

ケント：もうすぐ夏休みですね！ あなたは夏休みの間，何をしますか。

ミカ：私はフルートの練習をします。8月にコンクールがあります。私はたいてい9時から12時まで練習をします。フルートを上手に演奏するようになりたいので，熱心に練習します。

ジョシュ：わあ，あなたはフルートをとても熱心に練習するのですね。あなたはブ

ラスバンド部員ですか。

ミカ：はい，そうです。私たちのメンバーはとてもすてきです。

ジョシュ：わかります。私はたいてい家族と一緒に登山をします。サナゲ山に登ります。私は登山が好きです。山頂からの眺めは美しいです！ 山の中では涼しく感じることもできます。

ケント：私もいつかそこに行きたいです！ 私は私の友人と夏祭りに行きます。私はたいてい夏祭りには浴衣を着ます。

ミカ：私も夏祭りに行きます。私は夏祭りが好きです。

ジョシュ：楽しそうですね。あなたたちはそこで何ができますか。

ケント：私たちはそこで食べ物を楽しむことができます。私はリンゴ飴が好きです。夜には花火を見ることができます！

ジョシュ：それは興味深いです！ 私も今年そこへ行きたいです。

ミカ：みなさん，すてきな夏休みをお過ごしくださいね！

❷ (1)「ここが〜です。」＝ Here's(Here isの短縮形) 〜　(2)「少し」＝ a little　(3)「毎年」＝ every year　(4)「何を」＝ What，「〜したい」＝ want to　(5)「〜が得意です」＝ be good at 〜. atのあとの動詞は〜ingの形。

❸ (1)「写真を撮ること」＝ taking pictures，「〜が好きですか」＝ Do you like 〜　(2)数をたずねるので，疑問詞はHow many 〜となる。次にくる名詞がdogsで，複数形のsがつく。「飼っていますか。」＝ do you have?
(3)「世界中で」＝ all over the world，「サッカーをしたい」＝ want to play soccer
(4)「たいてい」＝ usually，「週末に」＝ on weekend，「父と」＝ with my father，「釣りに行きます」＝ go fishing

＊Whose, Whereの疑問代名詞，付加疑問文などが問われるので，どれも適切に使えるようになっておくことが大切。

❶ (1)① their ② we
(2)I like watching TV with my host family
(3)ア

❷ (1)after school (2)I can't wait
(3)in front of (4)over there
(5)watch your step

❸ (1)Whose textbook is this(?)
(2)Where do you put this box(?)
(3)Our classroom is next to the science room(.)
(4)Mr. White is your English teacher, isn't he(?)

解き方

❶ (1)① Jane and Daniel's(ジェーンとダニエルの)は，「彼らの」＝ their ② Kate and I(ケイトと私)は，「私たちは」＝ we (2)「ホストファミリーと」＝ with my host family,「私はテレビを見るのが好きです」＝ I like watching TV (3)後半のI study hard(私は一生懸命に勉強しています)は，前半のI want to be a Japanese teacher in Australia.(オーストラリアで日本語の教師になりたいと思っています。)の理由になっていると考え，( )内は「それで」という意味のアが正解。

全訳

こんにちは，私はアキです。私はオーストラリアでの生活を楽しんでいます！ 私は私のホストファミリーと一緒に住んでいます。私はジェーン，ダニエルと(ジェーンとダニエルの)娘のケイトと一緒に住んでいます。
私は7時に起きます。私はバスで通学しています。歩いて通学する学生も人もいれば，バス，自転車，そして電車で通学する人もいます。
私は9時〜15時15分まで授業があります。オーストラリアでは，学生たちは外国語として日本語を学びます！ それで，私は時々彼らに日本語を教えています。私は日本語の良い教師です。私は12時30分に昼食をとります。ジェーンは料理が上手なので，私は毎日ランチタイムを楽しんでいます。昼食後，ケイトと私は私たちの友達と一緒にネットボールをします！ ネットボールはバスケットボールのようなものです。私たちの学校では，たくさんの女の子たちがネットボールをしています。
私たちは自分たちの教室の掃除はしません。清掃員が私たちの教室を掃除してくれます。オーストラリアでは，クラブ活動がないので，放課後は帰宅します。
放課後，私は自分の宿題をして，そしてホストファミリーと一緒に楽しい時間を過ごします。私はホストファミリーと一緒にテレビを見るのが好きです。
夜，ときどきコアラたちが私たちの庭にやってきます。私は自分の庭でコアラたちを見ることができます！それらは可愛いです。
異文化を知ることは私にとって興味深いことです。私はオーストラリアで日本語の教師になりたいと思っているので，一生けん命勉強します。

❷ (1)「放課後に」＝ after school (2)「待ちきれません。」は「待つことができません」という意味なので＝ I can't wait (3)「〜の前で」＝ in front of 〜 (4)「あそこ」＝ over there (5)「足元に気を付けてください」は「足元を見てください」という意味なので＝ watch your step

❸ (1)「誰の教科書か」＝ Whose textbook, Whose＋名詞で「誰の〜か」という意味になる。 (2)「この箱」＝ this box,「〜をどこに置きますか。」＝ Where do you put 〜 (3)「私たちの教室」＝ our classroom,「理科室の隣です」＝ is next to the science room (4)「〜ですよね。」は付加疑問文で，前半を肯定形の「ホワイト先生はあなたの英語の先生です」＝ Mr. White is your English teacher, 後半を否定形のisn't heとする。

出題傾向

＊三単現のsの使い方，命令文，時間をたずねる What time 〜，金額をたずねる How much 〜 など幅広く問われるので注意が必要。

❶ (1)She lives next to my house　(2)studies
　(3)a lot of　(4)She doesn't give up easily.

❷ (1)Look at　(2)What time, it
　(3)How much is　(4)give up　(5)get up at

❸ (1)Rumi usually takes classes with us(.)
　(2)Where does his mother work(?)
　(3)Which would you like, tea or coffee(?)
　(4)What do you want for breakfast(?)

解き方

❶ (1)「彼女は〜に住んでいます」= She lives 〜，「私の家の隣に」= next to my house
(2)日常的な動作なので，三人称単数現在形の studies　(3)many(多くの，たくさんの)= a lot of　(4)「彼女はあきらめません。」= She doesn't give up，「簡単に」= easily

全訳

こんにちは，みなさん。私はマユです。あなたたちには親友がいますか。今日，私は私の親友・チヒロについて話したいと思います。彼女は私の家の隣に住んでいます。

彼女は将来，客室乗務員になりたいと思っています。彼女は毎日英語を熱心に勉強しています。私は英語の教師になりたいと思い，それで彼女と一緒に英語を勉強しています。彼女はとても親切で，私の良き英語の教師です。

彼女は楽器を演奏できます。彼女は私の学校のブラスバンド部にいます。彼女はピアノとフルートを演奏できます。彼女のお母さんはピアノの教師で，それで彼女も上手にピアノを演奏できます。私たちは近くに住んでいるので，私は彼女の家から彼女の演奏を聴くことができます。彼女のお母さんはピアノを演奏し，お父さんはサックスを演奏し，お姉さん(姉妹)はトロンボーンを演奏します！ 彼らはときどきアンサンブルを楽しんでいます！

彼女にはたくさんの友人がいます！ 彼女は簡単にあきらめません。私は彼女がとても好きです。私たちはときどき口喧嘩をしますが，私たちはいつの間にか仲直りしています。

あなたの親友はどうですか。次回は，あなたたちの親友について私に教えてください！ 私は

それを楽しみにしています。

❷ (1)「見てください」= Look at　(2)「何時ですか。」= What time is it?　(3)「いくらですか」= How much　(4)「あきらめる」= give up　(5)「毎朝」は日常的な動作なので現在形にする。「〜に起きます」= get up at 〜

❸ (1)「普段」= usuallyで動詞の前に置く。「私たちと」= with us，「授業を受けます」= take classes　(2)「どこで」= Where ...?「働く」= work　(3)「どちらがよろしいですか」= Which would you like, ...?「紅茶かコーヒー」= tea or coffee　(4)「朝食に」= for breakfast，「何を」= What ...?「食べたい」は「ほしい」= wantと同じ意味にとらえる。

出題傾向

＊現在進行形で問われるのは，be動詞の使い方と動詞のing形。どちらも適切に使えるようになっておく。

❶ (1)私は昨年アメリカへ行き英語を勉強しました。

(2)sushi, judo, kimono

(3)日本の文化と日本語

(4)Let's talk about our beautiful country

❷ (1)By the way　(2)Keep, promise

(3)See you later　(4)Get well

(5)had a fever

❸ (1)A lot of people were in *yukata* (at the festival.)

(2)I missed her so much(.)

(3)Did you try any traditional Japanese sports(?)

(4)I'm looking forward to seeing you(.)

解き方

❶ (1)went to 〜＝〜へ行きました，last year＝昨年，studied＝勉強しました。 (2)「人々はどのような日本語を使うでしょうか。」という質問に対して，次の段落でmany people use Japanese words like *sushi, judo, and kimono*と言っている。 (3)③のあとに，She learned about Japanese culture. She also learned a lot of Japanese words.と続いているので，日本の文化と日本語 (4)「さあ，私たちの美しい国について語り合いましょう！」という文になるように並べ換える。〜について語り合う＝talk about 〜，私たちの美しい国＝our beautiful country，〜しましょう＝Let's

全訳

こんにちは，みなさん。私はナツコです。私は昨年アメリカへ行き英語を勉強しました。アメリカで，私は夜にベッドを使いました。今，日本の自分の部屋ではふとんで寝ています。あなた方は，アメリカの人が「ふとん」という言葉を英語で使っていることをご存知ですか。実際，他の国の人々は英語として多くの日本語の単語を使用しています。また，いくつかの英語の辞書でいくつかの日本語の単語を見ることができます。今日はそれについてお話したいと思います。人々はどのような日本語を使うでしょう

か。それらの日本語はどのようにして英語になるのでしょうか。

世界中の人々は日本食を食べることや日本文化が好きです。それで，多くの人が寿司，柔道，着物などの日本語を使用します。

私には中国に友人がいます。彼女はマンガが好きです。マンガは日本での生活について語ることができます。彼女は漫画から多くのことを学びました。彼女は日本の文化について学びました。彼女はたくさんの日本語をも学びました。彼女の夢は，将来日本に来ることです。

多くの日本語が世界に広まり，それで多くの人が日本について知ることができます。学生はそれのために何かをすることもできます。私たちは，あなたの祖父母から日本文化を学ぶことができます。私たちの美しい国について語り合いましょう！

❷ (1)「ところで」＝By the way(よく使う会話表現)　(2)「約束を守る」＝keep one's promiseの命令形　(3)「またあとで」は，「のちほど会いましょう」という意味＝See you later(よく使う会話表現)　(4)「(体調が)よくなる」＝get well　(5)「熱がありました」熱がある＝have a fever，過去形なのでhave→hadとなる。

❸ (1)「そのお祭りでは」＝at the festival，「たくさんの人たち」＝A lot of people，「浴衣を着ていました」＝were in *yukata* (2)「〜がいなくて寂しく思います」＝I miss 〜，「とても」＝so much　(3)「何か」＝any，「日本の伝統的なスポーツ」＝traditional Japanese sports，「試す」＝try，過去形の疑問文なので，Did you 〜?疑問文。

(4)「〜を楽しみにしています」＝be動詞＋looking forward to 〜，「あなたに会える」＝seeing you

リスニングテスト
〈解答〉

① 小学校の復習

❶ (1)× (2)○ (3)×

ココを聞きトレ⑥ 疑問文の疑問詞を正しく聞き取ろう。疑問詞がwhatなら「もの」について，whereなら「場所」についてたずねていることを整理して，絵の内容と合っているかどうかを確認する。場所を表すinやonなどの前置詞にも注意。

英文
(1)Woman : What's your name?
　Man : My name is Takashi.
(2)Man : What animals do you like?
　Woman : I like rabbits.
(3)Woman : Where is your cap?
　Man : It's on the desk.

日本語訳
(1)女性：あなたの名前は何ですか。
　男性：私の名前はタカシです。
(2)男性：あなたは何の動物が好きですか。
　女性：私はウサギが好きです。
(3)女性：あなたのぼうしはどこですか。
　男性：それは机の上にあります。

❷ (1)ウ (2)ウ

ココを聞きトレ⑥ 質問文がYes / Noで答えられる疑問文か，疑問詞で始まる疑問文かに注目しよう。Is～?はYes / Noで答えられる疑問文なので，基本的にはYes / Noの答えを選ぶ。whatはものについてそれが「何か」をたずねる疑問詞。その「何」に相当する答えを選ぼう。

英文 Nice to meet you. My name is Mai. I'm from Osaka. I go to school. I like English. I study it hard. I like cooking, too. I can make apple pie. It is delicious. I want to be a cook.
Questions : (1)Is Mai a student?
　　　　　　(2)What is Mai's favorite subject?

日本語訳 はじめまして。私の名前はマイです。私は大阪出身です。私は通学しています。私は英語が好きです。私は一生懸命それを勉強します。私は料理をすることも好きです。私はアップルパイを作ることができます。それはおいしいです。私は料理人になりたいです。

質問：(1)マイは学生ですか。
　　　(2)マイの好きな教科は何ですか。

② be動詞

❶ (1)オ (2)イ (3)エ (4)ウ

ココを聞きトレ⑥ 登場人物が女性か男性か，単数か複数かに注意して聞こう。heは単数の男性を，sheは単数の女性を指す。また，isは主語が単数のときに，areは主語が複数のときに使うので，これらの単語を手がかりにしよう。be動詞のあとには，名前や職業などの情報が続く。ここでは，教科やスポーツの名前，部活動の内容を表す語を正しく聞き取ることが重要。

英文 (1)She is Aya. She is a tennis player. (2)He is Mr. Tanaka. He is a math teacher. (3)They are Yuki and Kana. They are in the music club. (4)They are Ken and Jun. They are on the soccer team.

日本語訳 (1)彼女はアヤです。彼女はテニス選手です。 (2)彼はタナカ先生です。彼は数学の教師です。 (3)彼女らはユキとカナです。彼女らは音楽部に所属しています。 (4)彼らはケンとジュンです。彼らはサッカー部に所属しています。

❷ (1)× (2)× (3)○

ココを聞きトレ⑥ 対話文に出てくるものの名前や持ち主，地名を正しく聞き取ろう。疑問文とYes / Noの答えから正しい情報を整理し，絵の内容と照らし合わせること。答えがNoの場合には，そのあとに正しい情報が示されるので，聞きのがさないように注意。

英文
(1)Man : Is this your bag, Miki?
　Woman : Yes, it is. It's my bag.
(2)Woman : Is that a cat?
　Man : No, it isn't. It's a dog.
(3)Man : Are you from Okinawa?
　Woman : No, I'm not. I'm from Hokkaido.

日本語訳
(1)男性：これはあなたのかばんですか，ミキ。
　女性：はい，そうです。それは私のかばんです。
(2)女性：あれはネコですか。
　男性：いいえ，ちがいます。それはイヌです。
(3)男性：あなたは沖縄出身ですか。
　女性：いいえ，ちがいます。私は北海道出身です。

③ 一般動詞

❶ (1)ウ　(2)エ　(3)ア

<u>ココを聞きトレ⑥</u>　絵にあるスポーツ用品や教科，動物を見て，どのような単語が使われるかをあらかじめ予測し，それらの単語に注意して対話文を聞こう。複数あるものは数にも注意。応答文のYes / No，否定文のnotに注意し，聞き取った情報を整理してから，解答を選ぼう。

<u>英文</u>
(1)*Woman :* Do you play basketball?
　Man : Yes, I do. I play baseball, too.
(2)*Man :* Does Rika like math?
　Woman : No, she doesn't. But she likes English and music.
(3)*Woman :* Does John have any cats or dogs?
　Man : He doesn't have any cats. He has two dogs.

<u>日本語訳</u>
(1)女性：あなたはバスケットボールをしますか。
　男性：はい，します。私は野球もします。
(2)男性：リカは数学が好きですか。
　女性：いいえ，好きではありません。しかし，彼女は英語と音楽が好きです。
(3)女性：ジョンはネコかイヌを飼っていますか。
　男性：彼はネコを1匹も飼っていません。彼は2匹のイヌを飼っています。

❷ (1)イ　(2)ウ

<u>ココを聞きトレ⑥</u>　交通手段と兄弟姉妹の数を正しく聞き取ろう。登場人物が複数いるので，それぞれの人物について聞き取った情報を整理すること。aやtwoのような数を表す語，名詞の複数形にも注意しよう。

<u>英文</u>
(1)*Emi :* Do you walk to school, Mike?
　Mike : No. I go to school by bus. Do you walk to school, Emi?
　Emi : I sometimes walk, but I usually go to school by bike.
(2)*Ryo :* Hi, Kate. Do you have any brothers or sisters?
　Kate : Yes. I have two sisters. How about you, Ryo?
　Ryo : I have a sister and a brother.

<u>日本語訳</u>
(1)エミ：あなたは歩いて学校に行きますか，マイク。

マイク：いいえ。私はバスで学校に行きます。あなたは歩いて学校に行きますか，エミ。
エミ：私はときどき歩いて行きますが，たいていは自転車で学校に行きます。
(2)リョウ：やあ，ケイト。あなたには兄弟か姉妹がいますか。
　ケイト：はい。私には姉妹が2人います。あなたはどうですか，リョウ。
　リョウ：私には姉妹が1人，兄弟が1人います。

④ can の文

❶ (1)○　(2)×　(3)○

<u>ココを聞きトレ⑥</u>　canのあとにくる動詞が表す動作の内容を正しく聞き取ろう。登場人物が複数いるので，それぞれの人ができることとできないことを整理して，絵の内容と合っているかどうかを確認する。

<u>英文</u>
(1)*Man :* Is the girl Japanese?
　Woman : No. But she can speak Japanese. She can speak English, too.
(2)*Woman :* Kevin, you can swim well, right? Can your brother Tom swim, too?
　Man : No, he can't. But he can run fast.
(3)*Man :* Can I use this computer on Mondays, Ms. Suzuki?
　Woman : Sorry, Mike. I use it on Mondays. You can use it on Fridays.

<u>日本語訳</u>
(1)男性：その女の子は日本人ですか。
　女性：いいえ。でも彼女は日本語を話せます。彼女は英語も話せます。
(2)女性：ケビン，あなたは上手に泳げますよね。あなたの弟さんのトムも泳げますか。
　男性：いいえ，泳げません。しかし，彼は速く走れます。
(3)男性：私は月曜日にこのコンピュータを使うことができますか，スズキ先生。
　女性：ごめんなさい，マイク。私は月曜日にそれを使います。あなたは金曜日にそれを使うことができます。

❷ イ，カ

<u>ココを聞きトレ⑥</u>　博物館の中でしてもよいことと，してはいけないことを正しく聞き取ろう。Don't ～.やPlease ～.の命令文で表されているものも

あるので注意。canとcan'tを聞き間違えないようにすることも重要。

英文

John : Excuse me. Can I take pictures in the museum?

Clerk : I'm sorry, you can't.

John : I see. Can I take my bag with me?

Clerk : Yes, you can. But don't take your dog with you. And you can't eat or drink in the museum. Please leave the museum before five o'clock.

John : All right.

Clerk : Enjoy the pictures in our museum!

日本語訳

ジョン：すみません。博物館の中で写真をとってもよいですか。

博物館員：申し訳ありませんが，できません。

ジョン：わかりました。私のかばんは持っていってもよいですか。

博物館員：ええ，いいです。でもあなたのイヌは連れていってはいけません。それから，博物館の中で食べたり飲んだりしてはいけません。5時前には，博物館を出てください。

ジョン：わかりました。

博物館員：博物館にある絵を楽しんでください！

⑤ 疑問詞①

❶ (1)イ　(2)エ　(3)ア

ココを聞きトレ ものの数や時刻など，数字の聞き取りがポイント。ものの種類が複数あるときは，それぞれについて数を正しく聞き取ること。fiftyとfifteenのように聞き間違いやすい数字には特に注意。

英文

(1)*Man :* What do you want?

Woman : I want four pens and three erasers.

(2)*Woman :* What time do you eat breakfast?

Man : I eat breakfast at six fifty.

(3)*Man :* How many books do you have in your bag?

Woman : I have two.

日本語訳

(1)男性：あなたは何がほしいですか。

女性：私は4本のペンと3個の消しゴムがほしいです。

(2)女性：あなたは何時に朝食を食べますか。

男性：私は6時50分に朝食を食べます。

(3)男性：あなたはかばんの中に何冊の本を持っていますか。

女性：私は2冊持っています。

❷ (1)ウ　(2)エ

ココを聞きトレ 質問文が疑問詞で始まる疑問文の場合には，疑問詞の種類に注意。whatはものについてそれが「何」かを，whoは人についてそれが「だれ」かをたずねる疑問詞。それぞれ「何」「だれ」に相当する答えを選ぼう。登場人物が2人いるので，それぞれの人についての情報を正しく聞き取ること。

英文 Hello, everyone. I'm Takashi. I'm from Nagano. I'm a junior high school student. I'm on the soccer team at school. I practice soccer every day. I sometimes play tennis on Sundays. I have a sister. Her name is Kumi. She is seventeen years old. She plays the guitar very well. She is a basketball player. Thank you.

Questions : (1)What does Takashi practice every day?

(2)Who is Kumi?

日本語訳 こんにちは，みなさん。私はタカシです。私は長野出身です。私は中学生です。私は学校でサッカー部に所属しています。私は毎日サッカーを練習します。私はときどき日曜日にテニスをします。私には姉がいます。彼女の名前はクミです。彼女は17歳です。彼女はとても上手にギターをひきます。彼女はバスケットボール選手です。ありがとう。

質問：(1)タカシは毎日何を練習しますか。

(2)クミとはだれですか。

⑥ 疑問詞②

❶ (1)エ　(2)ア　(3)ウ

ココを聞きトレ 疑問詞で始まる疑問文が出てきたら，応答文を予測しながら聞こう。たとえば，whenは「時」を，whereは「場所」をたずねる疑問詞なので，応答文の中にはそれらの情報が含まれていると考えられる。時間や場所の表現にはatやin，onなどの前置詞が使われることが多いので，それぞれの意味も確認しておこう。

(1)**Man :** When is your birthday?

　Woman : It's July thirtieth.

(2)**Woman :** Where is my pencil?

　Man : It's on the table.

(3)**Man :** Yuki, whose cap is this?

　Woman : Oh, it's mine, John.

日本語訳

(1)男性：あなたの誕生日はいつですか。

　女性：7月30日です。

(2)女性：私のえんぴつはどこにありますか。

　男性：テーブルの上にあります。

(3)男性：ユキ，これはだれのぼうしですか。

　女性：ああ，それは私のです，ジョン。

❷ (1)イ　(2)エ

ココを聞きトレ 疑問文の疑問詞を正しく聞き取ろう。疑問詞がwhenなら「時」，whereなら「場所」について述べている応答文を見つければよい。

英文

(1)**Woman :** Do you like soccer?

　Man : Yes. I like it very much. I'm a member of the soccer team.

　Woman : When do you practice soccer?

(2)**Man :** Jane lives in Japan, right?

　Woman : Well, she lived in Japan before, but now she doesn't live here.

　Man : Oh, where does she live now?

日本語訳

(1)女性：あなたはサッカーが好きですか。

　男性：はい。私はそれがとても好きです。私はサッカー部の部員です。

　女性：あなたはいつサッカーを練習しますか。

(2)男性：ジェーンは日本に住んでいますよね。

　女性：ええと，彼女は以前は日本に住んでいたのですが，今はここに住んでいません。

　男性：ああ，彼女は今どこに住んでいるのですか。

⑦ 現在進行形

❶ (1)オ　(2)エ　(3)カ　(4)イ

ココを聞きトレ それぞれの英文が表す動作の内容を正しく聞き取ろう。特にing形になっている動詞の聞き取りに注意する。人の名前やhe，sheなどの語も，女性か男性かを区別するヒントになる。

英文 (1)Aya is reading an English book. She is using a dictionary. (2)Miki is making curry for lunch. Everyone likes curry very much. (3)Yuta is talking with Ryo. He has a book in his hand. (4)Kumi likes music very much. She is listening to music. She is not watching TV.

日本語訳 (1)アヤは英語の本を読んでいます。彼女は辞書を使っています。 (2)ミキは昼食にカレーを作っています。みんなはカレーが大好きです。 (3)ユウタはリョウと話しています。彼は手に本を持っています。 (4)クミは音楽が大好きです。彼女は音楽を聞いています。彼女はテレビを見ていません。

❷ イ，エ

ココを聞きトレ 対話から，だれが何をしているところかを正しく聞き取ろう。時や場所などの情報にも注意すること。whatのような疑問詞で始まる疑問文のあとでは，重要な情報が話されることが多いので注意して聞こう。

英文

Becky : Hello, this is Becky.

Shinji : Hi, Becky. This is Shinji.

Becky : What are you doing now?

Shinji : I'm eating breakfast with my brother.

Becky : Shinji, I'm studying Japanese, but I can't read some kanji.

Shinji : OK. I can help you after breakfast. Can you come to my house?

Becky : Sure. I can go to your house at ten o'clock.

Shinji : Great, Becky. See you soon.

日本語訳

ベッキー：こんにちは，ベッキーです。

シンジ：やあ，ベッキー。シンジだよ。

ベッキー：あなたは今，何をしているの？

シンジ：ぼくは弟といっしょに朝食を食べているよ。

ベッキー：シンジ，私は日本語を勉強しているんだけど，漢字がいくつか読めないの。

シンジ：わかった。朝食後にぼくが助けてあげるよ。ぼくの家に来ることができる？

ベッキー：もちろん。10時にはあなたの家に行くことができるわ。

シンジ：いいね，ベッキー。あとでね。

⑧ 一般動詞の過去形

❶ (1)イ　(2)エ　(3)ア

ココを聞きトレ⑥　時間，場所の聞き取りがポイント。過去の行動について複数の情報がある場合は，それらの出来事がどのような順序で起こったかにも注意しよう。What timeで始まる疑問文のあとでは，時刻が話題になることも意識して聞こう。

英文
(1)**Woman :** Did you play volleyball yesterday, Koji?
Man : No, I didn't. I played baseball after lunch.
(2)**Man :** Did you go to the park last Sunday, Kana?
Woman : Yes, I did. I went there in the morning. Then I visited the zoo in the afternoon.
(3)**Woman :** What time did you get up this morning, Tom?
Man : I got up at eight. And I had breakfast at nine. I didn't study this morning.

日本語訳
(1)女性：あなたは昨日バレーボールをしましたか，コウジ。
男性：いいえ，しませんでした。私は昼食後に野球をしました。
(2)男性：あなたはこの前の日曜日に公園に行きましたか，カナ。
女性：はい，行きました。私は午前中にそこへ行きました。それから私は午後に動物園を訪れました。
(3)女性：あなたは今朝，何時に起きましたか，トム。
男性：私は8時に起きました。そして私は9時に朝食を食べました。私は今朝，勉強しませんでした。

❷ (1)ウ　(2)イ

ココを聞きトレ⑥　質問文がYes / Noで答えられる疑問文か，疑問詞で始まる疑問文かに注目しよう。Did ～?はYes / Noで答えられる疑問文なので，基本的にはYes / Noの答えを選ぶ。疑問詞で始まる疑問文には，疑問詞に応じて具体的な答えを選ぶ。

英文　Hi, everyone. My name is Rika. Did you enjoy your summer vacation? I went to London with my family. We visited some museums there. We watched a soccer game, too. People in London like soccer very much. We enjoyed the food at some restaurants. We had a very good time. Thank you.
Questions : (1)Did Rika go to London with her family?
(2)What did Rika do in London?

日本語訳　こんにちは，みなさん。私の名前はリカです。あなたたちは夏休みを楽しみましたか。私は家族といっしょにロンドンに行きました。私たちはそこでいくつかの美術館を訪れました。私たちはサッカーの試合も見ました。ロンドンの人々はサッカーが大好きです。私たちはいくつかのレストランで食べ物を楽しみました。私たちはとても楽しい時を過ごしました。ありがとう。
質問：(1)リカは家族といっしょにロンドンに行きましたか。
(2)リカはロンドンで何をしましたか。

⑨ be 動詞の過去形／過去進行形

❶ (1)イ　(2)ア　(3)ア

ココを聞きトレ⑥　登場人物の過去のある時点の行動や状態を正しく聞き取ろう。last night, last year, yesterdayなどの過去の時を表す語句や，at seven, from six o'clockなどの時刻を表す語句に特に注意する。英文の主語がだれかにも注意して，絵に表された人物の行動や状態を表す解答を選ぼう。

英文　(1)Miki had dinner at seven last night. She was writing a letter at nine. She did her homework before dinner. (2)Ken and Mike are on the soccer team this year. But last year, Ken was on the baseball team, and Mike was on the tennis team. (3)I'm Paul. I came home at five yesterday. My sister Emma was reading a book. My brother John was listening to music. We watched TV together from six o'clock.

日本語訳　(1)ミキは昨夜7時に夕食を食べました。9時には手紙を書いていました。宿題は夕食前にしました。 (2)ケンとマイクは今年サッカー部にいます。しかし昨年，ケンは野球部にいて，マイクはテニス部にいました。 (3)ぼくはポールです。ぼくは昨日5時に帰宅しました。姉のエマは本を読んでいました。弟のジョンは音楽を聞いていました。ぼくたちは6時からいっしょにテレビを見

ました。

2 (1) イ (2) ウ

ココを聞きトレ⑤ 日時と場所に注意して，対話している人物の行動を正しく聞き取ろう。場所の情報はwhereの疑問文のあとに言われることが多いので注意。

英文
Tom : Hi, Yumi. I called you yesterday, but you were not at home. Where were you?

Yumi : Sorry, Tom. I listened to a CD at the music shop in the morning.

Tom : Really? But I called you at three in the afternoon. What were you doing then?

Yumi : Oh, I was in the park. I was playing tennis with my friends. Were you at home yesterday?

Tom : Well, I was in the library and studied math in the morning. But I was at home in the afternoon. I watched a soccer game on TV.

Questions : (1) Who was Yumi with yesterday afternoon?
(2) Where was Tom yesterday morning?

日本語訳
トム：やあ，ユミ。昨日きみに電話したけど，家にいなかったね。どこにいたの？

ユミ：ごめんなさい，トム。午前中は音楽店でCDを聞いたのよ。

トム：ほんと？ でもぼくは午後3時に電話をしたんだ。そのとき何をしていたの？

ユミ：ああ，公園にいたわ。友だちとテニスをしていたの。あなたは昨日家にいた？

トム：ええと，午前中は図書館にいて，数学を勉強したよ。でも午後は家にいたよ。テレビでサッカーの試合を見たんだ。

質問：(1) ユミは昨日の午後に，だれといっしょにいましたか。
(2) トムは昨日の午前中，どこにいましたか。

---
⑩ **1年間の総まとめ**
---

1 (1) エ (2) ア (3) ウ (4) イ

ココを聞きトレ⑤ 質問で特定の人の情報が問われて

いる場合は，表の中からすばやくその人の情報を見つけ出そう。whereなら「場所」，whoなら「人」のように，疑問詞で始まる疑問文に対する答えは限定されるので，必要な情報にしぼって探すとよい。

英文 (1) Where is Becky from? (2) Who is on the tennis team? (3) When does Ken practice baseball? (4) How many people can play the piano?

日本語訳 (1) ベッキーはどこの出身ですか。 (2) だれがテニス部に所属していますか。 (3) ケンはいつ野球を練習しますか。 (4) 何人の人がピアノをひくことができますか。

2 (1) ウ (2) エ

ココを聞きトレ⑤ 時間と登場人物の行動の聞き取りがポイント。質問文のwhenは「時」をたずねる疑問詞なので，スピーチの中の時を表す語に特に注意しよう。登場人物が多い場合には，それぞれの人の行動を整理してから選択肢を読もう。

英文 Hello, everyone. I'm Mike. I came to this school two months ago. I made some friends here. They are Kumi and Takashi. Takashi and I are members of the basketball team. Takashi is a good player. Last Saturday, we went to Kumi's house. Her family had a birthday party for Kumi and we joined them. I can't speak Japanese well, but Kumi always helps me at school. I'm enjoying my school life with my friends. Thank you.

Questions : (1) When did Kumi's family have a party?
(2) What does Kumi do at school?

日本語訳 こんにちは，みなさん。私はマイクです。私は2か月前にこの学校に来ました。私はここで何人かの友だちができました。彼らはクミとタカシです。タカシと私はバスケットボール部の部員です。タカシは上手な選手です。この前の土曜日，私たちはクミの家に行きました。彼女の家族がクミのために誕生日パーティーを開いたので，私たちは参加したのです。私は日本語が上手に話せませんが，クミは学校でいつも私を助けてくれます。私は友だちといっしょに学校生活を楽しんでいます。ありがとう。

質問：(1) クミの家族はいつパーティーを開きましたか。
(2) クミは学校で何をしますか。

英作文にチャレンジ！
〈解答〉

❶ (1)I want two apples.
(2)I want to make fruit salad.
(3)How many oranges do you want?

英作力UP♪ 英作文では，まず語数制限や問題文中の条件設定を押さえよう。 (1)「いらっしゃいませ。」への応答の文。絵から「リンゴが2個ほしいです。」という内容の文を書く。ほしいものを言うときは，I want ～.を使う。 (2)したいことは，I want to ～.を使って表す。 (3)ユカは直後に「4個ほしいです。」と返答しているので，数をたずねる文を入れる。How manyのあとの名詞(orange)は複数形にする。

❷ This is my father, Akira. He is [He's] a math teacher. He is [He's] good at singing. He can run fast. He likes movies. We sometimes go to a movie together. I like him very much.

英作力UP♪ 人を紹介するので，This is ～.「こちらは～です。」で文を始める。2文目以降は代名詞he「彼は[が]」を使って書く。「～(すること)がじょうずだ」はbe good at ～ingで表す。He is a good singer.としてもよい。「速く走ることができる」は〈can＋動詞の原形〉を使って表す。「映画に行く」はgo to a movie。

❸ (1)You can take pictures here. (2)(You can't) eat or drink. (3)(You) cannot [can't] touch the photos. (4)(Please) be quiet.

英作力UP♪ (1)「写真撮影は可能です」はYou can ～.「あなたは～することができる。」の形で表す。 (2)「飲食禁止」は「飲んだり食べたりすることができない」と考え，You can'tにeat or drinkを続ける。 (3)「写真にさわらないでください」は(2)と同様，You can'tを使って表すとよい。「写真にさわる」はtouch the photos。「写真展にある写真」を指しているので，photosには定冠詞theをつける。 (4)「大声で話さないでください」は文の最初にPleaseがあるので，quiet「静かな」を使ってPlease be quiet.とbe動詞の命令文にする。

❹ (1)A boy is playing basketball. / A boy is practicing basketball. (2)Two women are eating ice cream. / Two women are talking. (3)A bike [bicycle] is by the tree. / A bike [bicycle] is under the tree.

英作力UP♪ (1)「1人の少年がバスケットボールをしています。」 (2)「2人の女性がアイスクリームを食べています。」 (3)「自転車が木のそばにあります。」ということを表す文を書く。(1)(2)は現在進行形〈be動詞＋動詞のing形〉の文で表す。 (1)「バスケットボールをする」はplay basketball。「バスケットボールを練習する」practice basketballを使った文にしてもよい。 (2)「アイスクリームを食べる」はeat ice cream。絵の様子から「2人の女性が話している」という文にしてもよい。 (3)は，自転車の位置について表す文を書く。絵よりby ～「～のそばに」が適切。また，under ～「～の下に」を使ってもよい。

❺ Eighteen students have smartphones. Fourteen students don't have smartphones. One student has a mobile phone.

英作力UP♪ 3つの英文なので，それぞれスマートフォンを持っている生徒，持っていない生徒，携帯電話を持っている生徒について書く。「14」はfourteen。携帯電話を持つ生徒について書くときは，主語が三人称単数のone studentなので動詞はhasとする。

❻ I went camping with my family. We made curry and rice for dinner. I got up early and watched the sunrise. It was very beautiful. I had a really good time.

英作力UP♪ まず質問への返答として「～した」という文を動詞の過去形を使って書く。2文目以降も，行った場所やしたことついて過去形の文で表す。be動詞の過去形の文はIt was beautiful.「それは美しかったです。」やI was happy.「私はうれしかったです。」，I was tired.「私は疲れました。」など感想を述べる文で使うとよい。

赤シート×直前対策！

ぴた
トレ **mini book**

テストに出る！

重要文
重要単語
チェック！

光村図書版　英語1年

赤シートでかくしてチェック！

 「ぴたトレ mini book」は取り外してお使いください。

be動詞

□私はミキです。   I am Miki.

□あなたは学生ですか。   Are you a student?

  —はい, そうです。   — Yes, I am.

□あなたはカナダ出身ですか。   Are you from Canada?

  —いいえ, ちがいます。   — No, I am not.

□私はおなかがすいていません。   I am not hungry.

□こちらはサトシです。   This is Satoshi.

□あれは私たちの学校です。   That is our school.

□これはあなたの自転車ですか。   Is this your bike?

  —はい, そうです。   — Yes, it is.

□あれは図書館ですか。   Is that a library?

  —いいえ, ちがいます。   — No, it is not.

□こちらは私の兄です。彼は学生です。   This is my brother. He is a student.

□彼女は先生ではありません。   She is not a teacher.

一般動詞

□私はカメラがほしいです。   I want a camera.

□こちらはトムです。私は彼が好きです。   This is Tom. I like him.

□あなたは野球をしますか。   Do you play baseball?

  —はい, します。   — Yes, I do.

□あなたは魚を食べますか。   Do you eat fish?

  —いいえ, 食べません。   — No, I do not.

□私はコンピュータを持っていません。   I do not have a computer.

□ジュンは自転車で学校に来ます。   Jun comes to school by bike.

□私の姉は毎日英語を勉強します。   My sister studies English every day.

□彼女は大阪に住んでいますか。	Does she live in Osaka?
―はい，住んでいます。	— Yes, she **does**.
□彼はネコが好きですか。	**Does** he like cats?
―いいえ，好きではありません。	— No, he **does not**.
□彼女は日本語を話しません。	She **does not** speak Japanese.

疑問詞

□これは何ですか。	**What** is this?
―それはカメラです。	— It is a camera.
□あなたはかばんの中に何を持っています	**What** do you have in your bag?
か。	
―私はCDを何枚か持っています。	— I have some CDs.
□あの少女はだれですか。	**Who** is that girl?
―彼女はユキです。	— She is Yuki.
□これはだれの鉛筆ですか。	**Whose** pencil is this?
―それは私のものです。	— It is mine.
□私の帽子はどこにありますか。	**Where** is my cap?
―それは机の上にあります。	— It is on the desk.
□あなたはいつサッカーを練習しますか。	**When** do you practice soccer?
―私は毎日それを練習します。	— I practice it every day.
□何時ですか。―2時です。	**What time** is it? — It is two o'clock.
□あなたは本を何冊持っていますか。	**How many** books do you have?
―私は50冊の本を持っています。	— I have fifty books.

現在進行形

□私は今，夕食を作っています。	I am **making** dinner now.
□彼女は今，テニスをしています。	She is **playing** tennis now.
□あなたは今，テレビを見ていますか。	Are you **watching** TV now?
―はい，見ています。	— Yes, I am.
□ハルカは今，勉強していますか。	Is Haruka **studying** now?
―いいえ，勉強していません。	— No, she is not.

3

□彼らは今，走っていません。   They are not running now.

□ケンジは今，何をしていますか。   What is Kenji doing now?

　―彼は泳いでいます。   ― He is swimming.

canの文

□私はコンピュータを使うことができます。   I can use a computer.

□彼はギターをひくことができます。   He can play the guitar.

□あなたはこの漢字が読めますか。   Can you read this kanji?

　―はい，読めます。   ― Yes, I can.

□彼女はじょうずに泳げますか。   Can she swim well?

　―いいえ，泳げません。   ― No, she can't.

□メアリーは中国語を話せません。   Mary can't speak Chinese.

□窓を閉めてもらえますか。   Can you close the window?

□このペンを使ってもよいですか。   Can I use this pen?

一般動詞の過去形

□私たちは昨日，サッカーをしました。   We played soccer yesterday.

□私は２年前，京都に住んでいました。   I lived in Kyoto two years ago.

□私は先週，沖縄に行きました。   I went to Okinawa last week.

□あなたは昨日，お母さんを手伝いましたか。   Did you help your mother yesterday?

　―はい，手伝いました。   ― Yes, I did.

□エミは昨日，あなたの家に来ましたか。   Did Emi come to your house yesterday?

　―いいえ，来ませんでした。   ― No, she did not.

□彼は今朝，朝食を食べませんでした。   He did not have breakfast this morning.

be動詞の過去形

□私はとても疲れていました。

I was very tired.

□私の両親は昨日，家にいました。

My parents were at home yesterday.

□昨日は暑くありませんでした。

It was not hot yesterday.

□その映画はおもしろかったですか。

Was the movie interesting?

　―はい，おもしろかったです。／

― Yes, it was. / No, it was not.

　いいえ，おもしろくありませんでした。

命令文

□この本を読みなさい。

Read this book.

□お年寄りに親切にしなさい。

Be kind to old people.

□部屋の中で走らないで。

Don't run in the room.

□夕食を食べましょう。

Let's eat dinner.

Unit 1

☐	about	〜について
☐	am	〜である，〜になる
☐	and	〜と…，および
☐	baseball	野球
☐	basketball	バスケットボール
☐	beautiful	美しい，綺麗な
☐	book	本
☐	but	しかし，だが
☐	call	〜を呼ぶ
☐	can	〜できる
☐	Canada	カナダ
☐	classroom	教室
☐	cool	かっこいい
☐	dance	ダンスをする
☐	drum	ドラム，太鼓
☐	fall	秋
☐	fast	速く
☐	festival	祭り
☐	flute	フルート
☐	from	〜出身の
☐	hello	こんにちは
☐	here	ここに，ここで，こちらへ
☐	Japan	日本
☐	look	見る

☐	lost	道に迷った
☐	meet	会う
☐	movie	映画
☐	Ms.	(女性の姓名の前で)〜さん，〜先生
☐	much	非常に，とても
☐	musician	音楽家
☐	New York	ニューヨーク
☐	not	(〜で)ない
☐	old	〜歳の
☐	piano	ピアノ
☐	place	場所
☐	play	〜を演奏する
☐	rice ball	おにぎり
☐	run	走る
☐	so	それほど，そんなに
☐	spring	春
☐	student	生徒
☐	summer	夏
☐	swim	泳ぐ
☐	there	そこに，そこで
☐	trumpet	トランペット
☐	well	上手に，うまく
☐	winter	冬
☐	year	〜歳

Unit 2

☐	activity	活動，運動
☐	after	～の次に，～の後に
☐	always	いつも，常に
☐	art	美術，芸術
☐	athlete	運動選手
☐	bookworm	本の虫
☐	brass band	吹奏楽団
☐	club	クラブ
☐	coffee	コーヒー
☐	come	来る
☐	cow	牛
☐	drama	演劇
☐	draw	～を描く
☐	drink	～を飲む
☐	eat	食べる
☐	Friday	金曜日
☐	instrument	楽器
☐	interested	興味(感心)を持っている
☐	it	それを，それは
☐	library	図書館
☐	little	少し
☐	make	～を作る
☐	Monday	月曜日
☐	Mr.	(男性の姓名の前で)～さん，～先生

☐	never	(現在の習慣として)決して～ない
☐	new	新しい
☐	on	(曜日，日付の前で)～に
☐	outdoor	屋外の
☐	practice	練習する
☐	read	～を読む
☐	repeat	繰り返して言う
☐	ride	～に乗る
☐	running	ランニング
☐	Saturday	土曜日
☐	say	～を言う
☐	science	科学
☐	sometimes	ときどき
☐	Sunday	日曜日
☐	table tennis	卓球
☐	team	チーム
☐	this	これ
☐	Thursday	木曜日
☐	tongue twister	早口言葉
☐	track	陸上競技
☐	unicycle	一輪車
☐	usually	普通は
☐	watermelon	スイカ
☐	Wednesday	水曜日
☐	write	書く

Unit 3

☐	also	～もまた，さらに
☐	anything	(疑問文で)何か
☐	beach	浜辺，ビーチ
☐	bird	鳥
☐	boring	退屈な，うんざりさせる
☐	camping	キャンプ(すること)
☐	climb	～に登る
☐	computer	コンピューター
☐	course	進路，方針
☐	during	～の間に
☐	else	そのほかに
☐	enjoy	～を楽しむ
☐	every	毎～，～ごとに
☐	family	家族
☐	flower	花
☐	firework	花火
☐	fishing	釣り
☐	fun	楽しさ
☐	get	～を得る
☐	grandfather	祖父
☐	grandparent	祖父母
☐	guitar	ギター
☐	heavy	重い
☐	homework	宿題
☐	Internet	インターネット

☐	like	～のような，～に似た
☐	listen	聞く
☐	mountain	山
☐	museum	美術館，博物館
☐	park	公園
☐	picture	写真，絵
☐	really	本当に
☐	skiing	スキー
☐	sound	～に思われる
☐	stay	とどまる
☐	surf	見て回る
☐	swimming	水泳
☐	take	(写真)を撮る
☐	those	それら，あれら
☐	try	～を試みる
☐	use	～を使う
☐	vacation	休暇
☐	video	動画，ビデオ
☐	visit	～を訪れる
☐	walk	歩く
☐	weekend	週末
☐	with	～と一緒に

World Tour 1

☐	have	～を飼う
☐	many	多くの
☐	school	学校

8

教科書 pp.60 ~ 71

You Can Do It! 1

☐	all	まったく，すっかり
☐	animal	動物
☐	favorite	お気に入りの
☐	future	未来，将来
☐	people	人々
☐	sing	歌う
☐	talk	しゃべる，話す
☐	travel	旅行する
☐	world	世界

Unit 4

☐	actor	俳優
☐	artist	芸術家
☐	ask	(人に)たずねる，質問する
☐	astronaut	宇宙飛行士
☐	brave	勇敢な
☐	brother	兄弟
☐	class	授業
☐	classmate	同級生
☐	comedian	お笑い芸人
☐	creative	創造的な
☐	dancer	ダンサー
☐	English	英語
☐	friendly	友好的な
☐	funny	おかしい
☐	game	試合

☐	he	彼は，彼が
☐	her	彼女の
☐	hey	(呼びかけ)おおい
☐	him	彼を，彼に
☐	his	彼の
☐	interesting	面白い
☐	Japanese	日本語
☐	kind	親切な
☐	let's	～しよう
☐	maybe	もしかしたら
☐	neighbor	隣人
☐	our	私たちの
☐	P.E.	体育
☐	player	選手
☐	popular	人気のある
☐	singer	歌手
☐	sister	姉妹
☐	smart	頭のよい
☐	social studies	社会科
☐	strict	きびしい
☐	strong	強い
☐	teacher	先生
☐	tough	たくましい，丈夫な
☐	wait	待つ
☐	who	誰
☐	writer	作家

Unit 5

☐	afternoon	午後
☐	bath	入浴
☐	before	～よりも前に
☐	behind	～の後ろに
☐	between	～の間に
☐	break	休憩
☐	bring	(物を)持ってくる
☐	car	車
☐	clean	きれいにする, 掃除する
☐	cooking	料理
☐	dinner	夕食
☐	entrance	入り口
☐	floor	階, 床
☐	follow	後について行く
☐	front	前方, 前面
☐	gate	門
☐	gym	体育館, ジム
☐	idea	考え, アイディア
☐	impressed	感心する
☐	later	後で, 後ほど
☐	main	主な
☐	mom	お母さん, ママ
☐	morning	朝
☐	near	～の近くに
☐	next	隣の

☐	nurse	看護師
☐	office	仕事部屋
☐	open	開いた
☐	out	外へ
☐	own	自分自身の
☐	phone	電話
☐	please	どうか, どうぞ
☐	pool	プール
☐	put	(物を)置く
☐	room	部屋
☐	serve	(食べ物を)出す
☐	shopping	買い物
☐	step	歩み, 足取り
☐	study	勉強する
☐	them	彼(女)らを, それらを
☐	tidy	きちんとした
☐	time	時間
☐	together	一緒に
☐	wipe	拭く

Daily Life Scene 2

☐	mine	私のもの
☐	ruler	定規
☐	textbook	教科書
☐	under	～の下に
☐	whose	誰の
☐	yours	あなた(たちの)もの

10

Unit 6

☐	active	活発な，元気な
☐	almost	ほとんど，ほぼ
☐	aunt	叔母，伯母
☐	ball	ボール
☐	bit	少し，ちょっと
☐	cheer	（人を）元気づける
☐	Christmas	クリスマス
☐	cold	風邪
☐	cook	料理する
☐	cousin	いとこ
☐	dear	おや，まあ
☐	dish	皿
☐	early	早く
☐	easily	容易に
☐	either	（否定文で）〜もまた…しない
☐	for	〜のために
☐	garbage	ごみ
☐	give	与える
☐	grandma	おばあちゃん
☐	grandpa	おじいちゃん
☐	hard	熱心に，懸命に
☐	high	高い
☐	hospital	病院
☐	junior	下位の，下級の
☐	live	住む，住んでいる
☐	lot	（aをつけて）たくさんのこと
☐	need	〜を必要とする
☐	newspaper	新聞
☐	parent	親
☐	quiet	静かな
☐	restaurant	レストラン
☐	rest	休憩
☐	same	同じ
☐	set	（食卓の）準備をする
☐	sleep	眠る
☐	some	いくらかの，何人かの
☐	sorry	すまなく思って
☐	speak	（言語）を話す
☐	station	駅
☐	sure	もちろん，その通り
☐	table	食卓，テーブル
☐	uncle	おじ
☐	very	非常に，とても
☐	wash	洗う
☐	work	働く
☐	worry	心配する

Daily Life Scene 3

☐	bacon	ベーコン
☐	bottled	瓶入りの
☐	breakfast	朝食
☐	dollar	(アメリカ)ドル
☐	how much	～はいくらですか？
☐	juice	ジュース
☐	omelet	オムレツ
☐	or	または，あるいは
☐	pancake	パンケーキ
☐	salad	サラダ
☐	sausage	ソーセージ
☐	side	添え料理
☐	special	本日のおすすめ
☐	tea	お茶，紅茶
☐	toast	トースト
☐	total	合計
☐	water	水
☐	which	どちら，どれ

World Tour 2

☐	Cape Town	ケープタウン
☐	London	ロンドン
☐	Los Angeles	ロサンゼルス
☐	Sydney	シドニー

Let's Read 1

☐	around	向きを変えて，ぐるりと
☐	carrot	ニンジン
☐	fly	飛ぶ
☐	grass	草，牧草
☐	look at	～を見る
☐	minute	(時間の)分
☐	turn	～を回す
☐	underwater	水中で

You Can Do It! 2

☐	famous	有名な
☐	mysterious	謎に包まれた

Unit 7

☐	amazing	すばらしい，見事な
☐	any	いくつかの，いくらかの
☐	bad	悪い，嫌な
☐	bake	焼く
☐	bell	鐘，鈴，ベル
☐	best	最も良い
☐	building	建物
☐	by the way	ところで
☐	card	挨拶状
☐	care	世話
☐	comedy	喜劇，コメディー
☐	cookie	クッキー
☐	custom	習慣
☐	delicious	とてもおいしい
☐	exciting	興奮させる
☐	fever	熱
☐	hear	〜を聞く
☐	holiday	休み，休暇
☐	hope	〜を望む
☐	kite	凧（たこ）
☐	know	〜を知っている
☐	late	夜遅い時間に
☐	lesson	授業
☐	life	命，一生
☐	long	長い
☐	look forward to 〜	〜を楽しみに待つ
☐	luck	運，幸運
☐	lucky	運の良い
☐	miss	(人)がいないのを寂しく思う
☐	party	パーティー
☐	poor	哀れな，かわいそうな
☐	postcard	絵はがき
☐	present	贈り物
☐	relax	くつろぐ
☐	rice	米
☐	ring	〜を鳴らす
☐	secret	秘密
☐	show	番組，〜を見せる
☐	sign	しるし
☐	sincerely	(手紙の結び)敬具
☐	snow	雪
☐	soon	早く
☐	still	まだ，なお
☐	sunrise	日の出
☐	sweater	セーター
☐	tell	(人)に話す，〜を伝える
☐	temple	寺
☐	traditional	伝統的な
☐	wish	願いごと
☐	wood	木，森，林
☐	yesterday	昨日

Daily Life Scene 4 ～Daily Life Scene 5

教科書 pp.117～129

Daily Life Scene 4

☐	age	年齢
☐	chocolate	チョコレート
☐	colorful	カラフルな
☐	decoration	装飾
☐	each	それぞれの
☐	envelop	封筒
☐	everything	すべてのこと
☐	help	援助，助け
☐	item	品物
☐	letter	手紙
☐	message	メッセージ
☐	number	数字
☐	photo	写真
☐	successful	成功した
☐	surprise	驚き
☐	tie	ネクタイ
☐	yourself	あなた自身

Unit 8

☐	album	アルバム
☐	choose	～を選ぶ
☐	cup	カップ
☐	decorate	～を飾る
☐	far	遠く，はるかに
☐	glasses	眼鏡

☐	ice cream	アイスクリーム
☐	inside	内側に
☐	in line	並んで，列になって
☐	kitchen	台所
☐	now	今
☐	o'clock	～時
☐	out of	～の中から外へ
☐	put up	～を取り付ける
☐	ready	用意ができた
☐	right	正しい
☐	shirt	シャツ
☐	think	考える
☐	wear	～を着ている
☐	window	窓
☐	wonderful	すばらしい
☐	wow	（喜びなどを表して）うわあ

Daily Life Scene 5

☐	candy	キャンディー
☐	hiking	ハイキング
☐	picnic	ピクニック
☐	pie	パイ
☐	warm	暖かい

重要単語 チェック！ Let's Read 2 ~ You Can Do It! 3

教科書 pp.130 ~ 133

Let's Read 2

☐	away	あちらへ，向こうへ
☐	back	背中
☐	catch	～を捕まえる
☐	chew	よくかむ
☐	climb up	よじ登る
☐	cry	泣く
☐	get away	逃げる
☐	heard	hearの過去形，過去分詞
☐	hunter	猟師
☐	jungle	ジャングル
☐	keep	～を守る
☐	lion	ライオン
☐	may	～してよい
☐	mouse	ネズミ
☐	net	網，ネット
☐	one day	ある日
☐	promise	約束する
☐	roar	ほえる
☐	someday	いつか
☐	true	真実の

You Can Do It! 3

☐	different	違った，異なった
☐	event	行事
☐	fair	説明会
☐	field	実地～現地～
☐	field trip	遠足
☐	last	この前の，昨～，先～
☐	last year	昨年
☐	middle	中間の
☐	other	別の，他の
☐	perform	～を演じる
☐	poster	ポスター
☐	song	歌
☐	stage	舞台
☐	talent	才能ある人々
☐	topic	話題，トピック
☐	trip	旅行
☐	welcome	ようこそ，いらっしゃい

光村図書版・中学英語 1 年